U0067044

全球化與文化研究

王寧 著

序言

收錄在本書中的十四篇論文大多寫於九〇年代後期，按照這些文章的內容和體例大致分爲下列三個部分，或曰三篇。

第一篇之所以謂之「後現代主義的超越」，不僅是因爲我曾於一九九八年在中國大陸出版的一本專著以「後現代主義之後」爲書名，主要目的在於向外界說明，我的研究方向已逐步轉向另外的專題，即後現代主義作爲一股理論大潮逐漸衰落之後，西方文化界以及文學界仍然十分具有影響力的另一些理論思潮。毫無疑問，在這些大的文化思潮中。文化研究所占的比重是毋庸贅言的。當我們進入全球化的時代以來，這種趨勢已變得越來越明顯。因此收錄在這一篇的兩篇論文旨在向廣大讀者展示後現代主義之後，西方理論思潮的現狀及未來走向，並提出全球化時代的後現代和後殖民研究的一些策略。

第二篇可以說是本書的重點，所集中討論的主題是目前仍在西方和中國學術理論界頗有誘惑力的一種學術話語和理論課題。這一篇的七篇論文不僅僅就文化研究本身進行探討，此外還涉及受到文化研究大潮波及和影響力的經典文學研究，和比較文學研究的現狀及未來前景，透過對仕二十世紀西方思想界和理論界有著廣泛影響的法國哲學家德勒茲和佳塔里的著述，以及加拿大文學理論家弗萊的批評理論的討論，旨在說明文化研究完全有可能保持其固有的精英立場，但同時也應該關注大眾文化的研究，以便從以往的居高臨下的俯視之視角轉變爲與大眾的溝通和對話，並從理論的視角對之進行分析闡釋。這也許是使大眾文化與精英文化得以溝通和對話的一條途徑。

隨著我們逐步進入全球化的時代，討論這方面論題的著述也越來越多，我本人在這幾年裏也在國內外刊物上陸續發表了不少討論全球化的文章，收錄在本書第三篇中的五篇文章主要反映了與文化研究相關的研究成果，其中既涉及文學研究和翻譯研究，同時也討論了大眾傳媒研究。細心的讀者大概不難看出，貫穿在我的這些文章中的一個中心思想就是，文化研究並非一定要與文學研究形成一種新的二元對立，事實上，這二者之間的互補和對話是完全可能的，而且我的許多西方學術界同行也已經這樣作並取得了一定的成績。

我還應當向國內外先行刊發本書中大部分文章的刊物表示感謝，它們是：《文學評論》、《國外文學》、《外國文學》、《文藝報》、《中國翻譯》、《中國文化研究》、《天津社會科學》、《文化研究》、《鐘山》、《四川外語學院學報》、《中國比較文學》、《外語與外語教學》以及英文刊物*Ariel, Social Semiotics, Translation Quarterly, Neohelicon*等。

總之，這本書得以在臺灣出版完全得助於揚智文化事業股份有限公司老闆葉忠賢先生的厚愛，和我在佛光大學的同事孟樊先生的大力促成。在此我僅在本書付梓之際向兩位朋友致謝，同時也向熱情邀我前來佛光大學訪問講學的龔鵬程校長致上深深的謝意。最後，我謹希望臺灣和海外學界的朋友對本書中的一些謬誤提出批評與指正。

王寧

於台灣宜蘭

目錄

第一篇 後現代主義的超越

1 後現代主義之後的西方理論與思潮

女權主義關於後現代主義的理論爭鳴在經歷了三十多年的歷史之後正逐步趨於終結。西方文化界和文論界進入了一個眞正的多元共生的時代，這是一個沒有主流的時代，一個多種話語相互競爭、並顯示出某種「雜糅共生」之特徵和彼此溝通對話的時代。在經過後現代主義大潮的衝擊以後，知識界和思想界普遍關心的一個問題就是：當代西方文化界和文論界還會出現什麼樣的景觀？一些原先處於邊緣的「非中心」和「少數人」的話語在削弱了原有的中心之後又在進行怎樣的嘗試？傳統的東西是否果眞會再現？如此等等，這一切均促使每一個生活在「後現代」或「後當代」的知識分子深思。本文首先要搞清楚的一個問題就是對後現代主義必須進行雙向理解：即同時從歷時和共時兩個向度來把握這一複雜的文化現象和文藝理論思潮。後現代主義顧名思義與現代主義有著密不可分的關係，從時間上說，它是伴隨著現代主義的衰落而崛起的，故而稱之「後現代主義」，但從空間上說，它又是一股全球性的理論思潮：關於後現代主義問題的討論起自五〇年代末、六〇年代初的北美文化界和文學界，於七〇年代末、八〇年代初以李歐塔—哈伯瑪斯的論戰爲標誌在歐洲思想界和理論界達到了高潮，其結果是把一場僅限於美國文化界和文學界的討論上升到了哲學理論層次。進入八〇年代以來，美國的馬克思主義理論家弗雷德里克・詹明信（Fredric Jameson）又從馬克思主義的基礎／上層建築之關係的角度對後現代主義理論進行了新的描述，並將其推向廣袤的第三世界國家，從而使得後現代主義實際上突破了西方中心的模式。進入八〇年代後期以來，隨著後現代主義論爭在西方的日趨衰落，這一理論思潮倒越來越引起中國、日本、印度等東方及第三世界國家學者和批評家的注意❶。正如事實所證明的那樣，後現代主義論爭在東方及第三世界國家的興起，標誌著這一理論思潮已越來越具有了全球性特徵，它在某種程度上與第三世界的非殖民化和現代化進程密切相關。因而時至今日，關於後現代主義的討論在東方或第三世界國家依然方興未艾。可以說，正是這場對討論在東方和第三世界的新發展使得這一國際性的理論爭鳴進入了其第四個階段❷。

在後現代主義對於西方文化的全面衝擊之後，一切假想的「中心」意識和陳腐的等級觀念均被打破，一些原先的邊緣理論思潮流派不斷地向中心運動，正在形成一股日趨強烈的「非邊緣化」和「重建中心」的勢頭。在這一新的「多元共生」的「後現代」或「後當代」時代，後殖民主義的異軍突起，則標誌著當今西方文論的日趨「意識形態化」和「政治化」傾向，而女權主義的多元走向和日益包容性則在另一個方面體現了邊緣話語對中心的解構和削弱嘗試，進入九〇年代的頭幾年以來，文化研究的浪潮席捲全球，涉及當代各個文化藝術門類，尤其是通俗文學藝術和大眾傳播媒介的各個方面，對傳統的精英文化和純文學藝術研究構成了強有力的挑戰，這一切均反映了當今西方文化界和理論界的最新走向，對我們全面認識走向二十一世紀的文學研究不無裨益。本文透過對上述三種最為引人注目的全球文化理論思潮的宏觀描述，勾勒後現代主義之後的西方理論思潮之景觀。

後殖民主義的崛起和「中心化」的嘗試

後殖民主義和後殖民地文學是兩個不同的概念：前者指當今一些西方理論家對殖民地寫作／話語的研究，它與後現代主義／後結構主義有著某種重合之處，是批評家通常使用的一種理論學術話語；後者則指原先的歐洲（主要是大英帝國和法蘭西帝國）殖民地諸國的寫作，以區別其與「主流文學」的不同。前者更爲確切地說應當稱爲「後殖民理論」，專指「對歐洲帝國主義列強在文化上、政治上以及歷史上不同於其舊有的殖民地的差別（也包括種族之間的差別）的十分複雜的一種理論研究」❸，甚至在這些後殖民地國家之間的文化界也同樣存在著這樣或那樣的差別。此外，後殖民主義研究的複雜性還體現在其本身研究視角和批評方法上的差異，按照當今一些學者的考察，後殖民理論並沒有一個大致相同的批評方法，而是「採用各種不同的方法，由於其與另一些批評理論方法之關係密切，故很難將其予以區別」❹。例如，考察後殖民地國家婦女文學的學者就常常將其歸爲女權主義的政治學研究；而研究第三世界國家的後現代主義文化則將其與這些國家的「非殖民化」傾向相關聯。總之，正如有些學者所概括的，「後殖民理論批評本身的方法也可以劃分爲解構主義的、女權主義的、精神分析的、馬克思主義的、文化唯物主義的、新歷史主義的等等。」❺它在內容和形式上都有著打破傳統的學科界限之傾向，而對當今的比較文學研究來說，它則使比較文學和文化研究溶爲一體，尤其在探討與帝國和殖民化相關的課題方面顯示出一致的傾向。而「後殖民地文學」的範圍則更廣，這一術語「之所以最終爲人們所頻繁使用，其原因恰在於它指出了那條通向研究處於非洲和印度這樣的語境中的英語寫作和本地語寫作中，以及這二者彼此間的殖民主義影響的可能研究途徑……」❻因此，後殖民地文學實際上涵蓋了除去幾個發達國家外的所有國家的文學，「非洲國家的文學，澳大利亞、孟加拉、加拿大、加勒比海國家、印度、馬來西亞、馬耳他、新西蘭、巴基斯坦、新加坡、南太平洋島嶼各國以及斯里蘭卡的文學，都屬於後殖民地文學。美國文學按理說也應當列入這一範疇」❼。但由於其目前在經濟、政治上的重要地位以及其公認的世界性影響，美國文學的後殖民性實際上並未得到人們的充分認識。再加之美國目前在西方學術界所處的實際上的中心地位，美國文學及其理論的後殖民性就更加被其外表的強大和「帝國中心性」所掩蓋了。

後殖民主義雖然早在十九世紀後半葉就已萌發，但它實際上始自一九四七年印度獨立後的一種新的意識。其後，「後殖民主義批評」這一理論術語便進入了當代學術話語，並承襲了「英聯邦文學」和「第三世界文學」這兩個具有意識形態意義的範疇。

實際上，對後殖民主義的研究在西方學術界與後現代主義的討論是交錯進行的，而且，後殖民主義所關注的主要理論課題也包括後結構主義的所謂「不確定性」和「非中心化」等，有著強有力的批判和「解構」傾向。目前，這股後殖民主義思潮在北美、澳大利亞、印度、斯里蘭卡以及一些亞洲、非洲和拉丁美洲國家頗爲風行，並且曾一度有過取代處於衰落之境後現代主義的主導地位之趨勢。後殖民主義的代表人物主要包括巴勒斯坦人後裔愛德華・薩伊德（Edward Said）、印度人後裔佳亞特里・史碧娃克（Gayatri C. Spivak）和霍米・巴巴（Homi Bhabha）。

薩伊德在上述三位代表人物中影響最大，著述也最爲豐富，因而被研究者的引證和討論也最多。他早年曾置身於國際後現代研究刊物《疆界2》關於後現代主義問題的討論，其後又以其「非邊緣化」和「消解中心」的挑戰意識而被歸爲「解構主義」批評家陣營。但與「耶魯學派」的解構主義批評家不同的是，薩伊德的東方血統致使他的後殖民主義理論往往帶有強烈的意識形態批判特徵，其理論基石是「東方主義」。按照薩伊德的描述，東方主義包含著兩層含義：第一層含義指的是一種基於對「東方」與「西方」的本體論與認識之差異的思維方式；第二層含義指的是西方對東方長期以來的主宰、重構和話語權力壓迫方式。因此，基於這種不平等的關係，所謂「東方主義」便成了西方人出於對東方和第三世界的無知、偏見和獵奇而虛構出來的某種「東方神話」。薩伊德在對之進行批判的同時清楚地指出，東方主義在三個領域裡有著某種重合：長達四千年之久的歐亞文化關係史；自十九世紀以來就不斷培養和訓練東方語言文化專家的學科；一代又一代的西方學者所逐步形成的「東方」的「他者」形象❽。由於習來以久的對東方的偏見，因而在西方人眼中，東方人一方面有著「懶惰」、「愚昧」的習性，另一方面，東方這個地區本身又不無某種迥異於西方但卻令人嚮往的「神秘」色彩。說到底，東方主義在本質上是西方帝國主義試圖控制和主宰東方而製造出來的一個具有或然性的政治教義，它作為西方人對東方的一種根深蒂固的認識體系，始終充當著歐美殖民主義的意識形態支柱。因而薩伊德進一步總結道，「東方主義的所有一切都與東方無關：東方主義之所以具有意義完全是取決於西方而不是東方本身，這種觀念直接受惠於西方的各種表現技巧，是他們使其清晰可見，使東方在有關於東方的話語中『存在』」❾。在《東方主義》一書中，我們可以清楚地看出他對東西方的不平等關係的洞悉和批判，這也預示了他以後對帝國主義和文化霸權主義的聲討和抨擊。但是正如一些批評家已注意到的那樣，薩伊德所建構的東方主義概念也有著地理上和學科上的侷限，這必然導致他在比較文學研究方面的侷限：他所討論的文本大都是英語文學作品，而較少涉及非英語的東方或第三世界國家的文本，這不僅是他個人研究範圍的侷限，同時也是整個後殖民主義學術研究的侷限。後來儘管他在另一些場合對東方主義的內涵和外延作過補充和修正，但其理論核心並沒有突破❿。在一九八三年出版的論文集《世界，文本和批評家》中，薩伊德進一步發揮了傅柯的後結構主義理論，探討了文學批評的世俗性以及批評家的對策，其意識形態批判性略有緩和。而一九九三年問世的鴻篇巨著《文化和帝國主義》則全面審視了自十八世紀以來的西方文化和文學，其論述的範圍包括中國這類「半殖民地」國家在內的所有具有「後殖民地」的亞、非、拉丁美洲和大洋洲地區，批判的鋒芒直指新殖民主義的大本營美國。他在對「文化」和「帝國主義」這兩個概念進行界定時指出：「『文化』具體指兩樣東西：第一，是指所有這樣一些實踐，諸如描繪、交往和表現的藝術，它們都有著獨立於經濟、社會和政治等領域的相對自足性，而且常以審美的形式存在，它們的一個主要目的就是給人以快樂；第二，文化也是一個概念，它包括一切精緻的、高級的成分」，是「每一個社會中那些被認爲是最優秀的東西的蓄積」⓫。與之相對的「『帝國主義』則指統治著遠方領土的居主宰地位的宗主國中心的實踐、理論和態度；作爲帝國主義的直接結果的『殖民主義』則是在遠方的土地上從事殖民實踐……而在我們這個時代，直截了當的殖民主義業已完結；正如我們所看到的那樣，帝國主義仍然滯留在老地方，留在某種一般的文化領域裡，同時也從事著具體的政治、意識形態、經濟和社會活動。」⓬但反抗殖民主義的鬥爭卻從來都沒有間斷過，致使帝國主義不得不認識到，單以大規模的武裝入侵在當今時代已很難達到其效果，因而他們變換手法，「透過文化刊物、旅行以及學術講演等方式逐步贏得後殖民地的人民。」⓭可以說，薩伊德一針見血指出了在戰後的冷戰時期東西方的絕對對立和相對溝通的微妙關係：西方霸權主義無時無刻不試圖透過種種途徑來達到制約東方的企圖，即使有時東方不得不出於各自的目的而進行一些交流與對話，也往往表現出西方以其強勢來壓制東方的弱勢傾向。因此在這方面，薩伊德的後殖民主義理論顯示出了激進的批判性和解構力量；但另一方面，由於他身居第一世界的話語權力中心，並掌握著象徵著某種優於第三世界學者的純正的英語寫作技能，他又不時地表現出某種「新殖民主義」的傾向，這無疑暴露出了他的理論的二重特性：反殖民主義和新殖民主義。

史碧娃克早年曾以翻譯介紹解構主義理論家德希達的著述而蜚聲批評理論界，並被認爲是美國批評界對後結構主義理論理解最準確、闡釋最透徹的學者之一；此外，她本人有著印度人後裔這一特殊身分，因而在她的理論中常顯示出強烈的解構和第三世界批評之特徵。史碧娃克認為，後殖民主義本身並不是一種反對帝國主義或殖民主義霸權的批評話語，它的批判目的僅在於削弱西方對東方和第三世界的文化霸權。作為一個有著「多重身分」的理論家，她曾致力於翻譯評介解構主義理論，但自己卻未像保爾・德曼和希利斯・米勒那樣成為一位解構主義批評家。而她針對男性中心社會進行挑戰的激進觀點也並未能使她成為女權主義運動的一員，她自詡的「第三世界批評家」這一稱號也頗受一部分眞正的第三世界批評家的非議。在當今這個思潮更迭、流派紛爭的情勢下，她倒寧願被人稱為「後殖民地知識分子」或「後殖民地批評家」⓮。史碧娃克的理論背景主要是德希達的解構主義，而她本人則更關心「眞理是如何建構的，而不是對謬誤的揭露」，在她看來，後殖民主義批評致力於探討作為個體的人與廣義的民族歷史和命運有關的同質性，而構成這種同質性的諸如階級、性、性別等則是與種族性非同步的、甚至有相矛盾的因素。西方人一般認為，東方和第三世界永遠只是一個「他者」，始終處於遠離（西方）話語中心的「邊緣地帶」。因而東方的理論和寫作／話語就自然是一種「他性的」理論話語。顯然，作為一個身居第一世界名牌大學並有著高級教席和優渥薪俸的第三世界或後殖民地知識分子，史碧娃克本人也成了北美學術界和文化界的佼佼者。她所用以寫作的語言自然是純正的第一世界英語，所使用的理論話語也出自西方，在那些從邊緣步入中心進而成為中心話語所矚目的對象的學術明星中，史碧娃克無疑是少有的一個成功者。她曾這樣為自己的多重身分作過辯護，「我想為後殖民地知識分子對西方模式的依賴性辯護：我所做的工作是要搞清楚我所屬的學科的困境。我本人的位置是活的。馬克思主義者認為我太代碼化了，女權主義者嫌我太男性化了，本土理論家認為我過於專注西方理論」。⓯其實這也是當今的後殖民主義批評家所無法迴避的兩難：既要擺脫西方模式的影響，又要達到非邊緣化的目的，那麼唯一的選擇就只有以西方的語言和(出自西方的)解構策略來削弱西方的殖民主義和文化霸權，在這方面，語言只是達到這一目的的手段。在研究後殖民主義及其相關理論後結構主義和第三世界文化方面，史碧娃克著述頗為豐碩，其中包括《在他者的世界：文化政治學論集》和《在教學機器的外部》。前者在一個跨越西方和非西方的（後殖民地）語境之廣闊背景下探討了語言、女性和文化之間的關係等課題，熔解構主義、馬克思主義和女權主義批評話語於一爐，觸及了當代文化和文學的一些熱點問題，諸如西方馬克思主義者阿爾杜塞和哈伯瑪斯的理論，精神分析符號學家朱麗姬·克里斯多娃的理論，愛萊娜·西克蘇的女權主義理論以及薩伊德的後殖民理論等均被她置於文化研究的語境之下來考察；後者則從解構主義的理論視角集中探討了多元文化語境之下的後殖民性、國際性的女權主義之走向等問題，並著重分析闡釋了德希達和傅柯的理論文本和拉什迪等人的後殖民地文學文本，與當代文化研究的大潮基本一致。由此可見，史碧娃克的解構策略實際上幫助她實現了從邊緣步入中心並在中心佔有一席的願望⓰。

霍米·巴巴則是近幾年來崛起的一位具有挑戰性的後殖民主義理論家。和史碧娃克一樣，巴巴的理論背景也是後結構主義，但他的「後結構主義若置於後殖民的廣闊範圍內也許可以更準確地作為一種對帝國和殖民義的批判，其注意的焦點在於，帝國主義的文本以及制約殖民地邊緣地位權威之不可避免的崩潰」[17]，巴巴採取的策略是一種將矛盾性和模擬性揉爲一體的獨特解構方式。當然，若置於後結構主義的語境之下，巴巴的批判性嘗試確實具有強有力的解構性，而不只是實證性，他的目的在於動搖並削弱帝國的神話和殖民主義的意識形態。同樣，他也像薩伊德一樣，在自己的一系列著述中有力地抨擊了殖民主義對第三世界的侵略和滲透，並對殖民地人民的鬥爭給予高度的評價。他認爲，長期以來的「反殖民主義壓迫的鬥爭不僅改變了西方歷史的方向，而且對作爲一種進步的和有序的整體的時間觀念也提出了挑戰。對殖民主義的非人格化的分析不僅使啓蒙時代的『人』的概念疏離了出來，而且也對作爲人類知識的一個預先給定的形象的社會現實之透明度提出了挑戰。」[18]但與薩伊德不同的是，巴巴的態度顯然更帶有後現代主義的模擬性和遊戲性，並且在對殖民地宗主國的文化學術話語的有意識的誤讀和戲仿之基礎上發展出一套既與原體有著某種相似同時又不無自己獨創性的理論變體。一方面，巴巴也支持薩伊德的主張，對帝國主義的文化霸權予以抨擊和批判；但另一方面，他又傾向於把殖民地話語僅當作一種論戰性而非對抗性的模式，這種模式的效果並不在於強化權威，而旨在以一種雜體形式使得西方的理論變得不純，進而最終達到消解西方話語權威力量的目的。他在一篇論文中對模仿和模擬的差別作了界定：前者指同源系統中的表現，而後者則旨在產生出某種居於與原體相似和不似之間的「他體」[19]，這種「他體」既帶有「被殖民」的痕跡，同時又與本土文化話語揉爲一體。由於巴巴的地位目前仍處於上升之勢，更加之他本人的活動和著述，因而隨著後殖民主義理論思潮的日益「第三世界化」和全球化，巴巴的後殖民主義理論建構倒越來越有力地影響著第三世界和東方國家關於現代主義和後現代主義問題的討論[20]。

不少學者認爲，後殖民主義是一個十分複雜和模稜兩可的概念，因而它所引起的爭議也就絕非偶然。按照後殖民主義的觀點，西方的思想和文化及其文學價值與傳統，甚至包括各種後現代主義的形式，都貫穿著一種強烈的民族優越感，因而西方的思想文化總是被視爲居於世界文化的主導地位。而非西方的第三世界或東方的傳統則被排擠到了邊緣地帶，或不時地扮演一種相對於西方的「他者」角色。從這一點來看，後殖民理論對消解西方中心的話語霸權有著一定的衝擊力。但另一方面，不少後殖民理論家由於掌握著第一世界的話語，因而時時流露出優越於第三世界批評家的神氣，這種根深蒂固的優越感在他們那裡是難以克服的。實際上，西方文化內部並不乏其批判者，而後殖民主義批評家則正是從那些激進的理論中獲取了某種啓發來建構自己的理論。對於後殖民主義的定義及其內涵，西方學術界依然有著爭議，其分歧主要在於，它究竟意味著與殖民主義的斷裂並成爲一種「超越」或「後於」殖民主義的理論，還是繼承並強化了以往的舊殖民體系的一種「新殖民主義」之內部的批判？從現在已發表的一系列著述來看，大多數學者認爲後者的特徵更爲明顯。其理由恰在於，挑起後殖民主義討論的一些批評家並非眞的來自西方列強的「前」殖民地國家（或稱「後殖民地」國家），而是一些雖有著第三世界血統但實際上卻在第一世界的話語圈內身居高位並在逐步向其中心運動的知識分子精神貴族，因此他／她們本身就有著明顯的「文化優越感」，或者說，他／她們處於一種難以擺脫的兩難：一方面，身爲有著東方或第三世界民族血統的知識分子精英，他／她們與眞正的主流理論家格格不入，因而無時無刻不試圖向居於「中心」地位的西方主流文化發起進攻，以尋求在主流話語圈內佔有一席之地，因而這樣的批評應該說仍然是一種第一世界內部的話語主導權的爭奪，與眞正的後殖民地批評相去甚遠，因而自然是一種新殖民主義。總之，至今仍有著活力的後殖民主義理論正在不斷地影響著一些東方和第三世界國家的文化與文學批評，光這一點便足以引起我們的重視。

女權主義的多元發展和走向

在後現代主義之後的多元文化格局之下，女權主義作爲一種邊緣話語力量在西方所扮演的角色卻愈來愈重要，並顯得愈來愈不可替代。毫無疑問，女權主義的邊緣性是雙重的：在一個「男性中心」社會中的邊緣地位和在學術話語圈內研發出的微弱聲音，這兩點倒使得女權主義理論和女性文學具有強烈的論戰性和挑戰性，並一直在進行著向中心運動的嘗試。早在八〇年代初，女權主義就曾經和馬克思主義以及後結構主義共同形成過某種「三足鼎立」之態勢。後來，到了八〇年代後期，隨著後結構主義在美國理論界的失勢和新歷史主義的崛起，女權主義在經過一度的分化之後又和馬克思主義以及新歷史主義共同形成過一種新的「三足鼎立」之態勢。進入九〇年代以來，隨著女權主義的多向度發展，它又被納入一種新的「後現代」文化研究語境之下而得到關照，在這一大背景之下，屬於傳統的女權主義理論研究範疇的婦女研究、女性批評、性別研究、女性同性戀研究等均成了文化研究中與女性相關的課題㉑。總之，時至今日，作爲一種文化思潮的女權主義和作爲一種批評理論的女權主義仍然有著強大的生命力，並顯示出其包容性特徵。

作爲一種社會文化思潮的女權主義已經有了漫長的歷史，早在十九世紀的西方文學界就曾顯示過自己的力量。進入二十世紀以來，僅只文學創作界和理論批評界，女權主義就曾掀起過兩次浪潮，其直接的結果是，不僅大大地提高了婦女本身的社會政治地位和各種權利，而且爲當代女權主義文學創作和理論批評的多元發展走向奠定了基礎。

女權主義的第一次浪潮始自十九世紀末延至本世紀六〇年代，這一時期的特徵是爭取婦女權利與參政意識，所強調的重點是社會的、政治的和經濟的改革，這在某種程度上與六〇年代以來興起的「新」女權主義運動有著明顯的不相容之處。早期的一些具有女權主義傾向的作家和批評家，如英國的弗吉尼亞．吳爾芙、法國的西蒙娜．德．波伏娃等都對第一次女權主義運動的高漲起過重要作用。吳爾芙對女權主義批評理論的貢獻主要體現在她的兩本書中：(1)《自己的房間》專注婦女文學生產的歷史和社會語境考察，在與男作家的物質條件進行了一番比較之後，吳爾芙大膽地提出要致力於創造一個可供自己安心文學創作的小天地，亦即「一間自己的房間」；(2)《三個畿尼亞》則探討了男性所享有的權力與職業之間的關係，指出諸如軍國主義、法西斯主義這類法律上的不公正現象均產生於父系社會，尤其產生於早期家庭中的兩性分工。波伏娃的觀點則更爲激進，她指出，既然在男人眼裡，女人生來就地位卑下，就應當受制於男性社會，那麼女人根本毋須對男人抱同情心，而應當以自己的最佳狀態來估量自己作為女性而應享有的存在價值㉒。這種帶有強烈的存在主義色彩的女權主義意識已開始接近當代新女權主義批評理論，但應該承認，那時的女權主義運動中心仍在歐洲，其政治性和社會性特徵大大多於文化性和學術性，因而對當代文學批評理論的影響僅存在於批評的外部，並未從本質上觸及批評的話語本身。而且女性批評家所關心的問題主要侷限於其自身所面臨的諸如生存和社會地位等問題。並未介入理論界所普遍關注的問題，因而其侷限性也是顯而易見的。

女權主義第二次浪潮使得女權主義運動本身及其論爭的中心從歐洲逐漸轉向了北美，其特徵也逐漸帶有了當代批評理論的意識形態性、代碼性、文化性、學科性和話語性，並被置於廣義的後現代主義的保護令之下㉓。諸如克里斯多娃、西克蘇這樣的歐洲女權主義思想家頻繁往返於歐美兩大陸著述講學，其影響大大地超出了在本國或本學科領域的影響。第二次浪潮持續的時間從六〇年代一直到八〇年代後期，以貝蒂・弗里丹的著作《女性的神秘》的問世為開端，主要強調的是進一步爭取婦女的解放，但此時論爭的重點已由注重婦女權益轉向了婦女的「經歷」，以及女性與男性在性別上的差異，並帶有強烈的政治和意識形態色彩。就其「中心」北美而言，女權主義的第二次浪潮實際上是六〇年代中後期的婦女解放運動的產物。這其中有五個重要的論爭焦點頻繁地出現於女權主義理論批評家探討性別差異的著述中：生物學上的差異、經歷上的差異、話語上的差異、無意識的差異以及社會經濟條件上的差異。論者們討論的主題包括父系權力制度的無所不在，現存的政治機構對婦女的不適應性和排斥性，以及作為婦女解放之中心課題的女性之差異，這些均可在第二次浪潮女權主義者的著述中談到。這一時期具代表性的理論家除了克里斯多娃和西克蘇外，還有以翻譯介紹德希達的解構理論和鮮明的後殖民主義論爭而著稱的印度人後裔史碧娃克和主張建立一種「女權主義詩學」的蕭瓦特：前者從第三世界的「他者」視角對男性中心社會及話語進行解構，後者則致力於建構英語世界的女性批評話語和女權主義詩學㉔。

她們的影響至今仍滲透在北美以及一些「後殖民地」國家的高等學校的教學和學術研究中。

經過七、八〇年代的馬克思主義的再勃興，後現代主義辯論的白熱化和後結構丰義解構策略的衝擊，女權主義本身已變得愈來愈「包容」，愈來愈傾向於與其他理論共融、共存，從而形成女權主義的多元走向新格局。由於女權主義者本身的「反理論」傾向，她們之中的不少人熱衷於介入以「男性話語」爲中心的理論爭鳴，因而在當今西方便出現了女權主義的新走向，其中包括馬克思主義的女權主義、黑人和亞裔及其他少數民族的女性文學、有色人種女性文學、第三世界／第三次浪潮女權主義、解構主義女權主義、同性戀女權主義，精神分析女權主義等等。這種多元性與包容性一方面表明了女權主義運動的駁雜，另一方面則預示了女權主義運動的日趨成形和內在活力。如果我們把歐洲的女權主義與北美的女權主義作一番比較，就不難發現其中的差異。前者有著自覺的理論意識和自我意識因而顯得成熟，而後者則在理論上表現得幼稚並且甚至拒絕對自己的批評加以理論化；但前者帶有明顯的「學院派」女權主義色彩，而後者則頗具戰鬥性和挑戰性；前者深受拉岡的精神分析理論（如西克蘇）和符號學（如克里斯多娃）的影響，而後者則帶有強烈的政治論爭色彩，並強調女性與男性在性別上的根本差異和性別特徵（如托尼・莫爾和蕭瓦特）。因此有的學者乾脆稱前者為女權主義理論，後者則為「女權主義文化政見」，這裡僅列舉在九〇年代的西方仍有著影響和活力的幾種思潮和傾向。

女權主義性別政治學

女權主義性別政治學主要體現於凱特・米蕾的著作《性別政治學》，在這本書中，作者的批判矛頭直指父系制度。她尖銳地指出，正是父系制度才使得女性的地位低於男性，使得女性生活在男性權威的壓抑之下，造成兩性差異的外部原因除了其生理上的區別之外還有政治上的原因，因此對於女性批評家來說，要推翻這一等級秩序，首先就得向父系的權威發起進攻。她透過對幾部男性作者的小說的閱讀，有力地批判了父系制文化，強調了女性讀者之於寫作的作用。這一傾向曾引起包括女性批評家在內的普遍爭議，然其影響卻頗為深遠。

馬克思主義的女權主義

毫無疑問，早期的女權主義運動很容易和馬克思主義的政見相關聯，在馬克思主義被西方學術「學院化」之後，這種關聯依然存在並有所發展。如果說性別政治學傾向根本忽視了階級關係的話，那麼馬克思主義的女權主義則著重強調了這幾個方面：(1)家庭的經濟結構以及其伴隨而來的「家庭意識形態」；⑵經濟體制下的勞動分工問題；⑶教育制度及其現狀；⑷男女可以以不同方式表現的文化生產過程；⑸性別特徵的本質以及性慾與生物學上的繁殖之間的關係。說到底，這一傾向所關注的是工人階級婦女所蒙受的雙重壓迫：工作上的性別分工和家庭裡的性別歧視，具有強有力的挑戰性。在一般情況下，學者們總把女權主義納入帶有強烈意識形態特徵的批評框架內，其原因不外乎它與馬克思主義的密切關係，所探討的問題常常也是馬克思主義批評家所關注的問題。

反女權的女權主義

反女權的女權主義是當今西方女權主義運動中的一個新趨向。早在六〇年代英國女作家多麗斯・萊辛的小說《金色筆記》發表時起，女權主義運動內部就有一部分人反對過分地強調女性與男性之間的對立。以免導致某種兩性之間的「戰爭」。之後克里斯多娃又於七〇年代末發表了長篇論文《婦女的時代》，更是反對把爭取婦女的解放等同於僅僅與男性共同主宰社會或改變以往婦女在男人眼中的「他者」形象。針對一部分女性批評家和作家所尋求的「女性的話語」或「女性寫作」，她們認爲這實際上是一種「女性的自戀」，根本無益於反抗由來已久的「男性中心」社會，其結果倒有可能產生一種「女性中心」的趨勢，從而也就失去了女性自身的價值。她們所要尋求的是一種普遍且可行之有效的「人類的話語」。在女權主義逐漸失卻往日的戰鬥鋒芒的今天，這一趨勢倒變得越來越明顯。

女性寫作與女性批評

女性寫作與女性批評致力於這種模式實際上意在強調女權主義內部的美/法之差異，這方面的代表人物爲蕭瓦特。她早在七〇年代末出版的專著《她們自己的文學》中就試圖爲英語文學中的女權主義傳統勾勒一條線索，亦即：(1)女權階段（一八四〇至一八八〇）；(2)女權主義階段（一八八〇至一九二〇）；(3)女性階段（一九二〇至　）㉕。這表明了英美女權主義自有其獨立於法國影響的傳統，而且女權主義本身越是發展到當今越是強調其女性的性別特徵，因而在當今美國，「婦女研究」或「女性批評」常常以女權主義的代名詞出現在大學的研究生課程表、或刊物、或研討會上。

法國精神分析女權主義理論

法國的精神分析女權主義理論與北美的女權主義所不同的是，法國的女權主義者有著較清醒的理論意識，尤其受拉岡的新精神分析學說和後結構主義理論的影響，她們試圖從對弗洛伊德的「男性中心」世界的質疑入手來解構所謂的「男性性徵崇拜」。這方面頗有影響的主要有克里斯多娃和西克蘇：前者曾以「反女權主義」的女權主義理論家而著稱，試圖將婦女所受到的壓迫區別於另一些被「邊緣化」的力量；後者則以哲學家兼作家的身分試圖以追求一種「女性寫作」的話語來正面地表現當代女性的形象。

女性同性戀研究及其理論

女性同性戀研究及其理論傾向在某種程度上可以看作是對先前的性浪潮衝擊的一個反撥，目前尤其表現在北美學術理論界中的「少數民族話語」力量的著述中。美國的女性同性戀批評家芭芭拉・史密斯編的一本題爲《走向黑人女權主義批評》的論文集中，公開主張建構一種「黑人女權主義詩學」，以揭示處於沉默狀態的女性同性戀文學的價值。頗有權威性的《加拿大比較文學評論》一九九四年第一一二合期也邀請女性同性戀研究者羅思・錢伯斯等編出研究專集，爲這一課題的研究推波助瀾㉖。女性同性戀者認爲，既然男性同性戀行爲已不再像以往那樣受人譴責了，那麼身爲與男人有著平等地位的女人之間的同性戀行爲也應當有存在的理由。鑑於目前女性同性戀現象的客觀存在（尤其常見於知識女性之間），對其研究也依然方興未艾。

在聯合國第四屆世界婦女大會即將召開之際，對女權主義的興趣和研究再度被各種媒體「炒熱」，使之不僅在西方世界而且在東方和一些第三世界國家更爲引人注目，女權主義也和後現代主義以及後殖民主義這兩大理論思潮一樣，正經歷著某種「全球化」的階段，但不同的國家和地區對女權主義的解讀和接受自然也不盡相同。可以預言，面對文化研究大潮的推波助瀾，在今後的年代直到本世紀末，女權主義的浪潮都不會衰退，對女權主義的多方位考察研究和各個視角的理論建構也會越來越趨向多元。

面對文化研究大潮的衝擊

進入九〇年代初以來，西方文化界和文論界出現了一股聲勢浩大的文化批評和文化研究浪潮，這尤其對比較文學研究構成了強有力的挑戰，致使一些學者驚呼，在這股文化研究大潮面前。傳統意義上的比較文學研究究竟還有沒有存在的必要和價值？㉗而另一些觀念較爲開放並致力於擴大研究視野的學者則對之持寬容的態度，並主張將基於傳統觀念之上的狹窄的文學研究置於廣闊的文化研究語境之下，從而達到東西方文化學術交流和對話的目的㉘。顯然，擔心也好或歡迎也好都從某種角度反映了各自對其的不同理解。實際上，文化批評和文化研究是兩個不同的概念，其界定也迥然相異：前者主要指涉文學的文化視角的批評和研究，早在十九世紀後期的馬修·阿諾德那裡就已有之，只是在本世紀的相當長一段時間內由於語言學和形式主義批評佔主導地位而被「邊緣化」了，而在當今文學批評走出形式主義的囚籠的呼聲日益高漲時又重新得到了強調；後者的範圍則大大超出了文學的領地，進入到人類的一切精神文化現象，甚至以往被具有鮮明的精英意識的文學研究者所不屑的那些「亞文化」以及消費文化和大眾傳播媒介都被囊括了進來。在文化研究的大潮之下，文學研究被束之高閣，並且被限定在一個極其狹窄的圈子裡。

雖說文化研究在現今的聲勢浩大，但正如有些學者所認爲的，「它並非一門學科，而且它本身並沒有一個界定明確的方法論，也沒有一個界線清晰的研究領域。文化研究自然是對文化的研究，或者更具體地說是對當代文化的研究。」㉙這裡所說的文化研究已經與其本來的說法含義有了差別。對於當今的文化研究來說，「『文化』並不是那種被認爲具有著超越時空界線的永恒價值的『高雅文化』的縮略詞」㉚，而是那些在現代主義的精英意識佔統治地位時被當作「難登大雅之堂」的通俗文化或亞文學文化或甚至大眾傳播媒介。早先的文化研究出現於五〇年代的英國學術界，其立論基點是文學，以理查德·霍加特的專著《有文化的用處》和雷蒙德·威廉斯的《文化與社會：一七八〇——一九五〇》爲標誌：前者作爲一本個人色彩較爲強烈的專著，透過作者自身的經歷，描述了戰後英國工人階級生活的變化，作者試圖表明這些變化是如何影響個人的整體生活方式的，在他看來，文化作爲一個重要的範疇，有助於人們認識到一種生活實踐（例如閱讀）不可能從諸多生活實踐（如體力勞動、性要求、家庭生活等）組成的大網中擺脫出來；後者則批判了文化與社會的分離以及「高雅文化」與「作爲一種整體生活方式的文化」的分離帶來的直接後果。因此早期的文化研究有著這樣兩個特徵：其一是強調「主體性」，亦即研究與個人生活密切相關的文化現象，從而打破傳統社會科學的實證主義與客觀主義之模式；其二則是一種「介入性的分析形式」，其特徵是致力於對各種文化現象的細緻分析。這兩個特徵都爲當代的文化研究奠定了基礎。

如果說，文化研究作爲一個研究領域始於五〇年代的英國的話，那麼它至今也已有了四十多年的歷史。文化研究的創始人利維斯所開創的那種文學研究形式又稱「利維斯主義」，其意在重新分布法國社會學者皮爾·布爾丟所謂的「文化資本」。利維斯試圖透過教育體制來更爲廣泛地傳播文學知識。使之爲更多的人所欣賞。他論證道，需要有一種嚴格選取的文學經典，這一經典的核心——「偉大的傳統」應當包括亞歷山大·蒲柏、珍·奧斯汀、喬治·艾略特等——能夠培養一批有著敏感道德意識的讀者的大作家，而一些致力於帶有個人色彩的藝術實驗的現代主義作家，如詹姆斯·喬伊斯和弗吉尼亞·吳爾芙則應被排斥在這一「經典」或「傳統」之外。在他看來，閱讀這些「偉大的經典」有助於以一種具體的、平衡的生活觀來造就一些成熟的個人，而所謂的威脅則是所謂的「大眾文化」。由此可見，利維斯的文化研究概念帶有強烈的精英意識，與現在西方所風行的文化研究脫節，但它卻往往被認爲是當代文化研究應當超越的對象，或至少說一個早期的階段。而後來的文化研究則是在走出了利維斯主義，透過霍加特和威廉斯這兩位出身工人階級家庭的理論家的中介才逐步進入社區和知識界。首先進入了中等學校和專科學院的課程，其後又對大學文學課程中所涉及的關於文學經典的構成問題形成了挑戰。上述兩位學者在實踐利維斯的崇尚經典理論的同時也對之進行了必要的揚棄，在他們看來，文學經典的豐富文化內涵顯然遠遠勝過大眾文化。但另一方面，他們又認爲，利維斯主義至少抹去或並未直接接觸自己所身處其中的社區生活形式，這無疑使得利維斯的文化研究理論與大眾文化格格不入。在這方面，霍加特的研究實際上超出了利維斯的經典模式，擴大了文化研究的內涵，使之直接深入到戰後英國的社會、經濟、就業等工人階級所經歷的一系列文化問題。

隨著工人階級社區生活的裂變和趨向多極化，文化研究也依循著霍加特的專著《有文化的用處》中所指明的新的方向發展。一方面，文化研究理論家們開始嚴肅地探討文化自身的政治功能。試圖對社會民主的權力集團進行批判，因爲這一集團正在逐步將權力拉入國家體制中，在這方面，意大利的馬克思主義理論家葛蘭西的霸權概念無疑對之產生了較大的影響，致使文化研究理論家們得以對文化本身的霸權作用進行批判和削弱；但另一方面，文化研究興趣的轉向也導致研究者對舊有範式進行了修正，從而使得文化越來越與政治相分離，對文化形式的研究也從注重文學經典逐步轉向其他文化形式，包括影視製作、文化生產、音樂、廣播、爵士樂等通俗文化藝術甚或消費文化。

文化研究除去其文學研究的出口外，還從另外幾個方面得到幫助和啓迪：德國的法蘭克福學派馬克思主義理論使文化研究者得以進行社會問題的批判；索緒爾的結構語言學和符號學理論使文化研究者得以從語言的層面切入探討文學和日常生活中的語言習俗；傅柯的知識考古學和史學理論使論者們得以剖析文學批評和文化批評中權力的主導作用以及話語的中介作用；而文化人類學理論則使研究者得以探討藝術的起源等問題。可以說，在經過後現代主義思潮和後結構主義理論的衝擊後，文化研究的範圍更加擴大了，探討的問題也從地方社區的生活到整個大眾文化藝術市場的運作、從解構主義的先鋒性語言文化批評到當代大眾傳播媒介甚至消費文化的研究等等。原先戒備森嚴的等級制度被打破了，高雅文化和大眾文化的人爲界線被消除了，殖民主義宗主國和後殖民地的文學和理論批評都被納入同一（文化）語境之下來探討分析。這樣，「正如我們所期望的那樣，文化研究最有興趣探討的莫過於那些最沒有權力的社群，實際上是如何發展其閱讀和使用文化產品的。不管是出於娛樂、抵制還是明確表明自己的認同」㉛，而伴隨著後現代主義理論論爭而來的「全球化」大趨勢更是使得「亞文化和工人階級在早先的文化研究中所擔當的角色逐步爲西方世界以外的社群或其內部（或散居的）移民社群所取代並轉變了」。㉜這一點正符合當今西方理論界的「非邊緣化」和「消解中心」之趨勢，從而使得文化研究也能在一些第三世界國家得到回應。

進入九○年代以來，文化研究逐步上升到主導地位，並且越來越具有當代的現實性和包容性，並且和人們的文化生活的關係越來越密切。當代文化研究的特徵在於，它不斷地改變研究的興趣，使之適應變動不居的社會文化情勢，它不屈從於權威的意志，不崇尚等級制度，甚至對權力構成了有力的解構和削弱作用，它可以爲不同層次的文化欣賞者、消費者和研究者提供知識與活動空間，使上述各社群都能找到自己的位置和活動空間。此外，文化研究還致力於探討研究當代人的「日常生活」，這也許是文化研究得以在西方世界以及一些東方國家和地區（例如日本、新加坡、香港等）如此風行的原因所在。總之，在文化研究這面旗幟下，許多第一流的學者和理論家走出了知識的象牙塔，和大眾進行溝通與對話，同時，第一世界和第三世界的學者也能夠就一些共同關心的問題進行切磋和對話㉝。

但是，正如不少研究者（尤其是文學研究者）所已經意識到的那樣，文化研究存在著明顯的侷限性：它過分注重文化的無所不在性很容易模糊文學研究與文化研究的分野，使對文學文本的分析研究流於大而無當和缺乏深度；它對高雅文化和大眾文化界限的消解只能是一個暫時的策略，並不能證明它就能生產出具有永恆藝術價值的高級文化產品；此外，文化研究作爲一個研究領域，其理論和方法論還有待於完善，而這一點在目前的「魚龍混雜」的狀況上顯然是無法實現的。

註釋

❶關於後現代主義討論在這些國家和地區的開展，請參閱一些東西方學者在第十三屆國際比較文學大會期間，關於後現代主義的專題研討會上的發言，這些論文已收入《第十三屆國際比較文學大會文集》，第六卷，東京大學出版社一九九四年版；以及《疆界2》第二十卷，第三期關於拉丁美洲的後現代主義討論專輯。

❷一九九四年九月筆者應邀在匹茲堡大學演講時著重描述了後現代主義在第三世界，尤其是在中國的種種變體，該校教授喬納森·阿拉克稱這一現象標誌著後現代主義論爭進入了「第四個階段」。

❸❹參見喬納森·哈特，〈蹤跡、抵制和矛盾：後殖民理論的加拿大以及國際性視角〉，載《知識網》第一卷第一期，第71、72頁。

❺參見喬納索·哈特，〈蹤跡、抵制和矛盾：後殖民理論的加拿大以及國際性視角〉，載《知識網》第一卷第一期，第73頁。

❻❼參見比爾·阿希克羅夫特等著，《帝國回述：後殖民地文學的理論與實踐》，紐約和倫敦：路特利支出版社，一九八九年版，第24、2頁。

❽關於東方主義的定義，詳見薩伊德的《東方主義》，紐約：同代叢書一九七九年版，導言部分第1～28

頁。

❾參見《東方主義》，第22頁。

❿關於東方主義定義的修正，參閱薩伊德的論文〈東方主義重新思考〉（Orien-talism Reconsidered），載弗朗西斯・貝克（Francis Baker）等編著，《文學，政治，理論：埃賽克斯研討會文集》（*Literature, Politics, Theory: Papers from the Essex Conference,* 1976~84），倫敦：路特利支出版社，一九八六年版。

⓫⓬⓭薩伊德《文化和帝國主義》，倫敦：同代叢書一九九三年版，導言部分第12、13、8、292頁。

⓮參見史碧娃克《後殖民批評家：訪談錄，策略，對話》，路特利支出版社，一九九〇年版，第69、70頁。

⓯參見史碧娃克《後殖民批評家：訪談錄，策略，對話》，路特利支出版社，一九九〇年版，第69、70頁。

⓰參閱史碧娃克《在他者的世界：文化政治學論集》，路特利支出版社，一九八八年版；《在教學機器的外部》，路特利支出版社，一九九三年版。

⓱參見伊安・阿丹姆和海倫・蒂芬編，《經過最後一個後：後殖民主義和後現代主義的理論化》，卡爾格里學出版社，一九九〇年版，導言第14、15頁。

⓲參見巴巴弗郎茲・費農的著作，《黑色的皮膚，白色的面罩》英譯本撰寫的序言，轉引自帕特里克・

威廉斯和羅拉・克里斯曼編，《殖民話語和後殖民理論讀本》，哥倫比亞大學出版社，一九九四年版，第114頁。

⑲參見巴巴，〈關於模擬和人：殖民話語的矛盾性〉，載《十月》第二十八卷，第126頁。

⑳關於巴巴最近的理論研究之發展，可參閱他的新著，《文化的定位》，路特利支出版社，一九九四年版。

㉑參閱林達・尼克爾森編《女權主義／後現代主義》，路特利支出版社，一九九〇年版，第27～35頁。

㉒參閱拉曼・賽爾登和彼德・威德爾森編著《當代文學理論閱讀指南》，肯塔基大學出版社，一九九三年版，第206～210頁。

㉓參閱林達・尼克爾森編《女權主義／後現代主義》，路特利支出版社，一九九〇年版，第34、35頁。

㉔參閱蕭瓦特，《她們自己的文學》，普林斯頓大學出版社，一九七七年版，導論部分。

㉕參閱蕭瓦特，《她們自己的文學》，普林斯頓大學出版社，一九七七年版，導論部分。

㉖參閱羅思・錢伯斯和安妮・赫爾曼爲該專號撰寫的「導論」，《加拿大比較文學評論》第二十卷，第一至二期，第1～7頁。

㉗參見加拿大學者沃特・默賽在第十四屆國際比較文學大會全體會議上的發言，題爲「文學研究和文化研究：重新定位」。

㉘對當今的文化研究表示出濃厚興趣的西方主要學者有弗雷德里克・詹明信，拉爾夫・科恩，特里・伊

格爾頓，湯姆·米徹爾，喬納森·阿拉克，保爾·鮑維，漢斯·崗布萊希特，希利斯·米勒等，諸如《新文學史》、《疆界2》、《批評探索》、《文化批判》、《表現》等主要學術期刊也不斷地刊登一些論文和討論，頗有一番聲勢。

㉙㉚西蒙·杜林編，《文化研究讀本》，路特利支出版社，一九九三年版，導言第1、2、7、17頁。

㉛西蒙·杜林編，《文化研究讀本》，路特利支出版社，一九九三年版，第7頁。

㉜西蒙·杜林編，《文化研究讀本》，路特利支出版社，一九九三年版，第71頁。

㉝在這方面，一九九五年八月在中國大連舉行的由北京大學和美國弗吉尼亞大學等單位共同主辦的「文化研究：中國與西方」國際研討會就是一個可喜的開端。

全球化語境下的後現代與後殖民研究

今天，我們可以說是處於一個全球化的語境之下，這雖然是一個在經濟學和金融學界廣爲人們注意的現象，但近幾年來，這一現象卻不同程度地滲透到了人文社會科學領域，對我們所從事的教學和研究產生了某種程度的影響甚至衝擊。毫無疑問，正如有的學者所分析和估計的，全球化只能使一部分人處於富裕的狀態，而大多數人則處於相對的貧困狀態。換言之，全球化只能使世界總人口的20％直接受益，而其餘80％的人則爲之服務或成爲其犧牲品。確實，在我們所從事的文學和文化研究領域，傳統的經典文學和高雅文化備受衝擊，而跨學科的理論話語，諸如後現代和後殖民以及「文化研究」等，則被納入了全球化的語境得到考察。如果這算是事實的話，我們將如何看待全球化語境下的後現代和後殖民現象呢？這二者與全球化又有何直接或間接的關係呢？這些正是本文所要討論的問題。

後現代主義和後現代性重構

關於後現代主義問題的辯論，在經歷了從北美文化學術界和文學批評界到歐洲思想界的中介，再逐步進入到東方和第三世界國家，早已發展演變成爲一場國際性的理論爭鳴。東西方學者對這一即將成爲歷史的現象已經有了一個基本的共識，即後現代主義雖然產生於西方後工業社會，但它並不是西方社會的專利品，越來越多的事實以及東西方學者們的研究成果證明，後現代主義有可能在某些方面率先進入後工業社會的東方或第三世界國家，對那裡的文化和知識生活發生滲透性的影響，透過和當地文化的碰撞與交融，最終以變體的形式出現。這一現象的出現一方面是全球性的文化交流和文化接受的產物，另一方面也是東方或第三世界的民族文化自身發展的內在邏輯所使然，更是經濟全球化在文化領域內的影響造成的後果。因而連弗雷德里克·詹明信❶、杜威·佛克馬❷這些曾一度認爲後現代主義不可能出現在第三世界國家的西方學者也改變了原先的片面觀點，認爲這是一種國際性文化現象或一場國際性的文學思潮和運動，它並非只能出現在先行進入後工業社會的西方發達國家。與後現代主義論爭基本同步發展但在長期被壓抑到邊緣地帶的後殖民主義理論思潮在後現代主義大潮衰落後逐步步入前台，成爲九〇年代初理論討論和研究的又一熱門話題。而近幾年來異軍突起的「文化研究」

則把這兩種理論話語納入其考察範圍，成了包羅萬象的跨學科、跨國（民族）的學術理論話語。經濟全球化對文化研究的波及，更是使得後現代和後殖民文化研究正逐步演變爲一種全球化時代的文化政治（**cultural politics**）。本章基於筆者過去的研究，首先對後現代主義及其在東方和第三世界國家的變體——後殖民主義的新發展作出自己的描述，以便對當今普遍爲人們所談論的（文化）全球化及其後果進行基於中國視角的剖析。

正如美國學者、國際後現代研究理論刊物《疆界2》（*Boundarty 2*）主編保爾·鮑維（Paul Bove）所總結的，儘管後現代主義的歷史有待於學者們去編寫[3]，但大家都公認，這場運動始於建築領域，並迅速波及文化界和文學界，「在弗雷德里克·詹明信的權威性著述中達到高峰，這樣批評家們便將這一建築學界的用法發展成爲廣泛複雜的後現代主義文化形式、『後期資本』的『邏輯』敘述。」[4]按照鮑維的看法，「詹明信同時也向我們提供了對關於後現代主義的諸多思潮流派的仔細辨析，從而將這些流派與後現代主義內部的各種意識形態觀念和立場相聯繫。」[5]顯然，詹明信的研究之所以有著廣泛的影響，不僅因爲他站在馬克思主義文化批判的高度上，同時也在於他在承認參加後現代主義論爭的各思潮流派的合理性之基礎上，作出自己的獨特描述和辯證分析，從而把一場開始時僅限於美國文化和文學批評界的討論上升到文化批判的高度，並與在觀念形態和哲學思想層面進行辯論的歐洲大陸的後現代主義論爭相契合。

正是受到這一方法論的啓迪，筆者首先基於過去研究得出的階段性成果，對後現代主義作出進一步的描述和概括，這樣我們就可以從下列幾個方面進一步認識後現代主義，以及由此演變而來的後現代性：⑴後現代主義首先是高度發達的資本主義國家或西方後工業社會的一種文化現象，但它也可能以變體的形式出現在一些發展中國家內的經濟發展不平衡的地區，因為在這些地區既有著西方的影響，也有著具有先鋒超前意識的第三世界知識分子的創造性接受和轉化；⑵後現代主義在某些方面也表現為一種世界觀和生活觀，在信奉後現代主義的人們看來，世界早已不再是一個整體，而是呈現出了多元價值取向，並顯示出斷片和非中心的特色，因而生活在後現代社會的人們的思維觀念就不可能是統一的，其價值觀念也無法與現代時期的整體性同日而語；⑶在文學藝術領域，後現代主義曾是現代主義思潮和運動衰落後西方文學藝術的主流，但是它在很多方面與現代主義既有著某種相對的連續性，又有著絕對的斷裂性，這主要體現在兩個極致：先鋒派的激進實驗及智力反叛和通俗文學的挑戰；⑷此外，後現代主義又是一種敘事風格或話語，其特徵是對「宏大的敘事」或「元敘事」的懷疑和對某種無選擇或類似無選擇技法的崇尚，後現代文本呈現出某種「精神分裂式」（**schizophrenic**）的結構特徵，意義正是在這樣的斷片式敘述中被消解了；⑸作為一種闡釋代碼和閱讀策略的後現代性並不受時間和空間條件的限制，它不僅可用來闡釋分析西方文學文本，而且也可以用於第三世界的非西方文學文本的闡釋；⑹作為與當今的後工業和消費社會的啓蒙嘗試相對立的一種哲學觀念，後現代主義實際上同時扮演了表現出合法性危機之特徵的後啓蒙角色；⑺後現代主義也是東方和第三世界國家的批評家用以反對文化殖民主義和語言霸權主義，實現經濟上的現代化的一種文化策略，它在某些方面與有著鮮明的對抗性的後殖民文化批評和策略相契合；(8)作爲結構主義衰落後的一種批評風尚，後現代主義表現爲具有德希達和傅柯的後結構主義文學研究特徵的一種批評話語，它在當前的文化批評和文化研究中也佔有重要的地位。❻這就是筆者對以往的研究超越後得出的新定義。

毫無疑問，經過後現代主義大潮的衝擊，一切假想的中心消失了，等級制度被拉平了，文化的甚至是民族的界限也被模糊了，有著強烈西方中心色彩的後現代主義這個概念也隨之演化爲有著更廣泛的全球意義的後現代性這個概念。這不僅取決於西方學術界內部的解構和消解中心等的嘗試，且在更大的程度上也取決於廣大東方和第三世界知識分子在弘揚本民族文化方面作出的不懈努力。此外，經濟的迅猛發展、訊息時代大眾傳媒的作用、計算機對知識的儲存和轉化等程序都在相當的程度上促進了文化全球化的到來。正如李歐塔十多年前就已經指出的：

> 假如這就是這種情形的話，那麼，交往的透明性便與自由放任主義相類似了。自由主義並不排除某個資金流動的機構，因為在這個機構內的一些途徑也可用來作出決定，而另一些途徑則僅適用於債務的支付。人們同樣可以想像出知識沿著認同質的同一途徑旅行的那種流動，其中一些被保留下來供「決策者」使用，而另一些則用來償付與社會契約有關的每個人的永久性債務。❼

顯然，後現代社會的知識狀況就是這樣爲文化知識成爲消費品而奠定基礎的，正是這種「無中心」

和「無疆界」的特徵，為全球化從經濟和金融領域進入到文化領域奠定了基礎。反過來，文化的全球化又加速了全球化時代文化的生產和消費的進程。下列為筆者結合中國文化知識狀況討論的課題。

後現代性與中國當代消費文化態勢

在此僅針對後現代主義在文化和藝術上所表現的兩個極致進行討論。後現代主義在文化和藝術上的反映往往表現在兩個極致：⑴先鋒派的智力反叛：對經典現代主義的延續和超越；和⑵導向通俗：對現代主義的反動和對精英意識的批判。本文僅集中探討後者。

近十多年來，由於世界政治、經濟和社會文化各領域裡發生的變化，作為一種全球現象的後現代主義與消費文化的關係已變得越來越密切。當然，對後現代主義及其在後工業社會的直接後果——消費文化的批判——一直是西方馬克思主義的文化批評和文化研究的任務。關於這一點，中國的後現代主義研究者曾一度只看到後現代主義與先鋒派的共通之處，而忽視了它與當代消費社會及其直接後果與消費文化的更為密切的關係。其實，早在八〇年代初，詹明信就從後現代消費文化入手，開始了他對後現代主義的進一步深入考察和研究。在一篇題為「後現代主義與消費社會」（**Postmodernism and Consumer Society**）的演講中，詹明信指出，除了考察後現代主義的種種特徵外，人們「也可以從另一方面停下來思考，透過對近期的社會生活各階段的考察對之作出描述……在二次大戰後的某個時刻，出現了一種新的社會（被人們從各種角度描述爲後工業社會、跨國資本主義、消費社會、傳媒社會等）。新的人爲商品的廢棄；流行時尚變化的節奏日益加快；廣告、電視和傳媒的滲透在整個社會達到了迄今爲止空前的程度；城郊和普遍的標準代替了原有的城鄉間以及中央與地方之間的差別；高速公路網的迅速擴大以及汽車文化的到來——這一切都只標誌著與舊的戰前社會的徹底決裂，因爲在那時的社會，高級現代主義仍是一股潛在的力量」。[8]毫無疑問，消費文化在有著強烈精英意識的文學藝術研究者那裡曾一度不被問津，因爲它首先是指當前流行的東西，其價值並未受到歷史的檢驗，因而不能與經典文藝作品同日而語；其次是它屬於通俗文化的範疇，而通俗的東西往往魚龍混雜，一向被認爲是不登大雅之堂的，所以它長期以來被排斥在經典文化研究者的理論分析之外；再者，消費文化使得一向被認爲是崇高和高雅的「美學」打上了當代商品經濟的印記，因而失去了美的崇高和獨立的價值。總之，消費文化無論在中國還是在西方都會受到不屑一顧的「禮遇」。直到八〇年代後期，由於文化批評和文化研究在西方學術理論界的崛起並逐步上升到主導地位，一大批嚴肅的第一流學者和文化批評家開始從各自不同的文化研究角度切入當代消費文化，並從文化批判的高度對這一客觀存在的現象加以分析，從而使其逐步受到重視並成爲當今文化研究的一個重要的理論課題。法國的後現代理論家讓—博德里亞在近幾年裡出版的一部著作中指出，「模擬正是這種無法抗拒的現象（亦即事物的這種序列）似乎這些東西也有意義，因爲它們只是受制於人爲的組合和無意義性。透過激進的假訊息替那一事件的拍賣標價。爲這一事件定價，作爲將其當作兒戲和當作歷史的一種對立物。」

❾在後現代消費社會，一切都是這樣具有價值，一切又同時這樣不具有任何價值，意義可以任意透過人們的解釋而被建構出來，同時建構出來的意義同樣又可以被消解。這也許就是後現代社會的多元價值取向所使然。

後現代主義既然已進入了中國，並對中國的文化和知識生活產生相當影響，那麼，處於全球化語境下的中國當代社會又是怎樣的一種情形呢？早在八〇年代後期，中國就逐步進入了市場經濟運作的軌道，這種運作機制不可能不對我們的文化藝術研究有所影響。在當今的全球資本時代，市場經濟的規律進一步發揮了應有的作用，優勝劣汰的淘汰制開始冷酷地波及經濟市場和金融市場以外的公共空間，其中自然包括文化空間。既然高雅文化被束之高閣，而大眾文化則成了消費品，那麼，消費文化也就開始逐步成爲人們談論的一個熱門話題，文化的製作性、商品性和消費性消解了它固有的高雅性和神聖性，對文化的重新定義已在不少學者的論著中出現，但中國理論界對當代消費文化的關注與其在西方理論界頗受重視的「禮遇」仍形成強烈的反差。曾幾何時，消費文化和文學就在西方引起了主流文化理論批評家以及學者們的注意，從而成爲當今文化研究者的一大理論課題。

其實，探討和研究消費文化即使是在西方也並非九〇年代的事，早在六〇年代的美國文化界和理論批評界興起的關於後現代主義問題討論中，就有不少論者涉及了後工業社會的消費文化，當時頗爲風行的一個口號就是後現代主義批評家萊斯利．費德勒一篇文章的標題「越過邊界——填平鴻溝」，這也是費德勒式的後現代主義，它在那眾聲喧嘩的年代裡倒是頗有一些影響。針對精英文化和大眾文化的天然界限，費德勒一針見血地指出：「現在該是結束裝腔作勢的時候了；因爲塡平鴻溝亦即越過驚人的（Marvelous）和可能的（Probable）之間、眞實的（Real）和虛構的（Mythical）之間、閨房和財會室之間以及……的界限。」❿費德勒在這裡顯然指出了後現代主義的另一個極致：與當代大眾文化甚至消費文化的合流，他的研究實際上也預示了多年之後文化批評和文化研究大潮在美國的興起。照他看來，後現代主義不同於現代主義的一個重要特徵就是要越過高雅文化和通俗文化的人爲界限，塡平精英文學和通俗文學的天然鴻溝。傳統的充滿精英意識的現代主義文化之所以在當代受到嚴重的挑戰，其重要原因之一就是它把自己封閉在象牙塔裡，與廣大讀者群（文化藝術的消費者）格格不入，最後終究難以擺脫陷入絕境之厄運。而後現代主義則以較爲靈活的策略試圖在高雅文化和大眾文化之間架起一座橋梁，但由於後現代主義的無中心意識和多元價值取向，由此帶來的一個直接的後果就是評判藝術價值的標準不甚清楚或全然模糊，藝術精品的存在受到了消費者的挑戰，出現了高科技操作下的複製的藝術，甚至是拼湊的藝術，無深度、平面化、增殖、拼貼、碎片等均成爲後現代藝術的特徵。到了八〇年代初，詹明信嘗試著從馬克思主義的經濟基礎和上層建築之關係的角度對後現代主義進行批判性分析。他指出，後工業社會消費文化的崛起致使高雅文化和精典文學受到了有力的挑戰。在後工業時代，曾經一度被認爲是高級精神產品的文化和藝術也被當成了消費品。無限制的重複、模擬、增殖，甚至大批量的生產和製作代替了現代主義時代對藝術這一高級精神文化產品的精雕細琢，平面的人物描寫代替了達到心理現實深度的充滿憂鬱感的人物分析，破碎的甚至精神分裂式的藝術結構代替了現代主義的深度模式，精神分裂式的分析（schizoanalysis）代替了心理分析式精神分析（psychoanalysis）。這一切出現在當今社會的文化現象均引起了有著強烈責任感的文化學者和理論批評家的關注，但他們關注的方式並非僅僅簡單地喊幾聲「拯救人文精神」或唉嘆「人文精神的危機」，或乾脆對之不屑一顧，而是直面這些複雜的現象，以文化批評的銳利觸角對之進行剖析，同時也以理論的闡釋力量對之進行闡釋，從而透過這一無法迴避的當代現象來提出一系列問題，並提供自己的思考對策。我以爲這是一種積極的態度，其結果並未進一步加劇兩種文化的對立，倒是促成了雙方的共融和一種多元共生之格局的形成。所謂多元文化主義的語境指的就是這樣一種情形：各種文化形態都有自己存在的理由和活動的空間，它們彼此間的關係並不是非此即彼（either/or）而是同時共存（both/and）和互補，我以爲這對分析全球化語境下的中國當代文化現象不無啓發。

在當前的中國文化界，一些有著強烈精英意識的人文學者和批評家對近幾年來消費文化及其藝術作品的風行，以及其對精英文化構成的挑戰憂心忡忡，因而試圖透過「拯救人文精神的危機」來對抗消費文化的挑戰。但是這樣做的另一個後果是，有可能加劇高雅文化與大眾文化的業已存在的對立，而在一個市場經濟逐步佔主導地位的全球資本時代，這種對立的必然結果就是精英文化和高雅藝術的消亡。一個不容忽視的事實是，消費文化在當今中國佔有重要的地位，它無時無刻就像一個隱形的上帝那樣主宰著精神文化產品的生產和傳播，如果對其作用把握得當，它有可能有助於高雅的精神文化產品的產生，反之則一步一步地「蠶食」目前日漸萎縮的文化市場，最後一舉佔領之。對此我們切不可掉以輕心。

進入九〇年代以來，中國進入了一個新的政治、經濟、社會和文化的轉型時期，原有的社會主義計畫經濟體制逐步向市場經濟過渡，並不同程度地受到全球化大潮的衝擊。這一切均造成了當代文化的多元共生、互融互補之格局；對文化本身之價值的理論探討依然在學術界和文化機構內深入進行，並朝著建設中國文化理論的方向發展；對外文化交流事業的擴大使得中外學術交流和東西方文化的對話成爲可能，在未來的世紀裡，古老的東方文化將一甩歷史的重負，以嶄新的姿態出現在多元共生的文化新格局中；文化精品的生產以文學藝術的形式在市場經濟的條件下以獨特的方式運作，但是往昔所具有的那種先鋒性和精英意識則愈加黯淡，讀者大衆的興趣日益轉向別處。消費文化異軍突起，在市場經濟的有利條件下朝著多元的方向發展，並有力地衝擊著傳統的精英文化和人文教育，致使一些仍抱有知識分子啓蒙意識的文化人大聲疾呼「拯救人文精神」，一些出版社也採用消費文化的包裝手法推出文學精品，但收效明顯者並不多見。對之究竟應該採取何種對策呢？這無疑是我們文化批評者所必須正視的問題。此外，中國文化還面臨著後現代主義衰落之後另一文化思潮的波及，這就是風靡全球的後殖民理論思潮在東方和第三世界的回應。

後殖民性與中國文化的非殖民化

在後現代主義大潮日趨衰落之際，原先處於邊緣地帶的一些非主流話語力量，如女權主義、少數民族話語、後殖民主義、第三世界批評逐步聚集起力量，開始了從邊緣到中心的「非邊緣化」和「消解中心」的運動。關於後殖民主義問題的討論和後殖民理論批評步入學術前台，有著第三世界血統的後殖民主義理論家愛德華·薩伊德、佳亞特里·史碧娃克和霍米·巴巴等人在第一世界學術中心的高視闊步和在第三世界語境的頻頻亮相，一些東方和第三世界國家出現的具有後殖民政治和文化策略的「文化本土主義」和「文化保守主義」等，均標誌著後殖民批評已取代了後現代批評，更爲直接地影響了東方和第三世界的文化研究和理論爭鳴。與後現代主義不同的是，後殖民主義同時活躍在「中心」(西方）和「邊緣」(東方和第三世界)。這確實值得我們注意。

誠然，後現代主義與後殖民主義本來是兩個不同的理論概念，儘管在時間上二者有過一段重疊和交織時期，尤其在後現代主義論爭進入高潮時，關於殖民地問題的討論和研究實際上被掩蓋了。這二者相接近的另一個原因則在於，它們都以後結構主義的思維方式和解構策略爲其理論基礎，但後殖民主義一般包括兩個不同的概念：後殖民理論思潮和後殖民地文學。前者指當今一些西方理論家對殖民地寫作／話語的研究，它與後現代主義／後結構主義有著不少的一脈相承之處，是批評家通常使用的一種理論學術話語；後者則指原先的歐洲（主要是大英帝國和法蘭西帝國）屬下的殖民地諸國的文學，以區別其與「主流文學」之不同。前者更爲確切地說應當被稱作「後殖民理論」，它專指「對歐洲帝國主義列強在文化上、政治上以及歷史上不同於其舊有的殖民地的差別（也包括種族之間的差別）的十分複雜的一種理論研究」。[11]甚至在這些後殖民地國家之間，也同樣存在著這樣或那樣的差別。我們今天所討論的後殖民問題，主要是圍繞前者進行的，而對後者則很少給予應有的關注。[12]

既然後殖民主義繼國際性的後現代主義理論爭鳴之後迅速流行起來，並且直接與第三世界批評密切相關，那麼在描述後殖民主義的狀況時，我們也應當持一種眞正的多元態度。後殖民理論「包括關於各種經歷的討論：遷徙、奴役、壓迫、抵抗、表現、差異、種族、性別、地方，以及對諸如歷史、哲學和語言學等歐洲帝國頗有影響的主流話語的反應，還包括所有這些東西可賴以產生的說話和寫作的基本經歷。這些東西中沒有一樣『從本質上說來』是後殖民的，但它們結合在一起便形成了這個領域的複雜結構」。[13]此外，後殖民主義研究的複雜性還體現在其本身研究視角和批評方法上的差異。根據當今一些西方學者的考察，後殖民理論並沒有一個大致相同的批評方法，而「採用各種不同的方法，由於其與另一些批評理論方法之關係密切，故很難將其予以區別。」[14]例如，考察後殖民地國家婦女文學的學者就常常將其歸爲女權主義的政治學研究；而研究第三世界國家的後現代主義文化的學者則將其與這些國家的「非殖民化」傾向相關聯。總之，正如有些學者所概括的，「後殖民理論批評本身的方法也可以劃分爲解構主義的、女權主義的、精神分析的、馬克思主義的、文化唯物主義的、新歷史主義的等等」。⓯作爲一個理論批評術語，它的意義由於其模稜兩可性質而同時受到來自西方主流批評界和東方或第三世界批評家的攻擊。按照某些西方學者的看法，後殖民主義實際上是「理論批評策略的一個集合體，人們以此來考察歐洲帝國的前殖民地的文化、文學、政治和歷史，及其與歐洲及世界上其他國家之間的關係」。⓰這樣看來，對東方或第三世界國家的知識分子來說，後殖民理論便成了對歐洲帝國主義宗主國之間及其與前殖民地在文化、政治和歷史方面之差的複雜研究。而且很明顯的一點就是，它反映了來自西方帝國內部和外部的一個由來已久的「非領地化」(deterritorialization) 過程。正如德勒茲和佳塔里在描述一種反俄狄浦斯式（非中心化）的過程時所表明的，「非領地化的過程在這裡便走出中心，朝向邊緣，也就是說，從發達國家向發展中國家運動，這一嘗試並不構成一個獨立的世界。而是一個世界範圍的資本主義機器的基本要素。然而，需要補充的是，中心本身就具有自己尚未發展起來的有序的飛地，自己的保護區和作爲內部邊緣的聚居區。」⓱因此，西方學術界那些鼓吹後殖民理論的人實際上正試圖從帝國的內部來削弱其霸權，同時在一個多元文化主義的社會喊出不同於主流的聲音。儘管後殖民理論確實也涉及了第三世界國家人民的反殖民主義、反霸權鬥爭，但實際上它對眞正的第三世界知識分子所發起的反殖民主義的鬥爭並無多少直接的影響。這樣看來，後殖民理論也就成了西方批評話語的一個產物，它並不適用於中國的文化語境，儘管中國學者對自「五四」以來的所謂中國文化和文學的「殖民化」過程憂慮重重，在他們看來，中國的新文化和文學正是從那時開始的，因而清算其殖民化過程也就應當從那時開始。而在當今這個全球化的文化語境下，發起中國文化的「非殖民化」運動可以使中國文化對抗帝國主義的文化霸權，進而在未來的世紀統一全球文化。這種善良但是十分幼稚的理想如果不是出於一種反殖民的「後東方主義」文化政見，就是一種不切實際的烏托邦幻想。

後殖民主義從本質上來說是後現代主義在東方和第三世界國家的一種變體，它與東方和第三世界國家人民反對殖民主義的鬥爭和非殖民化嘗試有一定的相關性。在後現代主義空前高漲時期，後殖民主義受到忽視，並被西方主流學術界有意地「邊緣化」了。提出後殖民理論或介入後殖民論爭的那些學者大多有著東方或第三世界的文化知識背景，與那裡的人們有著千絲萬縷的聯繫，但具有諷刺意味的是，他們又都在西方著名學府裡身居高位，薪俸顯赫，有如學術明星般天馬行空，獨往獨來。另一方面，他們在理論爭鳴中不斷改變自己的立場和態度。誠然，他們不得不面對這樣一種兩難：既然他們生活在西方，就不得不用英語以直接或間接的方式撰寫自己的切身經驗，以便首先藉由被西方人認同的手段來達到自己成功的目的。但是，他們既然身居一個有著多元文化主義特徵的社會，就不得不以其獨特的方式站在東方或第三世界的立場去說話，以便利用自己獨特的文化身分，既為自己同時也為同胞的利益服務。因此，他們的政治傾向性往往顯得異常複雜和搖擺不定，他們對第一世界文化霸權的批判也就無法代表東方或第三世界知識分子的利益，因為他們對那些國家的實際狀況（也許除了薩伊德外）缺乏足夠的了解，或者曾經在青少年時代生活在那裡（如史碧娃克），但離開本民族多年後其自身的優越感便自然而然地流露出來，因而處處與第三世界國家的知識分子格格不入，他們的意識形態傾向性和對殖民地問題的實際研究就有著不可避免的或然性。這樣一來，他們對東方和第三世界的理論建構往往就基於這些不完整的理解甚至誤讀之上，而不是基於自己置身於反殖民主義、反霸權鬥爭的親身經歷。後殖民理論儘管有這樣或那樣的缺點，但它仍然是與主流文化相對抗的一種強有力的文化策略和理論話語，它有助於西方人改變長期以來對東方所抱持的偏見，給長期以來從事反對殖民主義霸權、爲實現本國和本民族的非殖民化目標而奮鬥的第三世界人民以有力的精神支持，並對西方的東方研究和東西方之間的交流和對話起一定的推波助瀾作用。如果運用得當，第三世界知識分子也可以藉此來實現自己民族的反對本國文化極權和專制的鬥爭。因此，我們應當以辯證的態度來考察這一複雜的現象，並以不同的方式來探討諸家不同的後殖民理論。

對於後殖民主義的定義及其內涵，西方學術界依然有著爭議，其分歧主要在於，它究竟意味著與殖民主義的斷裂並成爲一種「超越」或「後於」殖民主義的理論體系，還是繼承並強化了以往的舊殖民體系的一種「新殖民主義」之內部批判？從現在已發表的著述來看，大多數學者認爲後者的特徵更爲明顯。其理由恰恰在於，挑起後殖民主義討論的批評家並非眞的來自西方列強的「前」殖民地國家或稱「後殖民地」（post-colonial）國家，而是一些雖有著第三世界血統但是實際上在第一世界的主流話語圈內身居高位並在逐步向其中心運動的知識分子精英，因此他／她們本身就有著明星的「文化優越感」，或者說，他／她們處於一種難以擺脫的兩難：一方面，身爲有著東方或第三世界民族血統的知識分子精英，他／她們與眞正的主流理論家格格不入，因而無時無刻不試圖向居於「中心」地位的西方主流文化發起進攻，以尋找契機步入「中心」；但另一方面，由於他／她們操持著純正的第一世界「英語」（English），有著收入豐厚的第一世界的薪俸，因而難免流露出這種優越感，而與其相比較，那些眞正的「第三世界」批評家或「後殖民地」批評家，則使用的是帶有當地語音和語法特徵的第三世界「英語」（english）。這樣的批評應該說仍然是一種第一世界內部的話語主導權的爭奪，與眞正的後殖民地批評相去甚遠，因而也就不可避免地帶有新殖民主義的特徵。我認爲這正是後殖民主義理論難以擺脫的雙重性。

目前，在風靡全球的後殖民文化語境下，不少中國知識分子和文學批評家也出於不同的目的，十分關注中國文化和文學語言中出現的「殖民化」現象，甚至認爲我們的文學批評患有一種「失語症」（曹順慶語），有的學者在自己的比較文學研究中大談所謂「中國學派」的建立，令海外學者明顯地感到一種潛在的「大中華主義」在作祟，也有的批評家致力於發展自己的第三世界文化和批評，如此等等。事實上，若以理論辨析的角度來看，所謂「第三世界文化」（Third World Culture）這一術語之所以在中國的語境下廣爲人們談論，主要是由於弗雷德里克．詹明信的影響，以及他基於西方的視角對作爲一種民族寓言的第三世界文本的閱讀所致，同時也因爲就後殖民主義問題在學術界展開的討論所引發。應該指出，如同「東方主義」一樣，「第三世界文化」或「第三世界批評」本身也是一個西方人的建構，但是它同時也在中國以不同的形式出現，這樣也就爲中國學者與西方學者直接就一個共同話題進行對話鋪平了道路，可惜這樣的對話尚未進入實質層面。

確實，從經濟上來說，中國仍是一個開發中國家，屬於第三世界，若置於全球化的機制內，自然是損失大於收益。但在近幾年來，由於中國經濟的飛速發展簡直出乎人們的意料之外，使得不少西方人士從綜合國力著眼對中國能否算一個第三世界國家產生了疑問，毫不奇怪，中國學者和批評家往往把本民族的文化自我認同爲第三世界文化。但是就西方語境下所討論的所謂的第三世界文化而言，它也像「東方」或「東方主義」等情形一樣，往往指涉被殖民化的第三世界國家的文化，因而它也是之於西方的一個被人爲地創造出來的現象。與「東方」或「東方主義」這類概念不同的是，這一現象既是西方人同時也是第三世界人民自己創造出來的，只是其涵義不盡相同而已。在這方面，中國文化和文學話語之所以被說成是「被殖民化」，其原因恰在於，自本世紀初以來，或更確切地說自五四時期以來，各種西方文化思潮和學術思想蜂擁進入中國，對中國文化和文學產生了強烈的影響，幾乎當時所有的主要作家和文學研究者都或多或少介入了中國的「現代主義」文學運動或文化現代性。其結果是，比較文學研究者通常透過採用接受此一影響的方法來比較研究這一時期的中國文學，而對於中國古典文學與西方文學之關係則採用平行研究的方法，因爲這一時期的中國文學幾乎並未受到西方的任何影響。如果我們承認五四時期是中國文化和文學的第一次「殖民化」的話，那麼八〇年代興起的文化熱則應被看作第二次「殖民化」，因爲在此之前的中國文化和文學實際上受到了蘇聯文藝思想路線的直接影響。眾所周知，自八〇年代中國實行改革開放以來，不僅西方文化思潮和文學思想蜂擁進入中國，而且這些思潮幾乎滲透到了中國人生活的各個方面，包括消費文化、大眾傳播媒介和廣告事業。尤其至關重要的是，中國的文學語言以往一直有著簡潔、典雅、暢達等特徵，充滿了蘊含豐富的典故和優美的意象，讀來頗有節奏和韻味，現在卻已經不可避免地含有了雜質，甚至被「歐化」了。文化學者、作家和批評家在中國的語境下也不得不使用「借來的」（批評）話語和理論術語。這樣，面對西方的影響，中國的語言便帶有了「雜質」，甚至可以說「被殖民化」了，其徵兆是翻譯文學成了西方文化殖民主義一個直接影響的結果。在一些作家和批評家看來，中國文學語言的「殖民化」印記實際上也正是文學話語的革新，它並不帶有任何貶義，而被相當一部分人認爲有助於中國當代文學接近世界文學的主流，因而是中國現代化進程中的一個必不可少的步驟。但是在那些恪守傳統文學教義的人看來，這無非是一種「文化殖民化」的現象，究其本源，理應追溯到「五四」新文化運動的激進革新，因爲在那場運動中，傳統中國文化以及其偶像孔夫子竟然受到了猛烈的抨擊和批判，博大精深的中國文化之精髓蕩然失去了。然而我們首先得正視下列問題：中國文化究竟有沒有「被殖民化」？在全球化的語境下，文化的影響能否保持過去的單向度？中國文化究竟應不應該走向世界？等等。

確實，具有諷刺意味的是，歷史總是向前進的，是不以人們的意志爲轉移的，語言的進化也是如此。在大多數中國知識分子和普通人看來，中國應當在經濟上和科學技術上趕上和超越西方開發國家，中國的語言也應當如此，以便在一個全球資本的時代可以更爲便利地和國際社會進行交流。在當今時代，任何社會或任何文化，不管是東方的還是西方的，都無法避免外來社會和文化的影響，甚至「被殖民化」。我們並不難注意到這樣一個事實：目前在北美各大學的比較文學系和東亞語言文化系執教的中國裔學者有數百人，他們無疑以自己的學識和中國文化知識背景改變了西方的「東方學」的本質，注入了一些新的方法論和思維觀念。難道我們也可以把這一現象看作是中國文化對北美文化的「殖民化」嗎？在國際交往過程中，任何文化爲了影響他種文化或更新自身，都會不可避免地失去自身的一些東西。至於我們的語言和文學話語是否被殖民化或現代化了，這是一個有待我們進一步研究的問題。但是我們應當區分殖民化和現代化這兩個不同的概念；前者是消極的，其意在我們不得不接受（西方的）影響，進而使得我們的語言也受到西化（殖民化）；而後者則是積極的，表明隨著中國的全面現代化的進程，中國的語言也應當普及和簡化，以便於我們更爲便利地與國際社會進行交往。當代中國文化和文學語言的現狀顯然屬於後一種情況。因此我們應當以辯證的方法來考察這一現象：一方面，這種「殖民化」導致了中國文化和語言帶有了「雜質」，不像以往那樣「純正」了，但是有助於促進中國文化和語言的革新和現代化，以便使中國文學逐步與世界文學大潮相接近；另一方面，在與國際接軌的過程中，中國文化和語言的民族特徵卻不可避免地會變得模糊乃至有所喪失。在這方面，後殖民理論作爲與西方主流文化的一種對抗性的策略便很容易與中國知識分子的反對帝國主義文化霸權的鬥爭相認同，這種認同不僅體現在政治上的民族主義，同時也體現在經濟上和文化上的本土主義。

當前，在中國的語境下，學者們所熱衷談論的一個話題就是「文化保守主義」，據說連「後國學」、後現代和後殖民這樣有著不同背景的學術話語也被統統納入了文化保守主義的範疇。確實，這三種話語雖然都有著某種共同的非殖民化／非領地化傾向，但我們對之應當將具體情況加以具體分析得到：從事後現代研究者（包括筆者在內）旨在以「後現代主義」在中國當代的接受和變形的具體情形與西方學術界進行平等的對話，不僅以我們的研究實績來改變西方學者的觀點，而且最終要達到消解西方中心主義並重構出自西方中心之思維模式對後現代主義作出的定義；後國學則一方面致力於弘揚傳統中國文化，另一方面又試圖以自己對傳統文化的全新解釋同西方漢學界在同一理論層次上進行對話，以達到促使中國文化更爲世人矚目之目的；而主張本土主義與西方文化霸權相對抗的第三世界批評者則試圖擺脫西方的影響，透過在中國本土批評話語與西方批評話語之間作出區別來介入國際性的批評論爭。應該看到，上述三者儘管有著種種不成熟的面向，但大都有其合理之內核，其最終目的都在於，同國際學術界進行對話的過程中開闢更廣闊的學術空間，而絕非使自身陷入新的孤立境地，單就這一點來看也是積極可取的。因此，不作仔細區別或缺乏深入分析就籠統地對這三者一味進行批評，確實是毫無助益的，它只會給全球化語境下的文化交流和學術研究帶來不利的因素。

最近一段時間，中國的一些青年知識分子對第三世界知識分子應持的立場頗爲關心，筆者以爲這並不奇怪。以薩伊德爲首的西方後殖民理論家在當代社會現實的一個重要意義在於，他們密切關注著包括第三世界在內的全世界知識分子的社會責任感和義務，「知識分子並不是要登上一座山峰或講壇以便站在高處作慷慨激昂的演講，顯然，你想在人們能清楚地聽你演講的地方說你要說的話；同時，你也希望你的演講表述得極好以便對不斷發展的社會進程產生影響，例如，對和平和正義產生影響。不錯，知識分子的聲音是孤獨的，但是它能產生共鳴，因爲它可以自由地與一場運動的現實、一個民族的願望以及共同追求的理想密切相關」，⑱因而知識分子的作用是絕不可輕視的。我們這個時代是一個訊息時代，是一個文化全球化時代，「地球村」已不再是一個神話。既然中國從未淪落爲一個徹底的殖民地國家，而且中國文化本身也深深地植根在中華民族的土壤裡，那麼也就不存在所謂對中國文化和文學話語進行「非殖民化」的問題。推而論之，發起一場反對文化「殖民化」的運動也就更不必要了。這樣做的結果必然使國際學術交流和跨文化研究陷入不利的境地。正如薩伊德在一九八九年的一次訪談錄中所中肯地指出的：「和帝國主義的對抗自然導致了民族主義的崛起，民族主義包括許多東西。很明顯，其一個方面就是一種反動現象，亦即強調認同，在這個問題上認同的或然性應當包含整個文化潮流和政治事業，這種情形往往出現在反對歐洲殖民主義的民族鬥爭早期……民族認同不僅成爲一種迷信，同時甚至成了某種偶像，用培根的話來說，是一種原始偶像和部落偶像。在我看來，它便產生出並且推進了我所謂的某種孤注一擲的宗教情緒的滋長。」⑲我們當前迫切需要的並不是對抗，而是對話，在這種東方和西方的對話中，也許暫時處於弱勢的我們會失去一些東西，但是如果我們能使西方學者改變由來已久形成的對東方或東方文化的偏見。我們至少可以說是邁出了頗爲值得的一步。

全球化、文化工業和文化研究

在當今的西方學術理論界和文化研究界，思潮更迭之快實在是令人瞠目，曾幾何時，後殖民主義理論思潮的主導地位被範圍更廣的「文化研究」這一新興話語所取代。這裡所說的文化研究並非傳統意義上的精英文化研究，而是指向當代的大眾文化研究，它一般包括這樣四個方面：(1)以探討後殖民爲中心議題的種族研究；(2)以探討女權主義理論和女性寫作話語爲主的性別研究；(3)以跨學科的全球政治經濟文化在某一特定地區（如亞太地區等）的反應爲主的區域研究；及(4)以考察全球化語境下的知識經濟和文化工業（包括大眾傳媒）爲主的傳媒研究。在這一廣義的文化研究語境下，討論文化工業問題已成爲學術界和文化理論界共同關心的一個問題。儘管人們對文化工業在新的形勢和語境下有可能出現的新態勢還把握不準，甚至抱有種種猜疑，但對文化工業的重大影響已基本達成了共識：在抱有現代主義精英意識的知識分子看來，正如當年法蘭克福新馬克思主義學派所作的批判性分析所顯示的，文化工業的崛起將爲精英文學敲響喪鐘，文學的邊緣地位將得到進一步確立，總之，文化工業將預示著審美的終結，因而對文化工業必須持堅決的批判和抵制態度；而在基於文化研究理論視角的較爲寬容的知識分子看來，文化工業的一大作用就在於把傳統的文化觀念從精英分子的象牙塔裡解放出來，從而在實際上消除了精英文化與大眾文化的天然鴻溝，因而文化工業仍有著積極可取的一面。這兩種觀點既一致認為文化工業影響重大，同時又對之持截然相反的態度；這實在令人難以判斷。難道非得依照這種非此即彼的二元對立模式嗎？有沒有辯證的分析之路可走呢？

首先，我們必須正視這樣一個事實，即無論我們喜歡與否，或者無論我們怎樣試圖躲避全球化的干擾，全球化已經像一個幽靈般把我們置於其中，並影響我們的政治、經濟、社會和文化，甚至涉及我們的日常生活和學術研究工作，成為我們無法迴避的一個客觀現象。我們今天所處的背景是一種特殊的「全球化」語境，亦即跨國資本（transnational capital）時代的全球化狀態，這在文化的意義上也是後現代性的一個直接後果。

我們既然承認，經濟和金融全球化帶來了文化的全球化，那麼文化全球化帶來的一個不良後果就是抹殺了各民族文化自身的本質特徵或文化身分（cultural identity），這正是後殖民理論家試圖消解帝國中心話語、弘揚民族文化的一個出發點。這一點同樣也反映在中國的文化界和知識界。近幾年來，在經濟大潮的衝擊下，文化工業的產品——當代消費文化也呈現出各種形態：各種小報的周末版和副刊成了某種一次性消費的「文化快餐」；有著更多觀眾的電視藝術對需要更大經濟和藝術投入的電影形成了有力的挑戰，因而致使中國電影受到來自好萊塢（西方文化）和本土（大眾傳媒和消費文化）的雙重挑戰；在歐美根本難以覓見、甚至在日本也早已不那麼時髦的卡拉OK歌廳衝擊著高雅的歐洲古典音樂和藝術歌曲的領地；話語權力和市場經濟的雙重運作制約著圖書市場的生存和發展，書商的崛起更是強有力地衝擊了本來就日益萎縮的圖書市場；高科技的發展以及後工業時代複製技術的發達甚至是以MTV的形式來塑造歌星和影星成爲可能。如此等等，不一而足。確實，把這一切統統歸結於文化工業導致的後果也不爲過分。但是我們也不難看見一些在市場經濟體制下文化消費中的反彈現象：某些高雅的藝術形式，如交響樂、芭蕾舞和歌劇在一些特定的時間和地點仍十分賣座；論述後結構主義批評理論、後現代主義和後殖民主義理論的艱深著譯也在一個不那麼狹窄的圈子內頗受歡迎。因此我們不可忘記，我們今天居於一個資本全球化的大背景下，文化生產者已被無情地推向了市場，他們及其文化產品歷來要經受三種機制的篩選：權威文化批評家、文學藝術的經典化以及文化的市場化。而在這個失去了大一統「權威」的時代，文學經典的合法性也受到質疑，重鑄經典的呼聲日益加強，那麼所剩的就只有冷酷無情的文化市場了。這就是造成一部分文化生產者心理不平衡的重要原因。這樣看來，他們高舉起大棒狠批文化工業似乎就有幾分道理了。

然而，歷史卻不容倒退，曾幾何時，在全球化的背景下，文化生產者們已經開始意識到並愈來愈認眞地考慮到文化「消費者」（讀者和觀眾）的因素以及市場運作機制的重要性了，這較之過去無疑是一大進步，但畢竟文化產品的生產不能簡單地等同於日用消費品的生產，作爲一種精神產品，其價値並不能單單以市場的接受程度和生產的數量爲衡量的標準。衡量文化產品的標準仍然是這三方面的結合：批評界的反應、讀者和市場的接受以及文化藝術史的篩選。某些優秀的文化藝術產品也許開始時也是通俗的和流行的，但其藝術價値一旦被理論批評家發掘，它們的經典性就可以被確立，並在歷史上留下痕跡；而那些僅僅以流行取勝的產品則經不起時間的考驗，終將被歷史、批評家甚至讀者所淘汰。這已被最近圖書市場上出現的「名人自述」的失寵現象所證明。

文化全球化在目前已成爲一具普遍性的現象，同時也導致了文化研究的多種價值取向，近幾年來，新崛起於西方學術理論界的「文化研究」就是適用於分析後現代社會的文化工業及其產品的有效理論視角。我們應當正視全球化這個實際的存在，以及在其大語境下文化工業的影響及其積極的和消極的後果，這樣我們才能思考出相應的對策。在這一方面，我們對文化工業本質的分析可以藉助西方的文化研究理論，從這一理論視角出發，我們也許可以得出一些新的啓示，對文化工業的兩重性也就可以作出辯證的判斷。文化研究作爲一種理論研究視角，提供給我們的並不只是批判的武器，更重要的是闡釋分析的理論視角和方法。積極的文化研究並不排斥精英文化，而主張精英文化應與大眾文化共存和競爭，以求得在各自的不同空間和不同層次上滿足文化消費者的需求。其次，它也不否認經典文學藝術的存在價值，而是希望把經典的範圍從地域、時代及審美價值三個方面加以擴大，並且吸收普通的社會成員參與經典的構成和修訂。再者，它也不一概反對現代主義者所主張的「啓蒙」大計，只是其方法略有所不同，即首先將自己認同於大眾，透過與大眾的平等對話而達到對他們的啓蒙，亦即實現文化研究所謂之的「後啓蒙」。這樣看來，從文化研究的視角對文化工業進行冷靜的學術分析。也許可以將其積極的方面發揚光大，進而一方面爲我們的社會主義精神文明建設作出貢獻，同時也拋棄其消極的、低下的一面；另一方面則以中國語境下的文化研究成果介入國際文化學術界的對話。

毫無疑問，全球化語境下的後現代性帶來了文化上的全球化現象。正如詹明信在談到後現代主義在中國的接受情形時所指出的，除了西方理論的影響和中國學者的自覺介紹和創造性接受外，後現代性在包括中國在內的世界各地的蔓延還取決於另外三個因素，這就是（跨國）資金的運作、全球性的資本化以及（計算機）訊息時代的到來。⑳這三個因素合在一起便形成了導致文化全球化的強大推動力，即使再牢固的民族文化機制也難以阻擋這股大潮。但從另一方面來說，後現代主義或現代性帶來的也並非全是消極的東西，它打破了我們固有的單一思維模式，使我們在這樣一個時空觀念大大縮小了的時代對問題的思考也變得複雜起來，對價值標準的追求也突破了簡單的非此即彼模式的侷限，因此，「在最有意義的後現代主義著述中，人們可以探測到一種更爲積極的關係概念，這一概念恢復了針對差異本身的觀念的適當張力。這一新的關係模式透過差異有時也許是一種已獲得的新的和具有獨創性的思維和感覺形式；而更爲經常的情況則是，它以一種不可能達到的規則透過某種再也無法稱之爲意識的東西來得到那種新的變體。」㉑既然後現代性的多元思維模式能賦予我們一種永無止境的探索精神，我們就應當在新的形勢下利用它，變不利的和消極的東西爲積極的東西，這樣我們的事情就可以辦得更好些。

文化全球化同時也導致了研究領域的拓展，戴維·哈維曾不無見地地描述道：「最近二十年裡，我們一直在經歷著一個時空壓縮的階段，這對政治—經濟的實踐，階級權力的平衡以及文化和社會生活都有著使人疑惑和產生分裂式幻覺的影響。」㉒這種新的時空觀念的變化也是文化全球化帶來的一個後果，近幾年來新崛起的後現代研究的分支領域「後現代地理學」就是專門探討後現代性導致的文化全球化現象以及我們的對策。毫無疑問，作爲第三世界知識分子，我們已經不同程度地感覺到了這股大潮對我們自己的民族文化所產生的強大衝擊波，造成了我們之中不少人的困惑。例如，一個明顯的對抗性策略就是提出第三世界文化和本土主義這個變了形的後殖民概念，㉓這個概念目前不僅在中國大陸而且在港台和海外的華人文化圈內也頗爲風行，它使我們不得不正視這樣一個問題：是否眞有必要形成全球化／本土化的新的二元對立？我本人以及相當一部分知識分子是不贊成這種人爲的對立的，但是如何才能超越這種二元對立以達到雙方的互補和對話？

當代西方的後現代和後殖民理論家和學者大都對東方和第三世界文化產生了興趣，他們在承認非西方文化的獨特價值的同時，試圖從中找出能使自己的文化擺脫出「表現的危機」（crisis of representation）之啓示。詹明信曾試圖透過閱讀魯迅的《阿Q正傳》來證明，所有第三世界的文學文本都可當作某種民族寓言來閱讀；而有著東方血統和文化背景的薩伊德則以更爲認同的態度承認：「我對第三世界文學頗感興趣。在作家作出的許多（當然不是所有的）姿態中，有著一種自覺的試圖以某種方式重新建構和重新研究經典的努力。」㉔他們都在帝國的中心地帶對其文化霸權和語言霸權進行了有力的削弱和解構，爲第一世界的知識分子和廣大人民重新認識第三世界作了不少努力。同樣，在一些東方或第三世界國家，本土化的潮流也作爲全球化的對立物而被不少知識分子誇大到極限：在日本這個大大西化但是仍在許多方面保留自身獨特的民族文化本質的發達東方國家，本土化的傾向表現爲對日本民族文化精神的弘揚和文化形象的樹立，當然這種弘揚和樹立在相當程度上取決於日本強大的經濟實力以及日本民族的民族魂，但這種本土化若被誇大到一個不恰當的地步，就有可能被少數軍國主義分子利用，導致新法西斯主義的侵略擴張欲望的膨脹；在印度這個典型的「後殖民地」第三世界國家，本土化的嘗試與印度民族的非殖民化鬥爭密切相關，但終因印度自身的經濟實力與發達國家相比差距太大，而不大可能對周圍的民族構成太大的威脅。中國的情況則不然，一方面，近十多年來的改革開放致使中國的經濟騰飛；另一方面，由於中國地域遼闊，人口眾多，發展極不平衡，同一個國家同時存在著「原始的」、「前現代的」、「現代的」和「後現代的」種種因素，因此我們在建設中國特色的社會主義現代化的過程中，十分需要一個穩定的外部環境，我們需要與國際社會進行交流和對話。而過分強調本土化，一味排斥外來文化的影響，很容易滋長一種民族主義情緒，其結果必然會給我們的和平穩定的外部環境蒙上一層陰影。因而在面對全球化的潮流下，我們的對策應首先是順應它，同時在不損害本民族文化的前提下利用它來擴大我們文化的影響，透過與國際社會的交流和對話使得中國的文化研究眞正與國際(而不是西方)接軌。

註釋

❶在一九九六年十二月七日的一次公開演講（澳大利亞的佩斯）中，詹明信顯然改變了自己過去的觀點，他認爲，「我越來越感覺到，我們今天描述這一現象，應當用『後現代性』（postmodernity），而非『後現代主義』，因爲在我看來，它已經成爲了一個全球性的現象。」之後，我們在私下交談中，他承認自己從日本、拉丁美洲和中國的後現代主義辯論中得到一些啓示。

❷佛克馬自從一九九〇年以來便承認，後現代主義並非只有一種模式，也並非西方所獨有，它可以以某種變體的形式在一些東方和第三世界國家的文化和文學中產生。參見伯頓斯和佛克馬主編，《國際性的後現代主義：理論與文學實踐》，（阿姆斯特丹和費城）約翰·班杰明出版公司，一九九七年版。

❸關於後現代主義觀念的發展演變歷史以及國際性的後現代主義理論爭鳴的來龍去脈，參閱荷蘭學者漢斯·伯頓斯，《後現代觀念的歷史》，（倫敦和紐約）路特利支出版社，一九九五年版。

❹❺保爾·鮑維編，《早期後現代主義：奠基性論文集》，（杜倫）杜克大學出版社，一九九五年版，第1頁。

❻保爾·鮑維編，《早期後現代主義：奠基性論文集》，（杜倫）杜克大學出版社，一九九五年版，第1頁。

❼參見讓—弗朗索瓦．李歐塔，《後現代狀況：關於知識的報告》，傑爾夫．貝寧頓等譯，（明尼亞波利斯）明尼蘇達大學出版社，一九八三年版，第6頁。

❽引自霍爾．福斯特編，《反美學：後現代文化論集》，（西雅圖和華盛頓）海灣出版社，一九八三年版，第124、125頁。

❾讓—博德里亞，《終結的幻象》，克里斯．特納譯，劍橋大學出版社，一九九四年版，第14頁。

❿參見費德勒，《越過邊界——填平鴻溝》，（紐約）斯坦因和時代出版公司，一九七二年版，第80頁。

⓫參見喬納森．哈特，〈蹤跡、抵制和矛盾：後殖民理論的加拿大以及國際性視角〉，載於《知識網》第一卷第一期（一九九四），第71～73頁。

⓬關於後殖民主義理論和後殖民地文學的評介性描述，參見拙著《後現代主義之後》，第二編〈後殖民主義〉，第49～147頁．中國文學出版社，一九九八年版。

⓭比爾．阿希克羅夫特等編，《後殖民研究讀本》「總導言」，（倫敦和紐約）路特利支出版社，一九九五年版，第2頁。

⓮參見喬納森．哈特，〈蹤跡、抵制和矛盾：後殖民理論的加拿大以及國際性視角〉，載於《知識網》第一卷第一期（一九九四），第71～73頁。

⓯⓰參見喬納森．哈特，〈蹤跡、抵制和矛盾：後殖民理論的加拿大以及國際性視角〉，載於《知識網》第一卷第一期（一九九四），第71～73頁。

⑰德勒茲和佳塔里，《反俄狄浦斯：資本主義和精神分裂》，羅伯待·赫利等譯，（紐約）維京出版社，一九九七年版，第231頁。

⑱參見薩伊德，《知識分子的表述》，（紐約）萬神殿叢書，一九九四年版，第101、102頁。

⑲引自麥克爾·斯布林克編，《愛德華·薩伊德：批評讀本》，布萊克維爾公司，一九九二年版，第231、232頁。

⑳我於一九九六年十月十八日在美國杜克大學演講「中國後現代性發展的軌跡」後，詹明信在他的評議和提問中頗有見地地指出了這三個因素。

㉑參見詹明信《後現代主義，或後期資本主義的文化邏輯》，（杜倫）杜克大學出版社，一九九一年版，第31頁。

㉒戴維·哈維，《後現代性的條件：文化變革的起源探索》，（牛津和坎布里奇）布萊克維爾公司，一九八九年版，第84頁。

㉓這方面我們不應當忽視詹明信的論文〈跨國資本主義時代的第三世界文學〉對一些中國批評家的影響和啓迪，大力鼓吹本土主義的批評家有張頤武、王一川、張法和王干等，參見他們近年來發表在大陸（尤其是《文藝爭鳴》和《鐘山》）和香港一些刊物上的論文。

㉔引自麥克爾·斯布林克編，《愛德華·薩伊德：批評讀本》，布萊克維爾公司，一九九二年版，第255頁。

第二篇　文化研究：西方與中國

3 文化研究：今日西方學術的主流

本章所討論的「文化研究」（Cultural Studies）並非傳統意義上的文化研究，而是特指在當今的西方文化理論界和比較文學界廣為人們談論的一個熱門話題。不僅文化理論家和文學研究者大談文化研究，影視傳媒研究者也大談文化研究，甚至文化市場和廣告公司的運作人員也以侈談「文化」為榮，可見人們對文化本身的高雅含義的理解已發生了很大變化。它已成為繼國際性的後現代和後殖民主義理論爭鳴之後人們最為關注的一個理論課題。近幾年來，一系列國際學術會議在中國大陸、香港和台灣舉行，❶不少西方學者來華訪問講學，一些中國學者也到西方訪問講學，這一切均促使這股「文化研究熱」和「文化批評熱」開始越過語言和國別乃至區域的界限，逐步引起中國學者和理論批評家們的重視。這無疑是一件令人欣慰之事，因為文化研究和文化批評開闊了我們的眼界，使我們得以在一個更為廣闊的跨文化和跨學科的語境之下來比較文化理論、文學藝術以及與其相關的種種理論問題。但是鑑於中國和西方的學術理論界對文化研究的不同理解，因而在這一層面上，他們仍從不同的理論視角來考慮問題和關注問題，因而其中的誤讀和誤解因素比比皆是，很難形成真正平等的對話。本章正是出於促進東西方學者在同一理論層面上進行學術理論對話之目的，首先對文化研究的內涵以及其在西方學術理論界的歷史演變和研究現狀做一評析，然後再由此出發對中國當代的一些理論問題提出基於文化研究立場得出的看法。

「文化研究」在西方的歷史與現狀

出現在當今西方學術界和文化理論界的一個奇觀就是，幾乎人人都在侈談文化，正如伊格爾頓所一針見血地指出的，這一現象出現的原因恰是「因為就此有重要的論題可談。一切都變得與文化有關，這個在西方左翼知識分子圈內頗為時髦的話題實際上屬於文化主義的教義……。」❷實際上，「文化研究」已成了一個全球範圍的關於「後現代」和「後殖民」問題與理論之後的又一個時髦詞藻。那麼出現這樣的情況的另一些原因是什麼呢？顯然，首先是文化的涵義發生了戲劇性的變化，它已和多年前人們基於精英立場理解的文化之涵義大相徑庭，今天我們所說的文化已走出了精英分子的象牙塔，深入到社區和廣大民眾之中，它在這樣三個理論層面上相互重疊，形成了當代文化新的景觀：對文化本身的理論探討和價值研究，基於一種跨越學科界限和區域界限的總體化的文化研究，以及一種基於對形式主義文學批評之反撥的文化批評。這顯然與歷時三十多年的關於後現代主義的討論不無關係，經過各種後現代理論的衝擊，一切假想的「權威」和「中心」意識均被消解，高雅文化和大眾文化的人為界限已不復存在，東方和西方文化的天然屏障也隨著冷戰的結束而在一夜之間消除，純文學和「亞文學」文類的界限正在變得日益模糊，因而使得長期從事經典文學研究的學者產生了某種「學科性」（disciplinary）的危機感。這股文化大潮來勢兇猛，對傳統的文學研究構成了有力的挑戰，致使一些囿於傳統的老派學者在不同的場合驚呼，面對文化研究和文化批評的衝擊，有著濃重的「學院」色彩的文學理論和比較文學學科究竟還有沒有存在的必要和價值？❸如果一切都被納入「文化研究」的框架之內，文學研究的本質和意義不就被消解了嗎？而另一些觀念較爲開放並致力於擴大研究領域和視野的學者則對之持較爲開放和寬鬆的態度，他們主張將基於傳統觀念之上的狹窄的文學研究置於廣闊的文化研究的語境之下，並且以積極的姿態正視目前的「文化全球化」趨勢，從而爲未來的理論研究思考出相應的對策，最終實現東西方文化學術交流和對話的目的。❹他們的這種嘗試早在五、六〇年代新批評衰落以及其後弗萊的神話—原型批評崛起之際就開始萌發。❺當然，還有對東方和第三世界文化抱有同情心的學者則藉文化相對主義的再度崛起，試圖從東方和第三世界文化的視角來反視自己文化的一些缺陷，這樣便使得一種平等的對話成爲可能。總之，對文化研究持歡迎或反對態度的人都從某種角度反映了各自所基於的不同立場，同時也體現出了文化研究的理論內涵和學科界限本身的不確定性這一事實。因此在這裡有必要對之做一番辨析。

首先應當指出的是，文化批評（cultural criticism）和文化研究（Cultural Studies）的概念是不盡相同的，儘管今天的研究者總喜歡將這二者交替使用。文化批評主要指涉的是對文學的文化學視角的批評和研究，同時泛指將廣義的文化現象當作文本進行批評，它與早先的社會學批評和其後的形式主義批評迴然有別，且早在十九世紀後期的馬修・阿諾德那裡就已有之，只是在本世紀相當長的一段時間內，由於語言學和形式主義批評佔據了主導地位而被「邊緣化」了，而在後結構主義從結構主義之內部進行反叛、進而文學批評逐步走出形式主義的囚籠之後，文化批評又重新得到強調，並迅速居於當代批評的主導地位。因此，文化批評涉獵的主要領域仍然是文學，或者說是擴大了範圍的文學的文化學批評，但近年來，文化批評的範圍仍有持續擴大的勢頭，涉及的課題也變得越來越包容，大有與文化研究相融合之趨勢；而文化研究雖然始自文學，但其範圍卻早已大大超出了文學的領地，進入到了探討人類一切精神文化現象的境地，它所涉及的研究領域主要包括：對文化本身價值問題的探討、對文化身分或文化認同的研究、對各種文化理論的反思和辨析、對傳統文學研究者所不屑的那些「亞文化」以及消費文化和大眾傳播媒介的考察和研究，以及對當今的後現代、後殖民、女性或女權主義的研究、區域研究、第三世界及少數民族話語的研究等等。在文化研究的大潮之下，文學研究所專注的經典文學名著均被束之高閣，並且被限定在一個極其狹窄的圈子裡得到純「經驗式」(**empirical**)的觀照(**contemplation**)。

既然文化研究的範圍之廣泛而且定義又不確定，那麼對它究竟如何界定呢？正如有些西方學者已經進行的嘗試那樣，文化研究說到底，「並非一門學科，而且它本身並沒有一個界定明確的方法論，也沒有一個界限清晰的研究領域。文化研究自然是對文化的研究，或者更爲具體地說是對當代文化的研究。❻但這裡所說的文化研究已經與其本來的傳統意義及其寬泛的含義有了較大的差別。因而對於當今的文化研究來說，「『文化』並不是那種被認爲具有著超越時空界限的永恆價值的『高雅文化』的縮略詞」，[7]而是包括了那些在現代主義的精英意識佔統治地位時被當作「不登大雅之堂的」通俗文化或亞文學文類或甚至大衆傳播媒介。實際上，文化研究並非八○年代後期突然出現在英語文學界的一個孤立的現象，而是有著一段漫長歷史的一個潛在概念在當代的復甦。早先的文化研究出現於五○年代的英國學術界，其出發點是文學，以理查德・霍佳特（**Rechard Hoggart**）的專著《有文化的用處》（*The Uses of Literacy*, **1957**）和雷蒙德・威廉斯的《文化與社會：**1780～1950**》（*Culture and Society: 1780～1950*, **1958**）爲標誌：前者是一部有著較強烈個人色彩的著作，作者透過自己的親身經歷，描述了戰後英國工人階級生活的變化，特別是文化流行主義和文化消費主義爲當代生活帶來的直接後果。透過這些考察研究，霍佳特意在表明這些變化是如何影響個人的整體生活方式的。作者認爲，文化作爲一個重要範疇，有助於人們認識到這一事實，即一種生活實踐（例如閱讀）是不可能從其他諸種生活實踐（如體力勞動、性要求、家庭生活等）組成的大網中擺脫出來的。因爲這二者有著千絲萬縷的聯繫；後者基於馬克思主義的立場，批判了文化與社會分離以及「高雅文化」和「作爲一種整體生活方式的文化」的分離所帶來的直接後果，實際上預示了一種「文化唯物主義」（**cultural materialism**）在當代的崛起。由此可見，早期文化研究的主要特徵有兩個：其一是一種「介入性的分析形式」，亦即專注於對各種文化現象做細緻的分析；其二是把各種文化現象放在一個大的社會語境下來考察。可以說，後來的文化研究的走向社會區、走向現實生活之趨勢大都與這兩個特徵有著密切關係並以之作為基礎。

毫無疑問，在當今的諸家文化研究學派中，影響最大的是始自英國的「文化研究」學派。這派文化研究的創始人是有著鮮明的精英文學意識的新批評家利維斯（F. R. Leavis），他所開創的文學研究形式又稱「利維斯主義」（Leavisism），其目的在於重新分布法國社會學者、當代最有影響的文化理論家皮爾·布爾丟（Pierre Boudieu）所謂的「文化資本」，但由於他本人受到新批評派的精英意識的影響太深，因而他的文化研究思想仍屬於現代性的範疇。在利維斯看來，文學知識的傳播可以透過教育體制來實現，這樣便可以使得載入「經典」（canon）的高雅文學作品能夠為更多的讀者大眾所欣賞。他明確地指出，為了實現這一目標，首先需要有一種經過嚴格選取的文學經典書目，它的核心應當是基於英國文學的「偉大傳統」的名著，亦即包括珍·奧斯汀、亞歷山大·蒲柏、喬治·艾略特等能夠培養出有著敏感的道德意識的讀者的大作家，而那些致力於藝術實驗的現代主義者和先鋒派作家，如詹姆斯·喬伊斯和弗吉尼亞等則應被排斥在這一「經典」之外，因為他們的作品具有太明顯的先鋒意識，既難得到同時代讀者的理解，又未經受時間的考驗和讀者大眾的篩選。因此，其文化思想中的張力是明顯的，且為後人的超越和發展奠定了基礎。他認為，閱讀這些「偉大的經典」作品有助於以一種具體的平衡的生活觀來造就一些成熟的個人，而「大眾文化」則與之格格不入，甚至成為其天然的敵人。由此可見，利維斯的文化研究概念仍以經典文學研究為核心，與當今西方所風行的文化研究是不相容的，但它卻往往被認可是當代文化研究應當超越的對象，或至少可說是一個早期的階段。後來的文化研究則是在走出了利維斯主義，透過霍佳特和威廉斯這兩位出身工人階級家庭，有著豐富的社區生活經驗的理論家的中介，逐步同時進入社區和知識界。他們首先切入的是中等學校和專科學院的課程設置，其後又對大學的英語文學課程中所涉及的關於文學經典的構成問題提出挑戰。這兩位學者在實踐利維斯的崇尚經典理論的同時，也對之進行了必要的揚棄，在他們看來，雖然文學經典的豐富文化內涵遠遠勝過大眾文化，但利維斯（主義）至少抹去或並未直接接觸自己所身處其中的社區生活形式，他所涉及的生活也只是理論上的生活，與人們實際上關心的東西風馬牛不相及，這顯然是利維斯的侷限，因而他的文化理論始終與近十多年來崛起的大眾文化研究格格不入。在這方面，霍佳特的研究可以說超越了利維斯的經典模式，擴大了文化研究的內涵，使之直接深入到戰後的英國社會、經濟、就業等工人階級所經歷並且直接關注的一系列問題，並且由此出發對之進行深刻的文化反思。❽

六〇年代以後，工人階級社區生活的逐步趨向多極化越來越受到文化研究界注意，而這時的文化研究則開始在英國的學術體制內得到初步確立，因而其研究方向也開始依循著霍佳特所指明的新的方向發展：一方面，文化研究理論家開始嚴肅地探討文化自身的政治功能，試圖對社會民主的權力集團進行批判，因為在他們看來，這一集團正在逐步將權力拉入國家體制中。他們從意大利早期的馬克思主義理論家葛蘭西的霸權概念中獲得啓示，對文化研究中權力的巨大作用以及其透過知識和話語的中介所產生的影響有了清醒的認識，接著他們便開始對文化本身的霸權作用進行批判和解構，在這方面，法國的後結構主義理論爲他們提供了批判的武器；但另一方面，文化研究興趣的轉向也導致了研究者對其舊有的範式進行了修正，從而使得文化越來越與政治相分離，越來越朝著其審美的一面發展，對文化形式的研究也從注重文學經典逐步轉向其他文化形式，其中包括影視製作、文化生產、音樂、廣播、爵士樂、服飾等通俗文化藝術甚或消費文化。這樣，高雅文化與大眾文化的天然屏障便被拆除了，文化走出了象牙塔，又回到了人民大眾中，爲他們所欣賞、所消費。

當然，由於其範圍的廣泛和界限的不確定，文化研究所涉及和研究的方面也呈現出包羅萬象的特徵。除去其文學研究的出發點外，文化研究還受惠於另幾種文化哲學理論或方法論：德國的法蘭克福學派馬克思主義理論使文化研究得以從政治和意識形態的高度對當代社會生活和大眾文化採取分析批判的態度；索緒爾的結構語言學和符號學理論使文化研究者得以從語言的層面切入探討文學和日常生活中的語言習俗以及文學文本和文化文本的語言層次分析；傅柯的知識考古學和史學理論則使論者們得以剖析文學批評和文化批評中權力的主導作用，以及話語在知識與權力關係中所起的中介作用；而文化唯物主義等人類學理論則使研究者得以探討藝術的起源和文化資源的開發等問題。這幾大理論源頭匯集在一起就使得當代文化研究在西方蔚爲大觀。現在我們所說的文化研究的範圍早已擴大了，所探討的問題也從地方社區的生活到整個大眾傳播媒介甚至消費文化的研究；其走向也出現了多極化的趨勢：有馬克思主義的意識形態和文化批判取向，有後結構主義的消解及邏各斯中心的解構取向，也有女權主義者對男性世界持批判態度的取向。更有以削弱和批判帝國主義與宗主國的文化霸權的後殖民及第三世界批評取向等等。總之，原先界限森嚴的文化等級制度被取消了，高雅文化和大眾文化的人為界線被消除了，殖民主義宗主國和後殖民地文學及理論批評都被納入同一（文化）語境之下來探討分析。這樣，「正如找們所期望的那樣，文化研究最有興趣探討的莫過於那些最沒有權力的社群實際上是如何發展其閱讀和使用文化產品的，不管是出於娛樂、抵制，還是明確表明自己的認同」❾之目的，而伴隨著後現代主義理論爭鳴而來的文化「全球化」趨勢更是使得「亞文化和工人階級在早先的文化研究中所擔當的角色，逐步為西方世界以外的社群或其內部（或散居的）移民社群所取代並轉變了。」❿這一點正符合當今西方理論界的「非邊緣化」和「消解中心」的趨勢，從而使得文化研究也能在一些第三世界國家和地區（尤其是亞洲和太平洋地區）得到回應。

文化研究在當今的理論課題

文化研究從一種「非經典」的邊緣話語力量逐步佔據英美學術話語的主流地位並不是偶然的，由於其本身的包容性和不確定性特徵，同時也由於後現代主義之後西方學術理論界出現的「非邊緣化」趨勢，使得一些原先處於邊緣地帶的理論話語逐步步入中心，匯入一個包羅萬象的「保護傘」（umbrella）之下，因此文化研究便逐步上升到主導地位，它把一切致力於非經典文學藝術研究、後殖民地文學和第三世界寫作、女性文學和女權主義批評、後現代消費文化和傳媒研究等都置於其保護傘之下，並且變得越來越具有面向當代的現實感和包容性，與人們的文化生活之關係也越來越密切。當代文化研究的特徵在於，它不斷地改變研究的興趣，使之適應變動不居的社會文化情勢，它不屈從於權威的意志，不崇尚等級制度，甚至對權力構成了有力的解構和削弱作用，它可以爲不同層次的文化欣賞者、消費者和研究者提供知識和活動空間，使上述各社群都能找到自己的生存位置和活動空間。此外，文化研究還致力於探討研究當代人的「日常生活」，這也許正是文化研究爲什麼得以在西方世界以及一些東方國家和地區（例如日本、新加坡、香港等）如此風行的原因所在。總之，在文化研究這面旗幟下，許多第一流的學者和文化理論批評家紛紛走出封閉的知識象牙塔，和廣大人民群眾進行直接的溝通與對話，同時，第一世界和第三世界的學者也能夠就一些共同關心的問題進行平等的切磋和交流。應該說，文化研究的積極方面就在於它的寬容性和多元共存性，這也是它爲什麼得以在後現代主義逐步衰落後步入西方學術理論前台的一個重要原因。但是，正如不少研究者（尤其是文學研究者）所已經意識到的那樣，文化研究也存在著明顯的侷限性：它的過分注重文化的無所不在性很容易模糊文學研究與文化研究的分野，使高級典雅的文學研究淹沒在文化研究的大潮中，同時也導致對文學文本的分析研究流於大而無當和缺乏深度；它所強調的所謂「文化相對論」使人們失去了探求眞理的信心，而對高雅文化和大眾文化之界線的消解只能是一個暫時的策略，並不能證明它本身也能產生出具有永恆藝術價值的高級文化產品。此外，文化研究作爲一個研究領域；其理論和方法論還有待於進一步完善，而這一點在目前的狀況下顯然是無法實現的。總之，作爲全球性的文化轉型時期的一種理論中介和研究策略，文化研究的積極意義還是顯而易見的。我們現在要做的並不是匆匆忙忙地對文化研究之價值做一個簡單的判斷，而是僅將其當作一個可切入當代文化諸方面的思考和理論分析視角，並由此出發得出一些有意義的結論。我認爲，下列幾個理論課題在當今的文化研究語境下頗爲值得我們關注。

後工業社會和後現代文化消費問題

眾所周知，關於後現代主義問題的國際性討論已進行了三十多年。對於後現代是否存在於西方世界這個問題早已成了一個不爭的事實，而且對後現代主義是否有可能以某種變體的形式出現在一些社會、政治和經濟發展不平衡的東方和第三世界國家，甚至連詹明信、伊格爾頓、佛克馬這樣典型的西方世界理論家也持肯定的態度，但是對這個問題仍有不少人（其中包括一些中國學者和批評家）提出質疑，其理由是（以中國的情況爲例），在一個正在進行著現代化建設的相對貧困的第三世界發展中國家，現代化大業尚未完成，怎麼一下子就躍入了後現代時代了呢？對於這個問題實際上並不難回答。伴隨著文化「全球化」的進程，許多目前仍處於「前現代」（**premodern**）或「現代」（**modern**）或「盛現代」（**highmodern**）的東方和第三世界國家和地區也不同程度地打上了「後工業」和「後現代」印記。特別是中國這樣一個經濟發展極不平衡的第三世界大國，情況更爲復雜：一方面，廣大農民和工人群眾還在爲溫飽問題憂愁和奮鬥；另一方面，由於大量外資的引進和一部分人首先致富，致使貧富等級差距過於懸殊。再加之資訊時代西方後現代文化的侵入和我們的防禦機制的薄弱，一些大都市首先沉浸在一種後現代的氛圍中：技術時代的複製和大量生產使文化人喪失了富有想像力的創造性，藝術變得越來越取悅閱（聽）眾的欣賞趣味。閱（聽）眾的鑒賞品味無時無刻不在選擇藝術產品，因而造成了這樣的後果：不是作家藝術家（文化生產者）擔負著啓蒙大眾的任務，而是受制於後者（文化消費者）。市場經濟的機制無時無刻不在影響著文化的生產和消費，文化本身也日益失卻了往日的高雅特徵，變得越來越具有消費性和製作性。在這樣一種大氣候下，何以產生出文化藝術精品以滿足部分（而非全體人民大眾）有著一定文化藝術修養和知識結構的人們的需要，無疑已成爲一個不容忽視的問題。誠然，傳統的經典文學藝術研究是無法解決而且不屑於探討這些問題的，但這恰恰是當今的文化研究者所關注的問題。因此我們絕不能以一種精神貴族的氣勢對之視而不見或不屑一顧，而應當從文化批判的高度進行分析和闡釋。

後殖民語境下的第三世界寫作和批評話語

近幾年來，後殖民主義在一些第三世界國家掀起了熱潮，這個現象絕不是偶然出現的，也不是少數幾位理論家故意「炒」出來的，而是和這些國家的文化語境及寫作和話語現狀相關聯的。正如我在本書前幾章裡已經闡述的，所謂後殖民主義的內涵不外乎這兩個概念：對殖民地寫作／話語的研究（理論批評和學術話語）和原先的殖民地或曰「後殖民地」的文學。前者更確切地說應當被稱爲「後殖民理論」(postcolonial theory)，後者則把除去幾個發達國家外的所有第三世界國家的英語文學都囊括了進來。前者還以對第一世界話語的霸權之消解爲己任，致力於弘揚一種第三世界批評，以達到與權威話語平分秋色之目的。這些話語力量在西方中心主義的語境之下顯然是處於邊緣地帶的，而在冷戰結束後的今天，它們卻成了文化研究者關注的對象，所探討的主要課題有對帝國主義和殖民主義宗主國的霸權地位的削弱、對殖民主義話語的解構的策略、對第三世界文化的弘揚，以及西方話語建構出來的「東方主義」或「東方學」等問題。⑪之於文學研究，對這些問題的探討顯然對文學經典的構成和文學史的重寫形成了有力的挑戰，它使得早先一些被排斥在經典名著之外的描寫殖民地題材的文學作品被重新發現乃至躋身於經典的行列。同時也爲第三世界的文化研究者和批評家步入國際學術前沿鋪平了道路。

女性寫作話語和婦女研究

作爲一種雙重邊緣理論和寫作話語，女性寫作和婦女研究顯然應是文化研究者探討的課題。隨著女權主義理論的多元走向和發展，它在當今的文化研究語境下自然受到格外的重視。由於女性寫作本身的邊緣性、挑戰性、排他性以及意識形態性和對男性世界及其話語的顚覆性和解構性，文化研究者不遺餘力地把研究的焦點集中在女性寫作的上述特徵上。從女權主義批評理論在當代的發展來看，我們可以清晰地看到兩條線索：一條是以西克蘇和克里斯多娃爲主將的法國女權主義理論，這一取向變得越來越學院化甚至貴族化，因而也就逐漸脫離了有著自覺的女性意識的寫作和批評話語；另一條則是北美的女性寫作和女權主義批評，它在經歷了由女權——女權主義——女性這一發展之後，雖然仍保持其意識形態特徵和鮮明的挑戰性，但卻越來越返回對婦女本身的性別、身分以及其他一些屬於生理屬性的課題的研究。這些正和文化研究的另一（人類學）方向大體一致，因而也就理所當然地被納入了文化研究的範疇。一九九五年，由於聯合國第四屆世界婦女大會在中國的召開，中國的女性文學寫作和婦女研究有了長足的進展，與國際婦女研究界的交流和對話也得到了明顯的加強，但其理論的薄弱性卻暴露了出來。因此，在今後相當長一段時間內，對女性問題的關注和理論闡釋仍將是文化研究的主要課題之一，這方面的研究將不斷地引起更多學者的注意。

文化相對主義和文化價值判斷問題

從事社會科學研究的學者往往將注意力集中於對文化價值的探討。在過去相當長的一段時期。歐洲學術界打著文化相對主義的旗號試圖標榜歐洲文化相對於其他文化的特殊性和優越性。後來，由於美國在政治上和經濟上的強盛，美國文化也迅速崛起，歐洲中心主義逐漸演化爲西方中心主義，文化相對主義被一度打入冷宮。直到近幾年來，隨著東方文化的崛起和世界文化格局的改變，文化相對主義這個被冷落了多年的老話題又重新受到文化理論界和比較文學界的關注，並且得到了新的闡釋。實際上，按照有些西方學者的描述，「文化相對主義並非一種研究方法，更談不上是一種理論了」，但是，「承認文化的相對性與早先所聲稱的歐洲文明之優越性相比顯然邁出了一大步。」⓬確實，現在人們所說的文化相對論顯然與它半個世紀前的概念大相徑庭，按照我們現在的理解，文化相對主義旨在說明，每個民族的文化都是相對於他種文化而存在的，因而每一種文化都有著自己的初生期、發展期、強盛期和衰落期，沒有一種文化可以永遠佔統治地位，無論是西方文化還是東方文化都不可能永遠處於主導地位。任何一種文化所處的暫時的優勢也只能是相對的，它終究是不可能統一世界文化的，各民族的文化只有透過交流和對話才能達到互通和互補之目的。因此對文化價值的判斷也就不可能絕對化，持一種寬容的開放態度是當今一些西方有識之士對文化相對主義的重新理解和闡述，同時它也使我們警惕「大中華文化格局」統一世界的欲望的膨脹。對於從事東西方比較文化研究的學者來說，比較並非爲了尋求同一，而是爲了在表面的同一之背後尋找差異，在差異中求得新的和諧。這也就是爲什麼在當今這個後現代和後殖民語境下文化相對主義問題再度引發人們思考的原因所在。

多元文化主義和文化身分研究

多元文化主義原用來說明美國和加拿大實際上存在的一種文化多元化的格局，近幾年來開始日益引起文化研究者的注意。⓭隨著文化「全球化」過程的加速，我們所生存其間的世界正變得越來越小，所謂「地球村」（global village）的構想已不再是一種純粹的幻想，面對這樣一種文化的多元走向，人們所關注的各種文化的民族性和本質特徵正變得越來越模糊，尤其在北美兩個以多元民族文化為特徵的大國，這種情形更是明顯。在一些亞洲國家和地區，如新加坡、香港，甚至包括日本，對文化身分問題的關注也相當明顯。因此，探討多元文化語境之下的各民族的文化本質或文化身分或文化認同（cultural identity）便成了文化研究和比較文學學者所不容忽視的一個重要理論課題。誠如某些西方學者所言，「文化研究以其紮實性和嚴肅性，絕不主張自由放任，而是十分注重文化身分的價值。」⓮確實，在最近幾年的不少國際學術會議上，對這個問題的討論也佔有較大的比重。一方面，我們也注意到一種多元文化主義的理想正在包括中國在內的、有著眾多民族共存共處的第三世界國家出現，另一方面，由於其固有文化防禦機制的脆弱，第三世界的一些知識分子又不得不面對這樣的兩難：既要開展對外開放和文化交流，吸收其他文化中的一切新的東西，從而持一種寬容的態度來對待外來文化，同時又要在外來文化侵入時固守自己的陣地，以保持自己的文化身分。這可以從近幾年來在亞太地區和北美一些地區風行的「新儒學」、「後國學」及「文化保守主義」等思潮中窺見一斑。

影視製作和大眾傳媒研究

由於高科技的飛速發展和人們審美需求的變化，電影和電視正在越來越傾向於取代人們的閱讀需要。最近幾年來，由於電視製作業的興盛，連電影界的人士也頗感幾分危機。誠然，在當今時代，影視製作與經典文學作品始終有著密切的關係，影視生產總免不了要從經典文學作品中汲取營養，甚至直接把經典文學作品改編加工成電影和電視作品，這對文學名著的普及乃至全體民眾文化水平的提高確實不無稗益，這一點也與利維斯所主張的「用經典文學來教育讀者大眾」的文化思想相一致。最近幾年來，中國文壇出現的所謂作家「觸電」現象也可作證。對此，傳統的文學研究者是深感痛心的，他們一方面不滿當今文壇的種種媚俗現象，另一方面又不得不爲純文學的衰落感到惋惜，進而萌發了對影視傳媒的厭惡。其實，在當今這個商品經濟佔主導地位的社會，藝術作品的生產也難免擺脫市場經濟的制約，關鍵的問題是，我們的文化研究者應當採取何種對策來看待這一現象，是以以往的那種貴族精英意識居高臨下地說三道四呢，還是從理論的視角出發對之進行闡釋分析，儘可能地在大眾傳媒和純文學寫作之間找到某種結合點，以便透過與大眾文化的暫時認同來達到對整個大眾文化水平的提高，在這方面，文化研究的跨學科性和跨藝術門類特徵爲我們提供了有力的理論闡釋武器。在文化研究的語境下，純文學與大眾傳媒之間的等級鴻溝被塡平了，各藝術門類的分野也逐漸變得模糊了；此外，從文化的視角出發來分析影視作品。無疑也提高了觀眾的審美趣味和文化修養，同時也從另一個角度豐富了文化理論的建設。因此，文化研究在今後相當長時間內的一個重要任務就是對影視和傳媒的介入與研究。在目前的中國電影理論界，人們爭論較多的關於中國電影的「後殖民性」以及商業性和娛樂性的結合也是文化研究的一個課題。[15]

總之，在當今中外文化交流和對話的大背景下，文化研究畢竟已經進入到了中國，並開始逐步對中國當代文化學術產生越來越深刻的影響，對此我們切不可視而不見，而是首先要對它有一個較爲全面的了解，同時認識到中、西方在文化上的差異。這樣才能透過與西方同行的交流和對話，達到建設中國文化理論之目的，在這一方面，文化研究對我們無疑有著不少啓示。

文化研究對文學研究的啓示

鑑於文化研究的上述種種特徵，也許有人會產生種種疑問：文化研究的崛起會不會對文學研究形成一大衝擊，會不會預示著傳統意義上的文學研究的消亡？我認爲這種悲觀的論點是難以站住腳的。確實，在北美學術界，文化研究的異軍突起對傳統的文學研究（尤其是經典文學研究和比較文學研究）構成了有力的挑戰，甚至對高等學校英文課程的設置，以及英語文學學科的存在都有著某種「威脅」，但是，從整個西方學術界來看，特別是我們不應當忽視歐洲學術界的存在和不可替代性，文化研究的影響至少在目前還只侷限於英語世界，更確切地說，侷限於英國和北美的學術理論界，它還不足以強大得能吞沒有著根深蒂固的「歐洲中心主義」傳統的比較文學學科，更無法取代有著悠久歷史的整個文學研究或其他人文學科，對此我們不必有任何擔心和焦慮。面對文化研究的挑戰，北美的不少高等院校倒是開始對原有的英文課程設置進行了較大的改革，把一些原先的邊緣話語力量也包容進了經典文學，一些比較文學研究所或中心也改名爲比較文化研究所或中心，從而擴大了以往的研究視野和領域。這對當今中國的一些學術機構的調整也有明顯的作用。⑯一些長期從事文學研究的學者顯得不安甚至焦慮，他們擔心的是，文學研究究竟向何處發展？比較文學的未來走向又如何？如何辯證地看待文化研究與經典文學研究之間的關係？這同時也是我們從事東西方比較文化和比較文學研究的學者所無法迴避的問題。當然，關於上述幾個問題，我將在下兩章裡詳細論述，在這裡，我只想根據本學科的現狀提出一些對策：首先，面對文化研究大潮的衝擊，傳統的大學英文課程設置應當更新，其固有的精英意識應當改變，那種帶有明顯的「英國中心主義」（「歐洲中心主義」的一個變種）或「英美中心主義」（「西方中心主義」的一個變種）色彩的文學經典範圍應當擴大，應當以一種國際性的眼光來選擇供我們學生閱讀的文學經典書目，而切不可迴避或懼怕來自非主流話語和第三世界文化圈的挑戰；其次，文學研究的範圍應當擴大，尤其是對文學文本的分析應當注入文化分析的因素，而不應當重蹈當年形式主義者的覆轍，劃地爲牢式地把自己封閉在語言的囚籠中；再者，從事東西方比較文學研究者必須重視東方文化的價值，但也不可不恰當地將其有限的作用誇大到極限，正確評估文化相對主義的積極性和侷限性。應當以一種跨文化的、跨學科的和跨藝術門類和表現領域的開闊視野來從事東西方比較文學研究，特別是在進行東西方比較文學研究方面，不以趨同爲目的，而是在尋找差異中求得可供雙方對話的基礎或共同話題，以達到眞正意義上的與國際（而非與西方）接軌，否則的話，那只會以失去東方文化的本質特徵爲沉重的代價。只有這樣，我們才能不懼怕文化研究的挑戰，使其服務於我們的文學研究，特別是使其有助於開闊我們的觀察視野，豐富和發展我們的比較文學研究。這樣，我們就可以在困惑中找到自己的出路。

註釋

❶例如，這方面比較有影響的幾次國際會議有：一九九五年八月在大連舉行的「文化研究：中國與西方」國際研討會，一九九五年十月在北京舉行的「文化對話與文化誤讀」國際研討會，一九九六年六月在香港舉行的「本土化／全球化」國際研討會，一九九六年六月在台灣舉行的「國際化／本土化與中西文化交流」國際研討會，以及一九九六年七月在南京舉行的「文化接受與變形」國際研討會，由於這些會議的主要工作語言是英語，因而在相當程度上達到了中西方學者的直接交流和對話。

❷參見伊格爾頓，〈後現代主義的矛盾性〉，中譯文載《國外文學》一九九六年第二期，第3頁。

❸這方面可參見加拿大學者沃特・墨賽在第十四屆國際比較文學大會全體會議上的發言，題爲「文學研究和文化研究：重新定位」（Études littéraires et études culturelles: Repositionnements），以及美國學者哈羅德・布魯姆的專著，《西方的經典：各時代的書目和流派》（*The Western Canon: The Books and the School of the Ages*），紐約哈考特，布拉斯公司，一九九四年版，第一章〈經典的挽歌〉，第15～41頁。

❹對當今的文化研究表示出濃厚興趣的西方主要學者有弗雷德里克・詹明信、特理・伊格爾頓、愛德華・薩伊德、拉爾夫・科恩、湯姆・米契爾、喬納森・阿拉克、保爾・鮑維、希利斯・米勒、漢斯・崗布萊希特等，可參見上述部分學者在「文化研究：中國與西方」國際研討會（大連，一九九五）上

的發言。此外，諸加《新文學史》、《批評探索》、《文化批判》、《表現》、《位置》、《社會文本》等主要學術期刊也不斷發表一些論文和專題討論，在當今的英國和北美學術理論界形成了一股聲勢。

❺對作爲一位文化批評家的諾思洛普·弗萊的批評性研究，參閱拙作，〈弗萊理論的後現代視角闡釋〉，以及漢彌爾頓，〈作爲文化批評家的諾思洛普·弗萊〉，這兩篇論文均載於王寧和徐燕紅編，《弗萊研究：中國與西方》，第93～102頁，第3～16頁，中國社會科學出版社，一九九六年版。

❻❼西蒙·杜林編，《文化研究讀本》（*Cultural Studies Reader*），〈導言〉第1、2頁，倫敦和紐約：路特利支出版社，一九九三年版。

❽參見理查德·霍佳特，《有文化的用處：尤其參照出版物和娛樂來探討工人階級生活諸方面》（*The Uses of Literacy: Aspects of Working-class Life with Special Reference to Publications and Entertainments*），企鵝叢書，一九五七年版，尤其是第一部分五章。

❾西蒙·杜林編，《文化研究讀本》（*Cultural Studies Reader*），〈導言〉第7頁，倫敦和紐約：路特利支出版社，一九九三年版。

❿西蒙·杜林編，《文化研究讀本》，第17頁。

⓫關於「東方主義」或「東方學」的論述，參閱本書第五章。

⓬關於文化相對主義和文化相對性的定義及其作用，參閱露絲·貝尼迪克特（Ruth Benedict），《文化的

範型》(*Patterns of Culture*),倫敦:路特利支和卡岡保爾公司,一九三五年版,第200頁,以及杜威·佛克馬,《總體文學和比較文學論題》(*Issues in General and Comparative Literature*),加爾各答一九八七年版,第1頁。

⓭關於加拿大社會和文學的多元文化主義特徵,參閱馬里歐·沃代斯,〈諾思洛普·弗萊的學術生涯:超越多元文化主義的修辭〉,中譯文載《國外文學》,一九九六年第二期,第16~22頁,以及拙作,〈多元文化主義與加拿大文學〉,載《文藝爭鳴》,一九九七年第一期,第76~80頁。

⓮弗雷德·英格利思(Fred Inglis)著,《文化研究》(*Cultural Studies*),牛津:布克威爾出版公司,一九九三年版,第234頁。

⓯關於中國當代電影中的「後殖民性」問題,參閱本書第七章,以及拙作,〈略論中國當代電影的兩難及出路〉,載《電影藝術》一九九六年第六期,第4~7頁,以及該雜誌一九九六年第二期和第三期上發表的就電影商業化和娛樂性問題的專題討論文章。

⓰這不僅體現在國際比較文學協會下面成立了一個「文學與文化研究委員會」,中國比較文學學會下屬的中法、中美、後現代、影視等專業研究會或中心的活動都大大超出了文學研究的範圍,達到了比較文化的廣度,北京大學比較文學研究所也更名爲「比較文學與比較文化研究所」;近幾屆國際和國內的比較文學年會也都以人們共同關心的文化問題作爲主題,這也許就是當今這個文化轉型時期的學術特徵。

文化研究與比較文學的未來

比較文學作爲一門學科或文學研究方法自十九世紀後半葉在歐洲大陸誕生之日起，至今已經步履艱難地走過了一個多世紀的歷程。早就有人預言，二十世紀是一個「批評的世紀」，如果這話果眞被近百年來的文學理論批評實踐所驗證的話，那麼人們不禁要問，在這樣一個「批評的世紀」，一向與理論批評格格不入或相互抵牾的「邊緣學科」——比較文學——已經或者將要面臨何種局面或挑戰？在以多學科整合研究和超學科考察爲特徵的當代文化研究大潮中，比較文學將如何得以生存？確實，對於文學理論的未來，已經有人做出了頗有遠見卓識的預測，而且其中的不少洞見已被實踐所證明。❶而對於比較文學在未來的年月裡將如何發展演變，則未見到令人信服的著述，甚至倒有人對比較文學的未來前景持一種悲觀或消極的態度，更有人預言比較文學將在未來的年月裡消亡。筆者認爲，不管是樂觀或悲觀，我們都不能否認這樣一個事實：比較文學作爲一門新興的學科畢竟已經存在於東西方的文化學術土壤中了，而且始終在紛紜變幻的文化學術氣候下健康地發展著，它曾經遭遇到的幾次「危機」都在自我調解後得到了克服；它作爲一種學術研究的方法，則早已滲透到我們的社會科學和人文科學的各個領域。本章正是本著推進和發展這一學科之目的，從東西方文化和文學相互交會並溝通對話，以及跨文化研究的理論視角對這門學科的未來景觀做一預測和描述。

比較文學自身的挑戰和歷史演變

任何熟悉作爲一個學科的比較文學發展史的學者都不會忘記，比較文學在本世紀至少受到了本學科內部兩次以上的挑戰：第一次發生在本世紀中葉，當作爲一門新興學科的比較文學進入大學課堂和研究機構後，首先在法國得到了長足的發展，其特徵是致力於探討事實上存在的兩種或兩種以上的文學的相互接受與影響，但這種模式卻一度被法國學派推向了一個不恰當的極端，其實證主義的刻板的「科學性」使得比較文學所應當具有的文學性和審美愉悅性黯然失色。毫無疑問，法國學派在比較文學的草創時期所起的歷史作用是不容忽視的，但是過分強調文學研究的實證性和科學性必然會以失去對其審美特徵的分析和文學形式技巧的探討爲代價，從而模糊文學和科學的界限。因爲文學畢竟不同於科學，儘管文學研究需要從科學的方法論中接受啓迪，但文學的對象首先是人，它的鮮明的人文特徵是任何科學研究都難以替代的，因此當雷內·韋勒克於五〇年代後期在國際比較文學協會第二屆年會上發出「比較文學的危機」之警告時便得到大批學者的響應，在他們看來，「眞正的文學學術研究關注的不是死板的事實，而是價值和質量」❷，這種價值和質量實際上就是文學作品中蘊含的豐富審美性和愉悅性。作爲文學學術研究一個分支的比較文學研究自然也不例外。可以說，第一次挑戰取得的成果顯然是積極的，它打破了長期以來的法國學派及其影響研究模式一統天下的局面，導致了以平行研究和文學文本的美學形式分析爲特徵的美國學派的崛起，爲後來的「三足鼎立」之格局（法國學派、美國學派和蘇聯學派共同主導國際比較文學研究界）的形成奠定了基礎。此外，美國學派的崛起也爲突破「歐洲中心主義」的模式起了推波助瀾的作用，儘管這並未能根本改變後來更爲霸道的「西方中心主義」思維模式的價值取向。

毫無疑問，國際比較文學協會的成立自然標誌著這門新興學科的學科化和機構化，使得國際比較文學研究者有了一個可以互相交流切磋乃至對話的場所和論壇。但是我們不得不指出，在協會成立的頭二十幾年內，仍然是「歐洲中心主義」和「西方中心主義」在作祟，所研究的課題並未涉及廣大東方和第三世界國家及民族的文學與文化問題，其中的一個例子就是由協會主持編寫的多卷本《用歐洲語言撰寫的比較文學史》（*The Comparative History of Literature in European Languages*）。事實上，直到九〇年代初，才由熟悉中文和俄文的佛克馬教授率先在其主編的《後現代主義》分卷中突破了這種「歐洲中心主義」的思維模式。現在，這一工程浩大的研究項目終於吸收了包括中國學者在內的東方和第三世界國家的學者，研究的範圍也越過了西方的疆界。這裡應當指出的是，雖然東方作爲一個客觀的存在早已引起了西方學者的注意，但長期以來，正如薩伊德（Edward Said）所批判的那樣，在西方人的眼中，「東方幾乎就是一個歐洲人的發明，它自古以來就是一個充滿浪漫傳奇色彩和異國情調的、纏繞著人們的記憶和視野的；有著奇特經歷的地方」❸，因而東方的存在並不取決於東方本身，而取決於它所展現在西方人眼中是何種形象，亦即西方人眼中的東方永遠只能是一個「他者」(other)，而他者的地位就理所應當地退居邊緣。尤其應當指出的是，國際比較文學研究界甚至在相當長的時間內對有著光輝燦爛的文化和文學遺產的中國文學的成就視而不見，這一方面是由於中國自身的封閉和與世隔絕，另一方面顯然是由於「冷戰」時期西方帝國主義對中國實行封鎖的政策和基於西方殖民主義立場的「東方主義」視野所致。東方國家的日益強大，尤其是中國改革開放政策的實行，使得廣大東方和第三世界國家的文化和文學逐步從邊緣步入中心。對業已形成的「西方中心」之模式構成了強有力的挑戰和解構，結果，比較文學研究的機構也相應地變得越來越開放和包容。可以說，現在的國際比較文學協會它已經眞正成了一個能反映全世界範圍的文學研究成果的學術機構。比較文學研究內部經歷的第二次挑戰實際上就是比較文學的中心東移的過程。但是這種東移並非那種「三十年河東、三十年河西」式的單向度運行，而是一種「播散形」的，即由原來單一的「西方中心」爲主導（在這方面，所謂「蘇聯學派」不過是一個不確定的概念，它的影響並未超出東歐）過渡到眞正的多元共生的新「三足鼎立」之格局：以法國爲中心的重視經驗研究和接受與影響考察的歐洲學派，以美國爲中心的強調美學形式分析和平行理論闡釋的北美學派，和以中國、日本及印度爲中心的致力於跨東西方文化傳統研究和學術理論對話的東方學派❹。這一新格局的形成使得未來的比較文學有了一個美好的前景。可以說，國際比較文學研究界至此基本上完成了自身的研究格局內部機制的調整。

在新理論的衝擊之後

進入本世紀以來，西方文學理論界發生了很大的變化，各種文學以外的理論思潮有力地衝擊著文學理論自身，致使本世紀的西方理論批評界出現了四個取向：形式主義、新批評、結構主義與符號學和一部分後結構主義理論形成的一種語言學—科學批評取向；弗洛伊德的精神分析學、榮格的原型理論以及拉岡的一部分批評理論構成了一種心理學—人本批評取向；現象學、闡釋學、接受美學以及讀者反應批評則形成了一種闡釋學—讀者反映批評取向；馬克思主義、女權主義、新歷史主義等帶有政論和意識形態特徵的理論形成了一種批評的歷史—社會學取向❺。毫無疑問，這種複雜局面的出現使得當今的文學理論與語言學，以及各種社會文化思潮的關係越來越密切，因而一些西方學者乾脆用「理論」（theory）或「文本理論」（texual theory）等術語來描繪日益龐雜的文學理論❻。我們不可否認，這些形形色色的理論思潮對比較文學研究產生了巨大的衝擊和影響，但我們也不可忽視另一個事實，即「在一定程度上由比較文學中產生出的另一些力量也改變了北美的文學理論批評狀況」❼，因而比較文學與當代文學理論批評之間實際上呈一種互動的關係：誰也無法離開誰，而且誰也吞併不了誰。比較文學從當代批評理論中汲取和借鑑新的理論思想與方法論，而當代理論又透過比較文學這個論壇和實驗場所來檢驗其理論是否有效。在眾多當代理論流派中，眞正對比較文學產生直接影響的理論當推接受美學或接受理論。當接受美學於七〇年代後期發生分化時，其中的重要一支應用於文學研究則形成了文學的經驗研究，對刷新歐洲大陸的比較文學研究起著舉足輕重的作用。一個直接的結果便是導致了行將衰落的法國學派重新煥發了生機，並使得專事比較文學影響研究的學者把視角轉向對文學接受的考察研究和從比較的視角來重新撰寫文學史。在平行研究領域內的影響則體現在對文學作品的理論闡釋和文學意義的重構上。一方面，從某個現代的理論視角入手，對文學文本進行理論闡釋，其目的在於驗證這種理論在多大程度上行之有效，又在多大程度上顯得蒼白無力；另一方面，則從現成的文學文本以及讀者自身的（帶有能動的建構意識的）閱讀出發，對某種在一定範圍內有效的理論進行追問、質疑乃至重新建構。這種雙向的理論闡發若用於跨東西方文化傳統的比較文學研究，其效果就更爲可觀。因爲對事實上存在的影響的追蹤總是可以窮盡的，而對理論的闡釋和建構則是不可窮盡的。對第三世界的學者來說，藉用西方學術話語中的某個現成的概念是不足爲奇的，但這並非其根本的目的，而只是一種手段，其目的旨在透過這種對外來理論的借用甚至「挪用」，和將其與本土現實及經驗的揉和產生出某種新的居於與原體的相似和不相似之間的變體，最終對西方的理論話語進行消解和重構❽。近十多年來在一些東方和第三世界國家興起的關於後現代主義和後殖民主義的理論爭鳴就是這方面的一個成功的範例：在對帝國話語的消解過程中也推進了本民族的「非殖民化」進程，並將原先處於邊緣地帶的東方和第三世界文化和文學推到了前台，從而實現了多元共存的目標。

從比較文學研究自身的機制更新著眼，筆者以爲，新理論的衝擊還產生了另一方面的效果，即使得比較文學研究從原先的「兩根支柱」（影響研究和平行研究）支撐逐步過渡到現在普遍存在的「三根支柱」（接受與影響研究、平行與理論闡釋和超學科比較研究）鼎立的局面。所謂超學科（interdisciplinary）研究是指除了運用比較文學研究的一般方法外，還應具有一個相輔相成的兩極效應。一極是以文學爲中心，立足於文學這個「本」，由此滲透到各個層次去探討文學與其他學科及藝術表現領域之間的相互滲透和相互影響關係，然後再從各個層次回歸到文學本體，這樣便求得了一個外延的本體。另一極則平等對待文學與其他相關學科和表現領域的關係，揭示文學與它們在起源、發展、成熟等各個階段的內在聯繫及相互作用。最後，在兩極效應的總和中求取「總體文學」的研究視野。❾超學科比較文學研究的提倡使得我們得以將一切文學現象和文學文本置於一個廣闊的多學科和多視角的語境之下來進行透視性的考察研究，從而找出文學之所以得以生存的獨特審美價值和表現特徵。同時，超學科研究也使得文學研究與文化研究相互溝通和借鑑，對未來的文學理論之發展也有著極大的推動作用。此外，透過比較文學的超學科研究，也促使一些新興的邊緣學科應運而生，使得我們的人文科學與社會科學朝著健康的方向發展。事實證明，超學科比較文學研究還促成了新興的跨文化研究的誕生與發展，其前景是可預見的。

面對文化研究的挑戰

如果說前兩節僅僅是對一些已經成爲或剛剛成爲歷史的現象和事件做一番回顧的話，那麼本節便要直接正視比較文學目前正在面臨的一個挑戰，即文化研究的挑戰。進入九〇年代以來，特別是關於後現代主義的討論在西方學術界江河日下時，後殖民主義異軍突起，使得後現代主義之後的「非邊緣化」和「非中心化」嘗試達到了高峰。此時文化研究崛起並迅速登上前台，並在逐步滲入文學研究的各個領域，把原先的一些處於邊緣地帶和冷落狀態的研究課題統統納入了文化研究的範疇，諸如殖民地話語和文學、女性文學、性別差異、少數民族話語、第三世界批評、消費文學、大眾傳播媒介、影視文化、音樂電視、廣告文化、文化生產文化消費等等，眞是無所不包。這無疑對相對來說純淨的比較文學研究構成了一個新的挑戰，以致一些學者驚呼，在文化研究的大潮之下，比較文學還有沒有存在的價值？在文化研究的語境之下，比較文學究竟應當佔何等地位？儘管文化研究在西方已經有了一段漫長的歷史，但就其當代意義而言，它卻包含著新的內容。「與其他研究不一樣的是，文化研究並非一門學科，它既不是一種定義明確的方法論，也沒有供研究者切入進行探究的界限明晰的領域。文化領域顧名思義是對文化的研究，或者說，尤其是對當代文化的研究」，但當今西方的文化研究對象並非高雅的精英文化，而是通俗的當代大眾文化⑩，因此這就對一向被認爲是屬於知識分子精英之領地的文學研究（自然也包括比較文學研究）構成了強有力的挑戰，而這種挑戰已經帶來的一個後果就是，在一些大學，比較文學系科不是被其他系科兼併就是改名爲文化研究系科，原先屬於比較文學的研究領域大大地縮小了，比較文學重又面臨著新的學科性危機。

確實，正如一些西方學者所指出的那樣，「在把許多作用讓與研究能力的啓蒙力量之後，文化研究必定還是保留了作爲一種範疇的藝術，而正是在這一框架之內，男人和女人才不僅可以講述關於現狀的眞實情況，而且還可爭相表達自己對未來的希望⑪。」由此可見，文化研究的一個長處在於它可以把文學從高雅的聖殿中解脫出來，使其直接面向大眾，同時也使得高雅文化和大眾文化的人爲界限模糊甚至消解；其次，作爲一種研究的視野，文化研究的全球化也打破了東方文化與西方文化的等級序列和對立狀態，使之相互溝通，互動互補，使一向處於邊緣的東方和第三世界文化和文學向中心運動，近幾年來的對文化相對主義的重新關注也許就是一個明證；再者，文化研究滲入到文學研究的領域，則打破了純文學和通俗文學的界限、文學話語和非文學話語的界限、文學文體和亞文學文體的界限、文學和大眾傳媒的界限等。總之，一切社會文化現象（也包括文學）都被納入了文化研究的範圍。之於文學批評，文化研究則爲文化批評的重新崛起達到了推波助瀾的作用，把文學批評從「文本中心」的死胡同裡解脫了出來。但是這樣一來，文化研究明顯的侷限性便暴露了出來：它沒有一個完備的理論體系，甚至連最起碼的理論建構願望都不存在，也沒有一個大體相似的研究方法論和理論視野，因此它的多元取向和權宜性就在所難免了。它的興旺只是暫時的，當它的高潮過去之後，文學研究卻依然存在。文化研究不會吞沒文學研究，更不會取代比較文學研究的作用，反而會開闊我們的視野，使我們的學科更加開放、更有生氣，更能在紛紜變幻的情勢下立於不敗之地。對此我們不必憂心忡忡，更沒有必要去人為地造成一種新的居於比較文學和文化研究之間的二元對立。

暫時的結論

針對比較文學在未來的發展及前景，美國學者勃洛克曾預言，「當前沒有任何一個文學研究領域能比比較文學更能引起人們的興趣或有更大的前途，任何領域都不會比比較文學提出更嚴格的要求或更令人眷戀。」⓬如果說，他這番話僅能為三十年前比較文學在西方學術界的景觀所證實的話，那麼，自八〇年代以來，比較文學在中國的全面復興便可成為其在東方的一個例證。綜觀當今中國的社會科學和人文科學各分支學科領域的現狀，我們完全可以自豪地斷言，這是一門最年輕、最具生氣的學科，它早已透過內部機制的自我調節而克服了自身所曾面臨的種種危機，率先從邊緣步入中心，登上國際論壇，一方面和西方主流學術界進行平等的對話，為把中國文學及其研究成果介紹到世界達到了其他學科難以達到的作用；另一方面則試圖吸引越來越多的西方學者關注東方和第三世界的文學，這一點已為世人所矚目。因此，任何悲觀的論點和無所作為的態度都與這一現實相抵牾，任何持「比較文學消亡論」者都無法改變這一歷史發展的大趨勢。

註釋

❶參見拉爾夫・科恩編，《文學理論的未來》（*The Future of Literary Theory*）中的〈導論〉及有關論文，倫敦和紐約：路特利支出版社，一九八九年版。

❷參閱韋勒克，《比較文學的危機》，中譯文見張隆溪編，《比較文學譯文集》第29頁，北京大學出版社，一九八二年版。

❸參見薩伊德，《東方主義》（*Orientalism*），紐約：同代叢書一九七九年版，第1頁。

❹參閱拙作，〈走向比較文學的新格局〉（Toward a New Framework of Comparative Literature），載《加拿大比較文學評論》（*Canadian Review of Comparative Literature*），第二十三卷第一期（一九九六），第91～100頁。

❺參閱拙著，《多元共生的時代：二十世紀西方文學比較研究》第125～141頁，北京大學出版社，一九九三年版。

❻參見喬納森・卡勒，《論解構：結構主義之後的理論與批評》（*On Deconstruction: Theory and Criticism After Structuralism*），〈序言〉，康乃爾大學出版社，一九八二年版。

❼參見克萊頓・克爾伯等編著，《文學的比較研究視角》（*The Comparative Perspective on Literature*），

康乃爾大學出版社，一九八九年版，第9頁。

❽參閱霍米·巴巴，〈關於模擬和人：殖民話語的矛盾性〉（Of Mimicry and Man: The Ambivalence of Colonial Discourse），載《十月》（*October*）第二十八卷（一九八四）年，第126頁。

❾參閱拙著，《比較文學與中國當代文學》，雲南教育出版社，一九九二年版，第1～17頁。

❿參見西蒙·杜林編，《文化研究讀本》（*The Cultural Studies Reader*），〈導論〉，第1、2頁，倫敦和紐約：路特利支出版社，一九九三年版。

⓫弗里德·英格利斯，《文化研究》（*Cultural Studies*），〈論點概要〉，第11頁，牛津：布萊克威爾出版社，一九九三年版。

⓬勃洛克，〈比較文學的新動向〉，載《比較文學研究譯文集》，上海譯文出版社，一九八五年，第206頁。

5 文化研究與經典文學研究

在當今的西方學術理論界和批評界，「文化研究」（Cultural Studies）被當作圍繞後現代主義和後殖民主義展開的討論後的又一熱門話題，用英國的馬克思主義理論家特理．伊戈頓（Terry Eagleton）的話來概括：我們不得不面臨這樣的問題，即所有的人都在談論文化，「因為就此有重要的論題可談。一切都變得與文化有關……文化主義加大了有關人類生活所建構的一個屬於習俗的東西的重要性，與其相對的則是人類作為天生就追求物欲的動物所共有的東西……文化主義屬於一個特定的歷史空間和時間——在我們這裡——屬於先進的資本主義西方世界，但現在似乎卻日益進口與到中國及其他一些『新崛起的』社會。」❶確實，正如伊戈頓所斷言的那樣，文化研究已開始對中國的學術界和理論界產生誘惑了。一些關心文化問題的文學批評家出於對形式主義的專注文本的細讀式批評頗感膩煩而求助於文化批評，試圖開闢超越傳統文學批評的新路子；另有一些人則無法在狹窄的經典文學研究領域裡邁出新的步伐，因此他們把目光轉向一向被排斥在經典文學之外的通俗文學和大眾傳媒，試圖以此對經典文學的權威性和主導性進行解構。在比較文學界，文化研究更是以其巨大的衝擊力令傳統的比較文學研究者感到不安，他們擔心，或許有一天作為一個學科的比較文學將淹沒在文化研究的汪洋大海之中，而另一些對探討文化問題感興趣的學者則試圖借助文化研究的衝擊波來擴大日益萎縮的比較文學領域。總之，文化研究對傳統的經典文學和比較文學研究產生的影響是無法阻擋的。因此我們首先有必要對文化研究與經典文學研究這二者之間的關係做一番考察和分析，才能得出令人信服的結論。

經典文學研究面臨的諸多挑戰

面對文化研究大潮的衝擊，經典文學研究的領地逐漸萎縮。這無疑是一個不爭之事實，但是問題是這二者是否果眞構成了一對難以消解的二元對立，還是其中有著某種複雜的內在張力？首先我們要弄明白什麼是經典（**canon**）？經典應當包括哪些作品？經典是如何形成的，當它遇到挑戰後又做了哪些調整？然後我們才能探討經典文學研究與文化研究之間的關係。

在當今西方理論爭鳴中竭力維護經典的精英地位的學者大概當推哈羅德·布魯姆，他在出版於十九九四年的宏篇巨著《西方的經典》中站在傳統派的立場表達了對當前頗爲風行的文化批評和文化研究的極大不滿，對經典的內涵及內容做了新的調整，對其固有的美學價值和文學價值做了辯護，照他的解釋，「我們一旦把經典看作爲單個讀者和作者與所寫下的作品中留存下來的那部分的關係，並忘記它只是應該研究的一些書目，那麼經典就會被看作與作爲記憶的文學藝術相等同，而非與經典的宗教意義相認同。」❷顯然，文學經典是由歷代作家寫下的作品中的最優秀部分所組成的，這樣經典也就「成了在那些為了留存於世而相互競爭的作品中所做的一個選擇，不管你把這種選擇解釋為是由佔主導地位的社會團體、教育機構、批評傳統做出的，還是像我認為的那樣，由那些感到自己也受到特定的前輩作家選擇的後來者做出的」，❸因而寫下這些經典作品的作家也就被稱為經典作家。誠然，對經典構成的這種歷史性和人為性是不容置疑的，但是長期以來西方文學理論界所爭論的問題是，經典究竟是怎樣具體形成的？它的內容應當由哪些人根據哪些標準來確定？毫無疑問，確定一部文學作品是不是經典，並不取決於普通讀者，決定它在文學史上的地位的主要有這三種人：(1)文學機構的學術權威者；(2)有著很大影響力的批評家；和(3)擁有市場機制的讀者大眾。其中前兩類人可以決定作品的文學史地位和學術價值，後一種人則能決定作品的流傳價值，有時也能對前一種人做出的價值判斷產生某些影響。由此可見，在經典構成的背後有著權力的運作機制。而二十世紀西方文學學術研究和批評的歷史演變正是體現了這三者之間的相互作用和相互制約關係。

縱觀二十世紀西方文學的發展，我們可以看出，直到本世紀中葉，文學理論界都一直是形式主義批評佔主導地位，形式主義理論批評的一個重要特徵就是注重文學的內部研究（韋勒克語）：無論是英美新批評學派的以單個文本為中心的細讀式批評，還是結構主義的探討諸文學作品之內在關係的研究，基本上都未能擺脫「語言的囚籠」（**the prison-house of language**）（詹明信語）的桎梏。雖然馬克思主義的基於經濟基礎和上層建築之關係的意識形態和社會—歷史批評和弗洛伊德的精神分析學批評從外部對其產生過一些衝擊，但面對強大的形式主義的崇尚經典文學的研究仍在很長一段時間內束手無策。倒是一些批評流派和理論家（如F.・R.・利維斯、諾思洛普・弗萊、米哈伊爾・巴赫金等）從文學的形式分析入手，引入了文學以外的文化分析因素，從而拓展了文學經典的範圍和領域，把文學置於廣闊的文化語境之下來考察，達到了文化批評的高度。他們以及後一代批評家和研究者的大膽嘗試，連同另一些時代的、社會的甚至讀者方面的因素，共同構成了對傳統的經典文學研究的挑戰，以致當年曾醉心於解構主義批評的哈羅德・布魯姆也不得不在當代批評的「眾聲喧嘩」聲中聽到了「經典的挽歌」。但是布魯姆仍然站在精英的立場上指出，「所有的經典作品，包括我們目前仍流行的反經典（counter-canons）都不無精英意識，任何現時的經典都不是封閉的，因此現在被稱為『開放經典』的東西也只是嚴格意義上的多餘的操作」，但他同時也不得不承認，「還有一些巨大的複雜性和矛盾性構成了西方經典的本質，這絕不是一個統一體或穩定的結構。沒有誰能這樣權威性地告訴我們什麼是西方的經典」，❹因而經典的形成就有著多方面的因素，它一旦形成並相對穩定後便受到了來自多方面的挑戰和制約而發生程度不同的變化。就文學史和文學理論研究而言，本世紀對經典的形成最具挑戰性的理論無疑是接受美學，尤其是伊塞爾的注重讀者之主體性的能動闡釋作用的「隱含的讀者」的概念。根據接受美學理論，每一個文本一經寫出，它就與原作者脫離了關係，從而成了某種社會的東西，每一位讀者都可以根據自己的期待視野從文本中讀出不同的東西，這樣對文本的闡釋就絕非是一元的，而是多元的。意義的產生或建構並非在於作者而是在於讀者與文本的交互作用，因而在相當大的程度上取決於讀者的仔細閱讀和自覺建構，最後的意義是不可窮盡的。此外，接受美學對文學經典的挑戰還體現在，它打破了少數文學界權威人士對經典確定的壟斷，亦即打破了隱藏在經典確立之背後的權力運作機制和操縱，使得廣大讀者有機會參與閱讀和批評，從而為經典的調整甚至重構提供了有益的閱讀經驗。

興起於五〇年代末、六〇年代初的關於後現代主義問題的討論也對經典文學研究構成了挑戰。在北美文學批評界和文化理論界掀起的這場討論的一個重要命題就是如何看待高雅文學與大眾文學之間的分野，這也是後現代主義的平民意識與現代主義的精英意識的重要分歧：就文學閱讀而言，現代主義的閱讀策略是視文本為一個封閉的自足客體，其意義產生於作者與文本和文本與讀者的雙重關係之中，而後現代主義的閱讀策略則全然不顧作者，而代之以更注重讀者對文本的閱讀和接受過程，意義的產生在更大程度上依賴於讀者的建構，因此後現代主義者一方面抱有「全然擯棄解釋的企圖」❺，另一方面又將其文本對讀者「開放」，從而也就在更大的意義上使文學經典的構成也對讀者開放，使讀者在很大程度上有資格參與經典的構成及調整。應該承認，後現代主義對文學經典的影響主要體現在它打破了經典的封閉狀態，使之呈開放狀態，不斷地吸收進一些原先被排斥在經典大門之外的文學作品甚至是亞文學作品，同時也在更大的意義上為經典文學研究引進了讀者的參與因素。

如果說前兩種理論和思潮分別從事審美形式及文學內容上對經典的構成以及經典文學研究產生了一定的影響的話，那麼另兩種理論思潮則從社會文化甚至性別的角度對之構成了挑戰：女權主義著重致力於消解文學經典構成中的男性中心意識。使一些長期以來被「邊緣化」的、出自女作家筆下的優秀作品得以進入經典的行列，從而對經典的構成起某種更新的作用；而後殖民理論則致力於消解中心和邊緣之二元對立，一方面使宗主國作家寫作的一些表現殖民地題材的英語（English）文學作品得到新的發現和新的解釋，另一方面則使一些第三世界作家撰寫的「英語」（english）作品得以躋身經典的行列，這樣一來，經典文學研究的領域就大大地拓展了，中心與邊緣的天然界限也就逐步被消解了。但是人們很快又會面臨另一個問題：究竟應不應當有一個相對穩定的經典至少供教學使用？答案顯然是肯定的。因此對經典構成的研究便提到比較文學和文學理論研究者的日程上來了。總之，上述所有這些嘗試都在不同程度上動搖了經典的一成不變性，從而使之成為一個開放的體系，不斷地融入新鮮血液，不斷地顯示其生命力。

文化研究的崛起和經典的裂變

文化研究作為近幾年來在西方學術理論界樹起的一面大旗，幾乎成了一個包羅萬象的概念，它從外部對文學研究形成了強有力的挑戰。「文化研究自然是對文化的研究，或者更為具體地說是對當代文化的研究」，❻但這裡所說的文化並非傳統意義上的精英文化，而是範圍更廣的大眾文化，其中也包括為讀者大眾所喜聞樂見的通俗文學。由於文化研究目前在西方學術理論界頗為風行，尤其由於文化研究的非經典意識和對大眾文化和文學的重視，因此它的崛起更是給傳統的經典文學研究引進了文化分析的因素，甚至對經典本身的構成也提出了新的挑戰。

任何熟悉戰後英美文學發展史的學者都不難發現，文化研究與經典文學及其研究有著千絲萬縷的聯繫，它作爲一個跨學科、跨文化和跨藝術門類的研究領域，最初於五〇年代出現在英國的文學研究界，以當時的新批評取向的經典文學理論家F.・R.・利維斯爲代表。文化研究一開始的出發點就是開列一個經典作家及其作品的名單，試圖以經典文學來向讀者大眾進行啓蒙，以提高整個民族的文化水平，但在理論批評方面，這一階段的文化研究只是致力於擴大文學批評的範圍，使之逐步發展成爲文學的文化批評。後來經過霍佳特、威廉斯、霍爾這些出身低微、有著工人階級背景的學者們的努力，文化研究才逐步走出早先的經典文學研究領域，開始關注社區問題和人們的現實生活中出現的其他一系列問題，並匯入對當代文化的研究大潮中。在此同時，北美的原型批評理論家弗萊也逐步走出純文學的領域，開拓了文學研究的跨學科方向，他不僅關注文學所賴以存在的讀者社群，同時也注意把尙處於「邊緣」和非經典地位的加拿大文學置於一個多元文化語境和世界背景之下來考察。毫無疑問，弗萊的嘗試對六〇年代的北美批評界有著不可忽視的影響。到八〇年代，北美的文化批評家已公開打起了「多元文化主義」（Multiculturalism）的旗號，用以向傳統的歐洲中心模式和精英意識發起進攻。

既然文化研究所涉及的主要是當代文化，更確切地說是非精英文化，因而文化研究更關注當代社會仍在發展著的通俗文化和一切大眾傳播媒介以及其對文學的作用。儘管文化研究並未形成一個獨立的學科，也沒有一個界定明確的方法論和理論體系，但它作為當今一種新興的學術研究話語，近年來尤其在英語文化和文學界得到了長足的發展，並直接影響到比較文學研究和傳統的經典文學研究。但是文化研究對文學研究並不像有人所描繪的那麼可怕，近幾年來的理論爭鳴和實踐均表明，它非但沒有對比較文學和經典文學研究構成大的威脅，反而為前者開闢了一個更為廣闊的跨文化和跨學科語境，使研究者的視野大大開闊了，❼並透過對傳統的經典文學研究的挑戰來擴大文學研究的範圍，透過對日益變得僵化的經典的內容的質疑給狹窄的經典文學研究領域注入文化的因素。

眾所周知，文化研究除了關注當代文化和通俗文化外，還致力於研究在經典文化佔統治地位時處於「邊緣」地帶的女性問題和女性寫作、一直受到第一世界壓迫和不平等對待的第三世界文化和後殖民文化以及後殖民地寫作，這樣便動搖了以第一世界的文學為主體的「經典」的統治地位和權威性，近十多年來在歐美文學研究領域裡圍繞經典的構成及其內涵問題的討論就是一例。進入九〇年代以來，特別是關於後殖民理論的討論和後殖民地文學的研究加速了東方和第三世界國家的「非殖民化」進程，對傳統的文學經典的構成及其權威性進行了質疑和重寫，使得長期處於「邊緣」地位的東方和第三世界文化逐步從邊緣步入中心，進而打破了單一的西方中心之神話，使世紀末的世界進入一個真正的多元共生、互相交流的對話而非對峙的時代。這一切均對有著強烈西方中心色彩的比較文學和經典文學研究產生了巨大的影響。可以說，這一時期文化研究的崛起不僅打破了文學與文化、東方與西方的界限，同時也消解了邊緣與中心的天然屏障，有利於處於邊緣地帶的東方和第三世界文化和文學走向世界。

文化研究對經典文學研究的衝擊主要表現在，「非邊緣化」和「解構性」這兩方面，首先體現在文化相對主義對所謂主流文化的挑戰和解構。在過去相當長的一段時間內，歐洲學術界打著文化相對主義的旗號，其實質是想透過比較歐洲文化與他性文化的不同而進一步確立其優越地位。後來由於美國的崛起，歐洲中心主義逐漸演化為西方中心主義。由於美國自身的多元文化特徵，舊有的文化相對主義概念顯然變得不合時宜。近十多年來，由於東方和第三世界文化的崛起，文化相對主義的原有內涵發生了變化，這個術語也變得日益包容起來，它對比較文學研究者的觀念也發生了影響，誠如最早將這一概念引入比較文學研究領域的學者之一佛克馬所指出的，「承認文化的相對性與早先所稱的歐洲文明之優越性相比當然是邁出了一大步」。❽這樣，再以西方的經典來代表整個世界文學的經典顯然是過於偏頗了，因為在西方世界以外，我們的作家還寫下了很多足以與西方文學相比美的作品，因此任何想確立一個世界文學經典的嘗試都必須把目光轉向長期被忽視的東方文化及其文學。而文化研究作為一個跨文化的領域和學術話語必然對之有所作為。

近幾年來在北美頗為流行的多元文化主義也對經典文學的建構和研究產生了不可忽視的影響。所謂多元文化主義是北美文化語境下的產物，它作為一種文化策略無疑對消解歐洲中心（在北美）和宗主國中心（在後殖民地國家）起過不可替代的作用。因此在美國這樣一個有著眾多文化社群但缺乏單一民族特徵的國家，這一概念實際上起了平等看待少數民族文學的積極作用。例如在近十多年內的諾貝爾文學獎得主中，幾乎所有的美國作家都或多或少帶有這種多元文化色彩，不僅是民族的（如索爾・貝婁），語言的（如辛格），而且還涉及膚色方面（如莫里森），正是這些來自異族的作家以其優秀的作品豐富和發展了年輕的美國文學，使之在二十世紀的今天空前地繁榮。但是值得注意的是，多元文化主義絕不能被誇大到一個不恰當的地步，更不可打著多元文化主義的旗號而蓄意抹殺判斷文學作品價值的美學標準，因爲，判斷文學價值的一切外部（包括：社會時尚、市場包裝、政治壓迫和宗教法典等）因素都不會長久有效，決定文學價值的最終只能是這三種因素：(1)讀者的審美取捨；(2)出版者的印刷和發行；以及(3)大學和文學機構的教學與研究，而這三者都離不開文學作品自身的質量。因此文化研究對經典文學研究的消極作用也不可忽視——它能夠促使原有的經典裂變但卻不能提供新的經典。

「經典的挽歌」？

毫無疑問，對文化批評和文化研究的巨大衝擊力感到十分不安的人必然會認爲，這二者的崛起實際上爲日益萎縮的經典文學研究領域及其未來的前景唱一曲無盡的挽歌。但情況果眞如此簡單嗎？筆者以爲，這種悲觀的論調實際上是無濟於事的，它並不利於克服經典文學與通俗文學研究目前遇到的困難，反而會加劇經典文學與通俗文學以及非經典文學甚至當代文學之間的矛盾，加劇經典文學研究與文化研究的對立。當前西方理論批評界的一個實際狀況是，經過歷時三十多年的關於後現代主義問題的討論，一切假想的等級制度（包括精英文學和大眾文學的等級差別）和中心意識均不復存在，曾經雄踞批評理論界的形式主義也逐步被新崛起的文化批評所取代，由於文化研究的包容性和非排他性等特徵，它已逐步上升到當代西方理論批評界的主導地位，一大批在歐美理論批評界享有盛譽的第一流學者也開始注意到了文化研究不可忽視的影響，及其對文學研究（尤其是經典文學研究）的反撥作用，❾但他們採取的態度並非對立，而是因勢利導，使無所不包的文化研究的大語境之下仍有文學研究的一席之地。這樣，把文學研究置於這一廣闊的語境之下非但不會削弱經典文學研究的地位，倒反而能實現當年利維斯的願望，即透過經典文學的確立和啓蒙來提高整個民族的文化素質。現在，我們在文化批判的基點上所要考慮的應當是文化建設，在這方面，文學經典的重構必定會引起我們的興趣。佛克馬曾令人信服地指出，「看來，如果在經典傳送的知識與人們的需要和非經典文本中可以獲得這兩者之間有著相當大的分歧的話，經典的調整就勢在必行了。一方面，經典無法服務於社會和個人需要，而另一方面，一套非經典文本又能滿足這些需要，這樣的差別從長遠的觀點來看必然導致經典的變化和調整，因爲經典的作用在於提供解決問題的模式。」❿由此可見，文化研究倒是從外部促進了經典的變革和調整之步伐。但是由於文化研究僅關注當代流行的東西，而流行的東西本質上缺乏歷史感和深邃的內容，因此，「經典雖然受到當代創作的影響，但假如它由當代詩學來決定的話，就必將失去其應有的功能。」[11]對此，我們必須有著清醒的認識。

既然經典文學研究和經典的構成已成爲近十多年來國際比較文學研究的重要理論課題，因此對於比較文學者來說，我們更無必要唱這樣的挽歌了，因爲在比較文學界，研究文化問題不僅是許多學者的自覺，同時也在機構上逐步得到了認可：一九九四年在加拿大埃德蒙頓舉行的第十四屆國際比較文學大會的主題——「文化和多樣化：語言、文化和社會」（Literature and Diversity: Languages, Cultures, Societies），於一九九七年在荷蘭萊頓舉行的第十五屆年會的主題則更爲簡單明確——「作爲文化記憶的文學」（Literature as Cultural Memory）。而且令人欣喜的是，與會代表中來自東方和第三世界國家者逐步增多，所討論的文學問題也開始涉及東方和第三世界國家的非經典文學以及當代大眾文學，這無疑又對習來已久的舊的經典構成（canonformation）形成了挑戰，同時也預示著一個「經典的重構」（canon reformation）時代的到來。我們完全有理由對少數躲在象牙塔裡精心建構的「經典」文學書目的權威性予以質疑，並提出我們經過仔細的比較研究和理論思考後得出的書目，從而使得文學經典眞正走出西方中心的狹窄模式，而具有廣泛的世界性。對此，我們應抱一種積極的態度向前看，這樣才不致於在暫時的困難面前唱起挽歌，或者驚呼「經典文學研究消亡」了。

註釋

❶伊戈頓，〈後現代主義的矛盾性〉，《國外文學》，一九九六年第二期。

❷❸布魯姆，《西方的經典》第17頁、第18頁。

❹布魯姆，《西方的經典》，第37頁。

❺佛克馬，《文學史，現代主義和後現代主義》，第45頁，約翰·班傑明出版公司。一九八四年版。

❻西蒙·杜林編，《文化研究讀本》，〈導言〉第1、2頁。

❼這一點可以從近幾屆國際比較文學大會的論文題目中看到一些跡象，即研究文學經典的構成也是比較文學學者的一個重要理論課題。

❽佛克馬，《總體文學和比較文學論題》，第1頁。

❾對文化研究持積極的或寬容態度的學者包括：弗雷德里克·詹明信、特理·伊戈頓、拉爾夫·科恩、希利斯·米勒、湯姆·米契爾、保爾·鮑維，他們或積極撰文演講、或組織國際會議、或在自己主編的刊物上大量刊登這方面的文章，以推動文化研究的發展。

❿佛克馬，《總體文學和比較文學論題》，第170頁。

⓫佛克馬，《總體文學和比較文學論題》，第171頁。

6 中國當代大衆文化的後現代性

毫無疑問，在任何一個國家或任何一個歷史時期，知識分子和文學批評家總是對大眾文化的崛起持不同的看法，因爲大眾文化的崛起必然會對高雅文化和精英藝術構成某種挑戰。有時，對大眾文化的態度甚至能充當判斷一個特定時代的文化和文學主流的特徵之標準，亦即用來評判該時期的文化主旨究竟是精英（高雅）的，還是一味取悅普通讀者（觀眾）的（低級的）。在文學藝術史上。西方曾經歷了新古典主義、啓蒙時代、浪漫主義和現代主義這些明顯有著精英意識的文學藝術時代和潮流，但在文藝復興時期和現實主義階段，大眾文化則頗爲盛行，通俗文學作品也頗受廣大讀者歡迎。正如哈羅德·布魯姆（Harold Bloom）這位當代精英文化的最後一位捍衛者所總結的，「每一時代的所有文學傳統都必定是精英主義的，只要訓誡的場所始終取決於『精英』所意味的一種首要的選擇和被選擇。」❶按照布魯姆的觀點，這就好像是老師和學生的關係一樣，因爲「正如柏拉圖所理解的那樣，教學在一個希望得到我們所不具備的東西之廣義上來說必定是性愛的一個分支，亦即用以補償我們的貧困和使我們的奇思妙想混合的一個分支。任何教師，不管他／她多麼不可一世，都無法迴避在學生中做出選擇，或被學生選擇，因爲這就是教學的性質所在。文學教學也和文學本身一模一樣；任何一位有實力的作家首先都得被他的前輩大師選擇，然後他才能選擇他們，而沒有一位有實力的學生能逃過被自己的老師所挑選。」❷既然我們自己也是文學教師，我們也都有這樣的經歷，因此我們就不應當抱怨現在的精英文學所處的不利待遇，不僅受到讀者而且也受到文學市場的無情選擇。

確實，在一個相當長的歷史時期，精英文化和文學從未受到過大眾文學如此嚴峻的挑戰，而此時此刻，整個世界都經歷著後現代主義大潮的衝擊，文化和文學藝術變得越來越帶有商業化色彩。在當今中國，自從九○年代初進入市場經濟以來，後現代主義也開始對文化和文學藝術發生影響，其徵兆是後現代性不僅滲入到人們的知識生活中，同時也進入文化藝術市場。本章的目的在於從國際視角來探討大眾文化的崛起，並以辯證的方法來分析其在當代中國的影響。

面對大眾文化的崛起

近幾年來，隨著國際性的後現代主義討論的日益深化，中國出現了各種後現代現象或變體，❸海外從事中國研究和文化研究的學者很容易注意到當今中國文化界和知識界的一個突出的現象，特別是進入社會主義市場經濟階段以來更是如此。即中國語境下的後現代性已逐步從曾佔主導地位的先鋒派對傳統現實主義和現代主義的反叛演變爲大眾文化向精英文化以及主流敘事的挑戰。對於這一點，中國的知識分子顯然持不同的態度，因爲不少人對這一突如其來的變革並未做好充分的思想準備。有些人乾脆將其視爲一種對政治問題和社會責任感的消極逃避，其特徵就是試圖消解自五四以來開始的至今尚未完成的現代性計畫。在這些人看來，甚至必須把五四的案子也翻過來，因爲五四的革命精神把中國的現代性進程中斷了。而在當代，由於學術界大量介紹西方後現代文化的理論，同時也由於中國學者和作家批評家創造性地對之接受和挪用，致使大衆文化以一種後現代變體的形式出現在中國的文化語境中。但是另一些人則認爲，這對知識分子在一個長期封閉和與世隔絕的政治和文化語境下尋找新的公共空間，不啻是一件好事，因此他們以極大的熱情歡迎大衆文化的崛起。他們往往對這一現象的態度是同情和支持的，並且試圖從後現代文化批判或當代文化研究的理論視角對之進行考察研究，或者試圖在高雅文化和通俗文化的二元對立中找到一個中介。我認爲後一種態度在當今這個時代是實事求是和頗爲適當的，它將使知識分子走出純文學實驗的狹隘圈子，投身到人民大衆和社區生活的激流中去，以便在一個不太長時間內以新的方式實現啓蒙的理想。當然，也有少數文人走到了另一個極端，他們乾脆投入商海，放棄了文學藝術創作這一神聖的事業，對此實不敢苟同，因爲他們中的一些人甚至全然拋棄了知識分子的社會良知和責任感，不惜一切代價地追逐金錢和利益，這樣做的結果使自己和國家都沒有好處。因此，筆者覺得參照西方文化研究學者的理論和實踐來考察中國當代的問題是頗爲值得的。

毫無疑問，大衆文化的流行絕不僅僅是出現在中國的一個孤立現象，而是當今這個全球資本化世界的普遍現象，但是畢竟中國的情形與那些發達的資本主義國家的情形迥然不同：一方面，我們不可忽視九〇年代初以來所實施的社會主義市場經濟的飛速發展，另一方面主流意識形態話語依然主宰著人們的政治和知識生活。因而在不少西方學者看來，中國當代的形勢也可以簡單地概括爲這樣一個悖論：政治上堅持社會主義（或後社會主義）道路，經濟上（尤其在深圳、珠海經濟特區）則主張資本主義。但在我看來，這種概括實在是過於簡單了，因而難免不失之偏頗。實際上，大眾文化和文學藝術在中國的崛起完全是後新時期❹這個轉型期的歷史發展必然，是不以人們的意志爲轉移的，因而這一時期也打上了不少後工業社會的印記。在這方面，中國的地位尤爲顯赫，對西方學術界也就有著特殊的吸引力，因爲近幾年來，中國經濟的飛速發展導致了文化上的進一步開放和學術氣氛的相對寬鬆。

儘管人們對當前大眾文化的興起頗有非議甚至抨擊，但筆者仍然認爲，大眾文化並非全然與現代性／啓蒙這類政治和知識大業無關，它實際上可被視爲是當今時代的一種後啓蒙(Post-Enlightenment)事業，因爲經過後現代主義的衝擊，高雅文化與通俗文化的天然界限已模糊，一切都打上了商品經濟和消費文化的印記，在這樣一個文化轉型時期，每一個人，尤其是知識分子，都應當重新調整自己的位置，以便找到可賴以發揮作用的新空間，因爲當今的政治與文化之間的關係已變得越來越複雜，甚至可以說是頗爲微妙，因此它們與社會的關係也應做重新調整。多重性和多元性已全然取代整體性，文化生產幾乎受到跨國資本和市場的操縱。近幾年來中國的文化情勢完全可以用來佐證。

面對這種具有全球特徵的文化情勢，戴維·哈維（David Harvey）頗有見地地指出，後現代狀況的主要特徵是消費品的急劇增加，它造成了這樣一種結果，「在消費品活動場所的諸多發展中，有兩樣東西具有突出的重要性。大眾市場（作爲精英市場的對立物）裡時尙的流行，不僅在衣服和裝飾品方面提供了加快消費的手段，同時也超出了更大的諸如生活風尙和文藝活動等範圍（休閒和運動習慣、流行音樂風格、影視和兒童遊戲等等）。第二種傾向就是從商品消費轉變成爲服務消費——不僅是個人的、企業的、教育事業的和衛生事業的，而且也轉變成爲娛樂活動、展示會、即性演出以及消費休閒等。」❺這一點同時也體現在中國當代大眾文化的興起上，這實際上是由傳媒和跨國資本的聯手操作所致，尤其表現在這類現象上：崔健的搖滾樂；後89帶有政治波普意義的繪畫；汪國眞的愛情詩；以及從台灣進口來的瓊瑤的情意纏綿的言情小說、電視肥皀劇；張藝謀和陳凱歌等利用外資拍攝的電影以及王朔的傳媒和議價文學等等。面對這樣的影響，精英文學藝術的空間顯然變得越來越狹窄了，而大眾文化和消費文學藝術則越來越有市場。這種文化發展的不平衡現象無疑是在像中國這樣一個第三世界發展中國家出現的後現代條件的一個直接後果。一方面，那些透過不正當手段先富起來的人以極不適當的方式奢侈地消費著高雅的文化產品；另一方面，以嚴肅的態度致力於文化生產和文藝創作的人則難以找到可供自己生產和享用文化藝術的空間。這也許是許多發展不平衡的第三世界國家的一個突出的現象，因爲在這些國家，文化現代性的早熟往往與經濟上的後現代性滲透以及殘留下來的政治後殖民性攪和在一起。

當然，在西方國家，面對文化批評和文化研究的衝擊，傳統的文學經典近來對於專修文學藝術的學生也變得越來越沒有意義了，有些有著強烈精英意識的批評家，例如哈羅德·布魯姆，則拍案而起正視這種挑戰，但也收效甚微。布魯姆儘管對文化批評和文化研究帶有成見，但他卻不無正確地指出，「文化批評實際上是另一種沉悶的社會科學，而文學批評則如同一門藝術，始終是而且將永遠是一個精英文化現象。有人認爲，文學批評能成爲民主教育或社會改革的基礎，顯然是一個錯誤。」❻因而對於那些有著人文主義傾向的文學批評家來說，便沒有必要擔心精英文學能否存在下去。毫無疑問，我們不可否認文學的啓蒙作用，但同時，如果我們高估計文學的有限作用，我們就不可避免地會犯錯誤。

在西方學術界，大眾文化在過去的幾十年裡一直爲文化研究者所重視，在探討西方後工業社會出現的這些問題時，吉姆·麥貴根（Jim McGuigan）頗有見地地總結了當代文化和政治所面臨的下面幾個兩難：(1)當代文化研究中的一種不具批判性的潮流；(2)文化流行主義與那些越來越感情用事的普通人休戚相關；(3)居於意義的微量變化過程和政治經濟的微量變化過程間的那種當然的分裂，而這是文化流行主義在解釋層面上的侷限性的原因之一；(4)在對「後現代條件」做出反應時批評的基礎被消解了。❼如果我們以此來描述當今中國現狀的話，我們就會發現這種概括至少有幾分實用性。目前，中國不少知識分子最爲關心的是，如何對付大眾文化向精英文化和主流話語的挑戰。顯然，就其有可能消解整體化的文化空間和削弱主流話語而言，不少人認爲大眾文化並不可怕，因爲它至少證實了當代文化藝術的眞正多元景觀的出現，但一旦它危及他們自身的利益並縮小了他們的活動空間，他們便會對之不滿。他們仍然懷念昔日作爲文化精英分子啓蒙人民大眾的美好情景，可惜那已成爲歷史，而歷史是不可複現的。也許到了將來某個時刻，當精英文化再度崛起時，那種情形會有不同的面目出現吧！這就是他們爲什麼要以一種對抗性的姿態來面對大眾文化興起的原因之所在。但這種二元對立在大眾文化的衝擊面前早晚會被消解的，那時人們也許會問這樣的問題：我們將如何看待這一現象？難道我們的知識分子眞的要向大眾文化的挑戰繳械投降嗎？或者說，難道我們將放棄嚴肅的啓蒙大計嗎？如果答案是否定的話，那麼我們又該怎麼辦呢？

筆者在另一些場合曾對後現代主義在中國的接受和變形做過描述與分析，❽並對由此產生的幾種後現代變體做過理論剖析，其中一個變體就是大眾文化的崛起，這是中國實行市場經濟的一個直接結果，同時也是跨國資本的操作與訊息時代的到來所使然。很明顯，作爲中國當代後現代主義的諸種變體之一，大眾文化崛起於九〇年代初，對有著現代性特徵的精英文化和嚴肅文學藝術構成了嚴峻的挑戰。但是我們切不可忽視歷史的事實：大眾（或通俗）文化在中國和西方不同時期曾有過漫長的歷史，許多經典藝術作品一開始也是通俗文化產品，隨著時間的推移和歷史的篩選，它們逐漸成爲經典作品而載入史冊。確實，在最近幾年裡，精英文學不僅受到影視製作業和大眾傳媒的衝擊，同時也受到通俗文學的衝擊，面對這一現象，一些知識分子先是表現出驚詫不解，隨之便設法調整自己在新的文化空間的位置。基於他們不同的審美態度和社會利益，他們的反應也就不同：有些人對大眾文化的崛起極爲不滿，認爲它使中國文化傳統的精髓降了格，甚至拋棄了中國文學的輝煌傳統。因此他們決心奮起挽救中國當代的「人文精神危機」；❾也有人則走向另一極端，置身於商海之中。試圖透過自己的智力來迅速致富，❿因而他們自然歡迎大眾文化的興起。有些人乾脆爲市場而寫作，或爲金錢而寫作，根本拋棄了藝術探索的精神。還有一些人認識到這是中國自九〇年代初進入社會主義市場經濟以來的一個不可避免的後果，因此，知識分子理應調整自己在這一歷史關頭的位置，亦即從總是想啓蒙人民大眾的文化精英轉變爲社會的普遍成員。對他們來說，這場社會變革無疑給中國的經濟和人民的生活帶來了巨大的變化，因而對之大發牢騷是無濟於事的，倒是有必要採取一種理論分析的視角來考察和研究這一現象，將其視爲中國後現代性的一種變體，或是西方影響與轉型時期中國經濟和社會發展的必然邏輯的結合。我以爲這才是我們應該採取的正確態度。

「王朔現象」的辯證分析

由於通俗文化的崛起，後新時期中國文學便顯示出與新時期文學主旨上的根本差別，後者的特徵是恢復傳統的現實主義精神和主張人道主義意識。在後新時期，尤其在文學藝術領域，出現了諸多後現代因素，具體表現在非小說、報導文學、電視連續劇和肥皂劇、有償新聞寫作以及稗史寫作等等，這一切都對高雅文藝形成了強而有力的挑戰。在上述這些現象中，所謂「王朔現象」曾一度爲人們談論得最多，同時也作爲中國消費文學的典型代表而最具爭議性，儘管這一現象已成爲過去，但卻引起海內外學術界和文化研究界的注意。正如旅美學者魯曉鵬所指出的，中國當代大眾文化的崛起絕非偶然，它與八〇年代後期以來變動不居的政治形勢和知識生活密切相關。「就中國的具體情況而言，大眾文化的挑戰表現在兩個方面：第一，對主流意識形態……和語言形成了挑戰；第二，對中國文化的傳統勢力——精英主義——形成了挑戰。」⓫筆者在此加上第三點，即推進了文化主旨從新時期向後新時期的轉變。如果我們並不否認知識界普遍歡迎第一種挑戰的話，那麼第二種挑戰則被認為是對精英文化的極大威脅，並有可能使嚴肅文學的品味降低。作為這方面的典型代表，「王朔現象」幾乎受到來自知識界和批評界各方面的抨擊。⓬這一現象不僅被認為是對主流意識形態的文學反諷，而且也是對以前的一切精英文學藝術的戲擬。但是，我們不得不正視這個問題：既然王朔嘲諷了傳統的社會道德準則，那麼他為什麼還能在當今中國生存下來呢，甚至還不時地在包括中央電視台在內的各種媒體曝光？為什麼他在普羅大眾中——尤其是青年學生中——如此走紅呢？也許我們用一種黑格爾式的辯證方法倒有助於回答這些問題。

首先，讓我們從歷史的視角來集中探討「王朔現象」。早在八〇年代中，王朔曾經是中國實驗小說的一位有著先鋒意識的作家，當時的文學正經歷著從新時期的主旨向後新時期主旨的轉變。他當然也以獨特的方式探討了當代中國的一些嚴肅的主題，包括文革後「迷惘的一代」青年的「精神危機」（例如《動物兇猛》），以及年輕人藉由自身的努力奮鬥在社會上嶄露頭角（例如《一半是海水，一半是火焰》），這兩部小說分別被搬上銀幕而頗具影響力，根據《動物兇猛》改編的電影《陽光燦爛的日子》還在西方電影節獲得大獎。他也創作了一系列有著後現代反諷和戲擬特徵的小說，這些小說都頗有市場，尤其很受青年讀者推崇。那時，可供大眾文化崛起的後現代條件尚不成熟，文學藝術創作的主旨仍然是精英主義，後現代主義寫作只是在一個十分狹窄的先鋒派文學領域裡被實驗。在許多中國作家看來，後現代主義文學幾乎等同於先鋒派文學。作為一位有著先鋒意識的作家，王朔不可能逆文學創作的潮流而動，他必須置身於先鋒實驗文學中，以便吸引批評界的注意而一舉成名。但是與另一些偏限於先鋒派的狹隘圈內實驗的作家不同的是，王朔的寫作仍然抓住了人們最為關心的一些東西，因而與當時的種種社會問題密切相關。他本人也就立即吸引了廣大的讀者（觀眾），同時也迅速地佔領了業已日益萎縮的文化和文學市場。

九〇年代初，中國正式宣布進入社會主義市場經濟，這顯然為其後大眾文化和通俗文學的崛起鋪平了道路，因為它們都在很大程度上取決於市場經濟的機制。王朔和另一些人感覺出了消費文化的後現代氣氛，便以嘲諷嚴肅文學或崇高形象來取悅讀者大眾。應該承認，當他以新的姿態出現在九〇年代的文學創作界時，他已經是一位顯赫一時的文化名人，並在許多年輕人眼裡成了一個有著「超凡魅力」（charismatic）的英雄或反英雄。由於他那超人的自我表現甚至自我廣告的能力，王朔的作品在當代青年中極為流行，這在很大程度上取決於文學市場和媒體的聯手操作；另一部分原因也出於他本人的努力。⓭雖然這些作品的文學質量較之余華、格非、蘇童等另一些先鋒派作家以及劉震云、池莉、方方、劉恆等新寫實作家的後現代文本遠為遜色，但在對當代中國社會某個側面景觀的展現方面，其價值是不容忽視的。一方面，這些文本顯示了典型的中國文學藝術表現危機之徵兆；另一方面，則表明對「整體化」或「宏大敘事」的解構，這樣便爲中國當代文化藝術的眞正多元價值取向鋪平了道路。在王朔近幾年寫出（包括與別人合作）的作品中，有兩部電視連續劇最爲轟動，同時也最具爭議：《編輯部的故事》和《愛你沒商量》。如果說前者爲王朔在媒體以及更廣大的觀眾中擴大了影響的話，那麼後者則無疑標誌著「王朔現象」的日趨終結，而且王朔也確實曾置身商海卻未能成爲商業巨頭。既然中國已向世界敞開了大門，而且文學藝術創作上也允許多種題材和體裁的作品並存，因而「王朔現象」便未受到官方媒體的政治批判，這當然也標誌著中國民主的進程以及後新時期日趨寬鬆的文化知識氛圍。

同樣，我們也可在王朔的例子中看到先鋒派和通俗藝術之間的辯證關係，而這一點早就體現在西方的歷史先鋒派文藝活動的發展演變中。例如，在討論立體派和通俗藝術間的互動關係時，羅森布魯姆（Rosenblum）不無正確地指出，作爲一個世人公認的先鋒藝術流派，「……立體派在其發展的最高階段，也像它今天仍保持的一樣，一直在爲藝術而藝術的歷史上保持其先鋒立場。但是在立體派內部卻一直有一股越來越清晰可辨的潛流，到了沃霍爾、里希騰斯坦等藝術家的時代更是如此，他們跟隨羅亨伯格和約翰斯，高興地用從實在世界揀來的刺激人們視覺的東西——喜劇性的連環漫畫、轟動的頭版新聞、廉價廣告、摩登小玩意兒、工廠裡的食物和飲料、電影明星等——連續不斷地玷污抽象派藝術的潔淨領地，這些東西被大多數高尙的審美者，包括藝術家或觀眾，認爲是令人痛惜的，如果它們是現代環境下難以避免的醜陋物的話，那麼就應該被排斥在藝術聖領殿之外。」⓮用它來描繪「王朔現象」也同樣適用。這個現象一出現在八〇年代的中國社會，就立即引起知識界和普羅大眾的注意：《王朔文集》四卷本的出版而且銷路很好，幾乎他的所有重要中、長篇小說都被搬上了銀幕，學者和文學批評家爭相在主要刊物上討論王朔及其作品，或為此而爭辯如此等等，這一切至少說明了這一現象的重要性和不可忽視性。⓯王朔對中國當代語言的革新不僅為當代文學語言（特別是北方地區的文學創作）注入了一些新的成分，而且也促進了一種大眾文化話語的形成。他本人實際上用的是一種具後現代反諷和戲擬特徵的遊戲態度探討了一些嚴肅的主題。

毫無疑問，「王朔現象」幫助營造了一種巴赫金式的狂歡化的寬鬆文化氣氛，在這樣的氣氛下，人與人之間一切人為的等級制度、高雅文化與低級文化之間的界限，以及優美的語言與粗俗的話語之間的界限統統被一種遊戲和戲擬的方式消解了，正如巴赫金在文化和文學領域裡的狂歡概念也可以一種辯證的方式產生有限的功能。同樣，人們也「很難苟同一種致力於強調其顛覆等級制度削弱界限之能量的狂歡形式，如果它在同時不去回顧許多狂歡的或類似狂歡的退化曾明顯地為加強公共的和等級的規範而起過作用的話。」⓰實際上，王朔的所做所為在另一個方面說來倒是幫助普通讀者在一個文學藝術領域日趨萎縮的時刻對之發生興趣，對這種作用我們切不可視而不見。因此，毫不奇怪，王朔竟能在這樣一個政治上整體化和經濟上市場化的社會生存乃至發展，因為他那輕鬆的幽默和無傷大雅的嘲諷根本上動搖不了社會制度，倒是從另一方面為人們提供了令人賞心悅目的文化娛樂消費品。但是隱蔽在其遊戲式的反諷和過分做作的戲擬之後的則是一股有其獨特方式的先鋒派的智力反叛，也許這就是這一現象可能被未來的文化研究者重新發現的眞實意義之所在。

走向新的「世紀末」：文學的終結？

確實，大眾文化的崛起是一個全球性現象，它不僅是晚期資本主義發展不可避免的文化邏輯所使然，同時也是某些帶有資本主義症候的第三世界發展中國家文化邏輯的一個必然階段。毫不奇怪，隨著我們逐步接近新的世紀末，一些有著明顯精英意識的文學藝術家和批評家不時地對文學的未來前途感到憂心忡忡，而筆者以爲，只要還有人去閱讀和欣賞文學作品，文學就必定會存在下去，且永遠不會衰退。但是由於大量通俗成分的滲入，文學領域不免會擴大。隨著文學生產變得越來越市場取向，精英文學與通俗文學之間的天然鴻溝將越來越模糊。一些雖然通俗但質量確實優秀的文學作品將有助於當代文學經典的重新構建。正如理查德·霍佳特（Richard Hoggart）多年前面對大眾文化崛起於戰後的英國時所指出的，「特別是近幾十年裡，用來供人們享用的各種消費品大大地增加了；這是一種絕對的增加，而且不僅僅是針對人口增加的一比一的增加。這種情況是不可避免的，因爲這是大規模地提供享樂技術上的能力，同時也因爲大多數人可用來購物的錢也大大增加了。這種增加本身並沒有必要使人唉嘆，人們還是有空間的。但是在某種程度上來說，增加的規模似乎得有個確定，與其說依據人們滿足先前無法滿足的胃口的需要，倒不如說依據那些提供這些享樂的人們的更加有力的主張。」⓱三十多年過去了，霍佳持多年前所描繪的情景倒是在當今中國以不同的形式再現了。既然在大眾文化的衝擊下英美文學並沒有衰垮，那麼爲什麼我們還要擔心中國文學會衰落呢？流行的和通俗的東西絕不會永遠流行下去，當這種流行的時尚一過，那些眞有價值的文化產品仍將留在文化和文學的歷史記載中，而相比之下，那些僅有著表面價值的東西則早晚要被新一代讀者觀眾所遺忘。

最後，我想參照一下當代法國的文化情勢，因爲當今的文化研究者總是引證法國文化理論家和社會學家皮爾・布爾丟（Pierre Boudieu）關於「文化資本」的一些著述，同時也因爲在法國，大眾文化與一種文化話語密切相關：「連環漫畫、科幻小說、流行音樂、電視節目所有這一切都似乎被認爲正在進入文化空間。諸如電影和爵士樂這些藝術曾幾何時還被布爾丟看作是『正在接受文化合法化的路上』，而此時則似乎是早已被人們認可的文化遺產的一部分了。文化民族化的整個話語以其對文化的深層欲望之潛在的觀念似乎在這樣一個世界上失去了大部分相關意義，因爲在這個世界，高雅文化和大眾文化都可以很容易地在電視屏幕上、電影銀幕上、半導體收音機裡和個人的立體聲音響中看到和聽到，也可以在FNAC這樣的文化超級市場上得到。」⓲顯然，西方學者已經注意到了研究大眾文化的價值所在，並取得了實質性的進展，而在當今中國，諸如崔健的搖滾樂、後89繪畫、瓊瑤的言情小說、汪國眞的愛情詩，以及王朔的寫作等還遠未引起文化研究和文學研究學者們的重視。但令人感到樂觀的是，隨著文化研究的發展和深化，這些現象早晚會對未來的文化研究者有所價值，或者至少會在中國的大眾文化和文學史冊上被重新發現。因此，在這個意義上說來，新的「世紀末」的到來就絕不會重複上一世紀末的那種文學藝術的衰落和退化情形。

註釋

❶參見哈羅德·布魯姆，〈文學傳統的辯證性〉（The Dialectics of Literary Tradition），載保爾·鮑維編，《早期後現代主義：奠基性論文》（*Early Postmodernism: Foundational Essays*），杜倫：杜克大學出版社，一九九五年版，第173、174頁。

❷參見哈羅德·布魯姆，〈文學傳統的辯證性〉，載保爾·鮑維編，《早期後現代主義：奠基性論文》，杜倫：杜克大學出版社，一九九五年版，第173、174頁。

❸關於後現代主義在中國的接受和傳播發展軌跡，參閱拙作，〈中國後現代性的發展軌跡〉（The Mapping of Chinese Postmodernity），載《疆界2》（*Boundary* 2）第二十四卷第三期（一九九七年秋）。

❹「新時期」這個術語實際上是一個政治性術語，若用於描述中國當代文學的歷史分期，則專指一九七八年至一九八九年的中國文學，而九〇年代初以來的中國文學在我看來則屬於後新時期範疇。參閱英文拙作，〈面對西方的影響：新時期中國文學重新思考〉（Confronting Western Influence: Rethinking Chinese Literature of the New Period），載美國《新文學史》（*New Literary History*），第七四卷第四期（一九九三年冬），第905~926頁；中文拙作，〈後新時期：一種理論描述〉，載《花城》，一九九五年第

三期，第201～208頁。

❺戴維·哈維，《後現代性的條件》（*The Condition of Postmodernity*），坎布里奇和牛津：布萊克威爾出版公司，一九九〇年版，第285頁。

❻哈羅德·布魯姆，《西方的經典：各時代的書目和流派》，紐約：哈考特·布拉斯公司，一九九四年版，第17頁。

❼吉姆·麥貴根，《文化流行主義》（*Cultural Populism*），倫敦和紐約：路特利支出版社，一九九二年版，第171、172頁。

❽關於後現代主義在中國的接受以及其在中國文學中的不同變體，參閱中文拙作，〈接受與變形：中國當代先鋒小說中的後現代性〉，載《中國社會科學》，一九九二年第一期，第137～149；英文拙作，〈後現代主義建構：中國的例子及其不同的變體〉，載《加拿大比較文學評論》（*Candidn Review of Comparative Literature*），第二十卷第一／二期合刊（一九九三），第49～61頁。

❾關於人文精神的討論，參閱中國人民大學書報資料中心編《文藝理論》月刊，一九九五年第七期「人文與『人文精神』討論專輯」。

❿甚至連張賢亮和陸文夫這樣典型的有著精英意識的作家也投身商海，以經商爲第二職業的作家和批評家更是不在少數。

⓫參閱魯曉鵬（Shcdon Hsiao-peng Lu），〈後現代性、大眾文化和知識分子〉（Postmodernity, Popular

Culture, and the Intellectual)，載《疆界2》(*Boundary 2*)，第二十三卷第二期（一九九六年夏），第160頁。

⓬在中國當代所有的有著精英意識的作家中，王蒙也許是少數幾位公開表示對王朔欣賞的作家之一，因而在北京批評家圈內有「二王」之稱。

⓭顯然，華藝出版社推出四卷本《王朔文集》對這樣一位青年作家是一種很高的榮譽，當然，現在已經有更多的青年作家出版文集了；另一個值得注意的現象是，張藝謀和姜文這些有著精英意識的電影導演也看好王朔的小說，並將他的主要作品搬上了銀幕，這也對王朔作品的流行起到了推波助瀾的作用。

⓮羅伯特・羅森布魯姆，〈作爲通俗藝術的立體派〉(Cubism as Pop Art)，載克爾克・凡納多和阿丹姆・高普尼克編，《現代藝術和大眾文化：高雅文化和粗俗文化讀本》(*Modern Art and Popular Culture: Readings in High and Low*)，紐約：哈里・N・阿布拉姆斯出版公司，一九九〇年版，第117、118頁。

⓯我在北美和歐洲一些大學講學時，奇怪地發現，不少西方漢學家和中國學生都有四卷本《王朔文集》，而且都讀過他的主要作品。

⓰西蒙・丹替斯，《巴赫金的思想導讀》(*Bakhtinian Thought: An Introductory Reader*)，倫敦和紐約：路

特利支出版社，一九九五年版，第74頁。

⑰理查德·霍佳特，《有文化的用處：尤其參照出版物和娛樂探討工人階級生活的諸方面》（*The Uses of Literacy: Aspects of Working-Class Life With Special Reference to Publications and Entertainments*），企鵝叢書，一九五七年版，第331頁。

⑱布萊恩·瑞格比，《現代法國的大眾文化：文化話語研究》（*Popular Culture in Modern France: A Study of Cultural Discourse*），倫敦和紐約：路特利支出版社，一九九一年，第161頁。

中國當代文學的精神分裂特徵分析

在一九九六年十二月澳大利亞佩斯舉行的德勒茲國際研討會上，「本世紀將成爲德勒茲的世紀嗎？」（Will this century be known as Deleuzian?）這樣一個十分醒目的問句尤其令人印象深刻，因爲這個句子提醒筆者，在戰後的年月裡，當代世界發生了深刻的變化，我們今天所生活在其中的這個世界已不再是一個整體性的世界了，而成了一個多元的世界，在這裡各種力量角逐爭鬥，形成了一個多元共生的景觀。但令人遺憾的是，在冷戰時期，許多地方仍存在著霸權、中心意識、權力的欲望等，儘管人們不同程度地進行了一系列消解中心和消除領地的嘗試，但依然存在著東西方政治和軍事上的對立。因此本世紀的這一時期很難說是一個德勒茲的時代，但倒是可以說這個世界已經在某些方面顯示出了德勒茲的色彩。只是在冷戰結束後當今世界才眞正進入了一個「後冷戰」時期，因爲在這樣一個時期裡，東西方由來已久的二元對立才眞正解體。在國際學術界和文化研究界，傳統的歐洲中心主義和西方中心主義隨著東方和東方文化的崛起而失去了往日的魅力。在這個意義上，我們可以說，本世紀後半葉也許可以以德勒茲所謂的「精神分裂」症狀爲特徵。既然許多西方學者已經對德勒茲和佳亞塔里探討的論題做了論述，本章便集中探討中國學術界和批評界對德勒茲的行文方式的能動性的理解和接受，並由此出發來分析中國當代文化和知識狀況。在本章中討論的問題大部分都發生在近期的中國文學界，因為筆者始終認為，如果一種理論要想被證明是普遍眞理，那麼它就不能只適用於一個地方，而同時應當適用於解釋別的地方出現的現象。可以說，本章的寫作正是基於這一目的的。

在中國的語境下理解德勒茲

在當今中國的「後現代主義」文學研究中，批評家和學者們往往喜歡引證李歐塔關於後現代主義的定義以及詹明信對後現代主義的批判，或者採用一種德希達和傅柯式的解構思維方式來研究中國文學的文本。他們這樣做的一個結果是忽略了一種更為有效和有力的閱讀策略，而這恰恰是一種以消解中心的方式來論述當代資本主義社會精神分裂特徵的策略。當然，德勒茲和佳亞塔里在《反俄狄浦斯：資本主義和精神分裂症》這本書裡論述的是發生在西方資本主義國家的現象。而在這方面，中國絕算不上是一個發達的資本主義國家，它大部分農村地區依然在經濟上相對貧窮和落後，即使在少數沿海地區和經濟特區也只是早熟的現代化和後現代化雜揉在一起，因此，中國仍可算作一個第三世界社會主義大國。然而，在許多方面，由於中國處於一個全球資本的世界而不得不打上許多後現代和後工業社會的印記。很明顯，中國當代文化和文學在很大程度上受到各種西方文化思潮和批評理論的影響，其中自然也包括德勒茲和佳亞塔里所論述的精神分析學、後結構主義和後現代主義這類理論思潮，而這幾種理論思潮恰恰已被證明是最具影響力的。因此在探討中國文學藝術時，介紹德勒茲的方法當然是十分值得的，而且在中國的語境下創造性地實踐他的理論和方法論也是頗爲適用的。

我們也許知道，德勒茲的一個理論建樹就在於他對以傳統的弗洛伊德式的俄狄浦斯中心爲象徵的法希斯主義／權力的解構，如果運用於文學文本的解釋，也就是從事洛伊德的深層心理學結構的角度向後結構主義的精神分裂式結構的一種消解中心和非領地化嘗試的過渡。當然，我們應當認識到，《反俄狄浦斯》這本書並不是一本專論精神分析學或弗洛伊德的其他假想的專著，弗洛伊德／精神分析學／俄狄浦斯只是兩位作者批判的象徵性目標。就這本書本身的力量而言，在此僅引證傅柯對其要點和意義的概括。在傅柯看來，反俄狄浦斯的嘗試意味著削弱甚至消除一種法西斯主義（權力或權力欲）。在這個意義上說來，這本書「最好可以當作一門『藝術』來解讀，例如就『性愛藝術』這一術語所轉達的意義而言正是這樣。」❶因此，掌握這門「藝術」就肯定能使人具有「超越二元和整體化狂想的自由政治行動」，去「藉由增殖、並置和分離來發展行動、思想和欲望，而不是透過再分配和金字塔式的等級化來實現這一點」，同時「從陳腐的負面（法律、極限、閹割、缺乏、空隙等）範疇中提取忠誠的因素……」這門「藝術」也勸告人們不要「認爲爲了具有戰鬥性就得表現出憂傷，儘管他與之鬥爭的東西是十分可惡的，不要「用思想來奠定對眞理的政治實踐之基礎」，不要去「要求這樣的政見，即像哲學所定義的那樣，主張恢復個人的『權利』」，最後，也不要「對權力傾心迷戀」。❷我認爲上述這番簡明扼要但卻十分忠懇的總結確實概括出了這本書的基本要點，同時也點出了德勒茲的哲學思想之精華。在我看來，他的哲學思想始終居於形而上學和辯證法之間，或者更爲確切地說，居於後結構主義和馬克思主義的教義之間。這也許就是這本書爲什麼能從不同的理論視角在不同的文化語境中得到解讀的原因所在。我們可以在他對西方文學的諸多文本的辯證分析方法中窺見這樣的張力，這些分析不僅散見於書裡書外，同時也適用於對某些非西方國家文化情勢的描述和分析。

就《反俄狄浦斯》這本書的意義而言，它無疑抓住了當代的時代精神，同時也預示了未來將發生在某些非西方國家（包括中國）的情形。顯然，德勒茲曾經是一位信奉毛澤東思想的馬克思主義哲學家，他擅長於將辯證法運用在對資本主義的理論分析中。他的哲學思想因此而與毛澤東的辯證統一的哲學思想頗爲接近，尤其是他主張的解構和重建的統一更是能在中國的語境下產生反響。正如尤金·霍蘭德（**Eugene Holland**）不無正確地指出的，「那些科學概念旨在以實在來穩定和認同具體的領域，而在德勒茲和佳亞塔里看來，與這些科學概念不同的是。哲學概念則如同我所稱之的『促變器』（**transformers**）那樣在起作用：它們介入既定的哲學問題以便使之不隱定，從而重建舊的概念和在構成這些概念的諸特徵之間形成新的聯繫。在這種情形之下（也許這也是使得介入變得不止於哲學化），《反俄狄浦斯》的一大特色在於，它對既定命題的推翻還包括與歷史的語境（**historical context**）建立聯繫，同時也把概念重新排列成新的組合。」❸同樣，與他的後結構主義同行德希達和傅柯所不同的是，德勒茲並不是一位徹頭徹尾的解構者，他的最終目標是重建新的概念或藉由介入某個既定的（哲學）領域，並推翻舊的概念來達到使之更新之目的。在筆者看來，這正是他的哲學思想的眞正意義所在，因此它完全可以用於解釋非西方文化語境中的現象。

毫無疑問，我們正處於一個前所未有的全球性文化轉型期，在這一時期，絕不存在所謂整體性或權力的主宰。面對後現代主義以及其後的後殖民主義的衝擊，西方形而上學的中心和帝國霸權已逐步土崩瓦解，長期以來形成的文化藝術精英意識也由於先鋒派的智力反叛、後殖民主義文化批判的非領地化（deterritorialization），以及當代大眾文化和消費文化的挑戰而趨於解體。舊的文化相對主義論題也被賦予了新的意義。因此，正如德勒茲和佳亞塔里在書中所描繪的，我們已進入了一個與以往任何時代都不同的有著劇烈變化的時代，在這個時代，諸如中心、整體、帝國、欲望、權力、等級……等東西，全都受到強有力的「反俄狄浦斯」或「德勒茲式」的鬥爭策略的挑戰，因而，實際上：

> 我們今天生活在一個滿是崩成碎片的瓦礫和殘存物的時代。我們再也不相信斷片存在的神話，即這些斷片就好像古代雕像的碎片一樣，只是在等待最後一個人的出現，這樣它們就可以被全部黏貼起來，從而造出一個與原體一模一樣的統一體。我們再也不相信任何曾經存在過的原始的整體性，也不相信任何在未來的某個時刻等著我們的終極整體性。我們再也不相信某種陰鬱乏味的進化辯證法的暗灰色輪廓，因為這一輪廓旨在透過使周邊完滿之方式來形成一個由雜多碎片組成的和諧整體。我們相信的只是處在邊緣的諸多整體。而且，假如我們在各個獨立的部分發現這樣一個整體的話，那麼它就是這些特殊部分組成的一個整體，但是卻不使這些部

> 分整體化；它既是所有這些特殊的部分組成的統一體，但同時卻又不將這些部分統一起來；而倒是作為一種獨立地組合成的新的部分附著在它們的上面。[4]

顯然，這兩位作者的方法看上去很像李歐塔的方法，但仍是一種妥協的後現代思維方式：也就是說，在消解舊的中心的過程中又形成了一個新的「組合出來」（fabricated）的、但卻有著多重性的中心，因爲畢竟後現代仍是現代的一部分，而且這二者在很多方面既有著連續性，同時又有著斷裂性。因而我們不可能僅僅把後現代當成一種徹底地反對現代的嘗試。在他們看來，那些已經被非整體化或解構了的東西是無法再黏合或統一起來的。對於這種多重性和多元性的唯一解決方法就是把它們「組合」成新的部分，而不必使它們「成爲整本」。這自然是一種差異和局部統一的辯證法，只是差異顯得更爲突出罷了。這種考慮問題的辯證思維方式頗爲接近馬克思主義的方法，它始終貫穿在兩位作者合作的著作中。因此我們不妨在此總結道，如果說馬克思在資本主義社會的早期和中期發現了剩餘價值的秘密的話，那麼可以肯定地說，德勒茲和詹明信則發展了馬克思主義對晚期資本主義的文化邏輯的辯證性探討，這種文化邏輯的特徵就是精神分裂症（**schizophrenia**）或精神分裂症分析（**schizoanalysis**）。這樣看來，「德勒茲當然格外看中差異了。他所提出的關於差異的這些看法既訴諸倫理道德，同時又不乏形而上學的意義，而且在大多數情況下這二者是交織在一起的。在整個哲學中，他試圖以某種方式將差異的形而上學與實驗差異的倫理學揉爲一體，但這種方法卻全然使人無法確證形而上學的主張在何處中止，倫理學的主張又在哪裡開始了。」❺這種特徵體現在他的許多著作中，同時也體現在他和佳亞塔里合著的書中。應該看到的是，這是我們研究德勒茲的哲學思想時所不可忽視的。

就中國的情況而言，現代主義思潮曾在本世紀二〇年代前就進入中國，並在三〇年代受挫，而且當時幾乎所有的主要作家、批評家及知識分子都不同程度地受到影響，他們或對之熱情歡迎、或進行抵制。但儘管如此，在當代，現代主義再度進入中國幾乎和後現代主義的到來同時發生，但中國式的後現代性卻作爲一種變體揉合了西方的影響和本土的文化發展之內在邏輯。因此在當今的中國，北京、上海、深圳等都市和沿海地區顯然打上了各種後現代的印記，而許多別的中等城市則仍在加速其現代化的進程。廣大的農村地區以及不少小城市則處於前現代狀態；極少部分少數民族聚居地，例如西藏等，甚至還程度不同地帶有某種原始社會的痕跡。在中國這樣一個發展極不平衡的第三世界大國，文化和文學顯然依照自己的獨特方式朝著特定的方向發展，因此採用德勒茲的理論視角來研究當今中國的文化情勢和文學創作及批評，完全能有助於我們透過紛繁雜亂的表面探究其內在邏輯，而不管我們對他們的理論觀點同意與否，他們畢竟爲我們提供了一種新的理論視角，透過這一視角我們便可考察和研究當前的中國文化和文學。此外，他們也對有著某種「精神分裂症」的當今世界做了描述，這在現在已成爲一種普遍存在的現象。面對這樣一種情形，既定的信仰體系顯然已解體；每個人都試圖重新調整自己的位置，以便找到可供自己發揮作用的新空間，每一樣東西都朝著多元的或偶然的方向發展著，這個世界已再也不是一個整體的世界了，而是一個多元的或越來越帶有德勒茲式的精神分裂的世界。我認爲，德勒茲對當今世界之本質特徵的把握和描述正是他的哲學的意義和價值之所在。

從精神分析到精神分裂症分析的主流嬗變

在描述當今的西方文學和理論批評現狀時，我曾從東方學者的角度將其概括爲「多元共生的時代」。❻這一點同樣也適用於中國當代文學研究，尤其適用於對先鋒小說家創作文本的分析。任何熟悉新時期中國文學的人都不難發現，自一九七八年以來，隨著中國改革開放政策的實行，西方的各種理論思潮蜂擁進入中國，對中國文化和文學產生了很大的影響。在所有這些理論思潮中，弗洛伊德及其精神分析學說的影響尤爲突出，八○年代中的一段時期，伴隨著「尼采熱」和「薩特熱」，甚至在中國文化界還出現了一股「弗洛伊德熱」。中國文學中也出現了不同的弗洛伊德主義變體。❼在那些文學文本中，始終存在著一種中心概念或中心意識，以傳統的弗洛伊德式的欲望和男性中心主義的俄狄浦斯情結最爲突出。例如，張賢亮的小說《男人的一半是女人》就以獨特的方式展現了力比多（慾力）的壓抑、回歸和昇華；莫言的中篇小說《歡樂》以第二人稱意識流的敘事方法展現了弗洛伊德主義的「返回母體」意識，其中的人物精神分裂式意識活動躍然紙上；殘雪的短篇小說《蒼老的浮雲》

展現的則是當代社會的一種夢魘和精神分裂式的世界。❽即使在這些文本中，讀者仍可清晰地看見某種向心和離心之間的張力，這實際上預示了後來的先鋒小說的崛起和更爲激進的實驗。但是在探討這些文本及其作者時，傳統的弗洛伊德精神分析學不失爲一種有效的批評分析方法。因此我不妨把那個時期概括爲精神分析時期。但是崛起於八〇年代中期的先鋒小說顯然帶有反解釋、反表現甚至反文化的叛逆精神，同時也帶有某種消解中心和非領地化的特徵。總之，這些作家或者有意識或者無意識地帶有某種消解主流文化和寫作話語的傾向。對此，諸如陳曉明和張頤武這樣的先鋒派批評家總是從德希達和傅柯的後結構主義理論視角來分析這些文本，以便將這些帶有「後新時期」代碼的文本區別於「新時期」的寫作和話語。❾由於德勒茲的著作很難讀懂，同時也由於缺乏現成的中文譯本，德勒茲遠不如上述兩位後結構主義大師那麼在中國有名，因而很少有批評家用他的理論來分析當代先鋒小說的文本，這在我看來顯然是一大憾事。但就我所知，陳曉明和張頤武肯定透過閱讀《反俄狄浦斯》的英譯本或其他途徑獲得過一些啓示，這一點可透過考察他們近期的著述來證實。我在此不妨進一步總結，新時期的後半部分可被看作是一個有著解釋的多元性和能指的多重性特徵的精神分裂症分析時期。

既然我們可以輕而易舉地意識到，自一九八五年以來，中國文學界經歷了文化主旨從現代向後現代的轉變，那麼可以肯定，德勒茲的理論和他的行文方式必定能提供我們一種研究這一時期文學的有用的工具。在此，我將集中討論中國當代文化和知識生活以及文學寫作從精神分析向精神分裂分析的轉變。自八〇年代初以來，隨著西方文化思潮和學術思想的譯介，弗洛伊德的精神分析學說強烈地影響了中國文學創作和理論批評，尤其體現在作家的創作意識和無意識、對人物的變態心理的創造性描寫和對夢幻與意識流技巧的能動性運用中。❿在文學批評界，以作者爲中心的精神分析方法也被運用於文本分析，這至少可以起對馬克思主義的社會—歷史批評方法的必要補充之作用。但由於弗洛伊德學說的還原主義觀點，在原有的中心解體的同時新的中心又建立了：批評家總是在對文學文本的理論分析和解釋時尋找某種俄狄浦斯情結或力比多欲望，這對於讀者來說有時確實會產生某種誤導和牽強附會的感覺。

自一九八五年以來，在中國文學創作界，湧現出一批年輕的作家，他們以對寫作話語和敘事技巧的激進實驗而聞名；而在這一時期的批評界，拉岡的新精神分析方法則逐步取代了弗洛伊德的以作者爲中心的分析方法。批評家開始對在精神分析學和文學之間起中介作用的語言的重要性予以重視，同時也開始關注文本中的解構和「弒父」（patricide）現象。劉恆的短篇小說《伏羲伏羲》曾被稱爲新時期中國文學中第一部精神分析小說，在這部小說中，核心人物楊金山是一個五十五歲的老人，從精神分析學的角度來看，他顯然是一個「被閹割」的男人，或一個性功能不健全的人，但是他對於自己年輕的妻子菊豆依然很有權威，因而導致菊豆私下裡和他的侄子天青發生了「俄狄浦斯式」的性愛關係。很明顯，小說的男性中心主題是作者所設計的，天青和菊豆這對不合法的戀人不得不經受傳統父系權威的折磨。但是，在根據小說改編的電影《菊豆》中，核心人物則由楊金山（男性）轉變爲菊豆

（女性）。更爲令人尋味的是，在影片的結尾，菊豆和天青的私生子天白先後殺死了他的兩個父親：無意識地殺死了他名義上的父親金山，但卻滿懷仇恨地殺死了親生父親天青，從而完成了「弑父」的過程。當然，這一弑父的行動本身就是走出男性中心意識統治的社會實現「非領地化」的重要一步。我認爲對各種後現代理論，包括拉岡的新精神分析理論的介紹，實際上爲徹底地消解現代卡理斯瑪（charisma）或整體或權力的大計鋪平了道路。這時的文化知識生活已變得越來越多元取向，文化主旨顯然從精神分析轉變爲精神分裂分析。但令人遺憾的是，當我們的學者和批評家頻繁引證德希達和傅柯這類後結構主義理論家時，他們卻忽視了另一重要的理論視角，而當今中國的一些文化現象恰恰可以從這一視角出發得出解釋。這就是德勒茲在理論上的解構／重建，這一點尤其體現在《反俄狄浦斯》這本書中。

對當代先鋒文學的「德勒茲式」探討

在中國當代文學創作和理論批評中，反整體性的嘗試至少包括五種力量：⑴先鋒派作家進行的激進實驗，其目的在於消解傳統的現實主義對話語的主宰，但這已成爲一個歷史事件；⑵新寫實小說對先鋒派的激進實驗的反撥，實際上起到了消解宏大的敘事話語的合法性的作用，同時也以訴諸「稗史」和日常生活瑣事的手法來消解主流話語的神話；⑶大衆文化以及消費文藝的崛起對主流話語和知識精英構成強有力的挑戰，從而模糊通俗文化和精英文化間的界限；⓫(4)以解構式分析爲特徵的後現代批評爲中國批評的多元走向舖平了道路；(5)最後一種力量是最近方才崛起的以強調第三世界文化批評爲特徵的後殖民批評，這一話語的力量在國際性的後殖民主義和第三世界研究中扮演了重要的角色。面對這些話語力量以及文化批評和文化研究的挑戰，精英主義文學批評顯得無可奈何。⓬上述這番簡略的補述完全能使我們很容易地注意到，當今的中國文化和知識生活正在經歷一種從精神分析（致力於建構一個中心或整體）向精神分裂分析（消解中心和非領地化）的轉變。在這樣一種文化情勢下，德勒茲的意義無疑變得越來越突出了。在此強調指出的是，「後新時期」的文化主旨也許可以概括爲一種「德勒茲式」的精神分裂狀態。

最後在此簡略地分析一些先鋒派文本的精神分裂特徵，雖然筆者過去曾做過嘗試，⓭但現在這些文本已經引起了國內外批評家的關注。儘管這些先鋒派文本中的後現代性對於這些批評家來說似乎有著某種或然性，因爲他們往往把後現代性與後工業社會的消費文化相聯繫，但這些文本的作者所採取的審美態度卻頗爲接近五、六〇年代美國文學中的早期後現代主義者的審美態度，他們的作品以先鋒派的智力反叛而著稱。正如伊哈布・哈桑所總結的，「考慮一下約翰・巴思的《吐火女怪》（*Chimera*）的遊戲般的極限；托馬斯・品欽的《第49號的嚎叫》（*The Crying of Lot 49*）中熵的不確定性；唐納德・巴賽爾姆的《城市生活》（*City Life*）中的波普或『拙劣的』超現實主義；羅伯特・庫弗的《宇宙棒球協會》（*The Universal Baseball Association*）中夢幻般的拒絕死亡的縱情；魯道夫・烏爾利策的

《公寓房間》（*Flat*）中的認識論內省；以及羅納德・蘇克尼克的《出走》（*Out*）中的再生性敘述空白。坦率地說，這些小說都不同凡響，而它們的後現代作者則更爲出色。」⓮毫無疑問，中國的先鋒派作家並不否認他們所受到的西方後現代主義作家的影響，因此我們肯定可以在他們的寫作中發現變了形的後現代因素。在余華、格非、蘇童、馬原、殘雪、洪峰、孫甘露和莫言這些先鋒作家的文本中，以敘述的多重性或精神分裂性和能指的增殖，及所指的無終極性爲特徵的後現代因素是十分明顯的。與那些活躍於新時期作家不同的是，他們寧願沉浸在對敘述遊戲的迷戀中，因此，他們的嘗試便使我們想起了一九六八年五月風暴後，法國知識界的狀況：原先的激進分子發現自己無法動搖國家政權，進而轉向對語言結構實行解構。這一點在某種程度上也和中國的情形相似，這些先鋒派作家沒有歷史（中國的現代性啓蒙大計）的重負，也不想去啓蒙大衆，他們採取的是一種後啓蒙的策略，而不是像消費文學作者那樣，完全迎合一般讀者的審美趣味。在他們看來，敘述方面最重要的東西不應當是轉達意義，而是如何把一個故事講好，只要能把故事講好，哪怕再遠離現實的、或與傳統的社會主義現實主義原則和中國傳統的美學成規相背離也在所不惜。這樣一來，形式對他們來說顯然比內容或作品的意義更爲重要。既然文學創作可以多種多樣。那爲什麼對敘事技巧的實驗非得侷限於一種模式呢？他們一旦讀到約翰・巴思、博爾赫斯、加西亞・馬爾克斯和唐納德・巴塞爾姆等這些西方後現代主義作家的作品，便異常欣喜地發現一些能夠給他們以極大鼓舞的新啓示，因而他們便致力於藝術技巧和手法的探索與實驗。格非曾解釋說，只要一種技巧能有助於把他的故事講好，他就有權利在自己的作品中對之進行試驗。⓯余華則在堅持自己的精英立場的同時，寧願「和卡夫卡、喬伊斯他們一樣，在自己的時代裡忍受孤獨」。⓰顯然，就像西方文化語境中的情形一樣，尤其是美國文學界，後現代主義在中國首先被當作反抗現代主義成規的先鋒派智力反叛力量來接受的。這些作家最重視的並不是故事講述的結果，而是其敘述的過程，這樣便給讀者留下了大量的閱讀空間供他們進行多種解釋。據我的觀察，他們文本中的後現代性也許可以概括為下列特徵：(1)自我的失落和反主流文化，這一點尤其體現在（早期的）王朔和莫言的作品中；(2)背離或反叛既定的語言習俗，這一點尤其出現在余華、格非和馬原的文本中；(3)二元對立的設立和意義的消解，這一點尤其在洪峰和孫甘露的文本中最為明顯；(4)返回原始和懷舊情緒，這在莫言、蘇童和格非的文本中最為明顯；(5)精英文學和通俗文學之界限的模糊，這在蘇童和王朔的文本中尤為明顯；(6)對暴力甚至死亡的反諷和戲擬式描寫，這一點尤其體現在餘華的文本中。如此等等，還可以舉出更多的特徵。儘管他們的實驗目前在大眾文化的衝擊下已成為一個剛剛過去的歷史事件，但從德勒茲的理論視角對之進行闡釋無疑將不僅證明他的理論在非西方文學研究中是有效的，同時也將顯示出這種理論在用於第三世界的寫作經驗時應當加以改造甚至重鑄。這也就是理論闡釋的雙向作用和效應。

最後，我們再來看德勒茲在談到語言和批評話語的解構作用時是怎麼說的。當然，在筆者看來，德勒茲並非一個徹底的解構（主義）者，他始終站在後結構主義和馬克思主義之間：在使舊的統一體解體的過程中又組成一個新的統一體。因而在他看來，我們實際上「在談論語言系統的一個分支變種。一種變體的每一個狀態都處於頂端線上的位置，而這條線又分岔並且本身向另幾條線延伸。這是一條句法的線路，在這裡句法透過這條動力線的曲線、連環、彎曲和偏差而組成，這時，這條線則以一種對分裂和連接的雙重視角經過各個位置。它再也不是以往的那種主宰語言的均衡的形式上或表面上的句法，而是一種在形成其不同的創造過程中的句法，其結果是這種句法便在不均衡的語言和語法之中生出了一種外國語。」⓱在這個意義上說來，先鋒派的激進實驗、新寫實小說的反撥、大眾文化的強有力挑戰，以及後現代批評的批判鋒芒便聯合起來共同組成了中國當代文化和文學語境下的一種新的多重取向或精神分裂式的話語。它們的嘗試之價值和意義將爲未來的中國問題研究者和德勒茲研究者所共同發現，並視爲難得的歷史資料。

註釋

❶參見傅柯的「序」，第7頁，載基爾・德勒茲和費里克斯・佳亞塔里，《反俄狄浦斯：資本主義和精神分裂》（*Anti-Oedipus: Capitalism and Schizophrenia*），羅伯特・赫萊、馬克・希姆和海倫・R・萊恩譯，紐約：維京出版社，一九七七年版。

❷參見傅柯的「序」，第13、14頁。

❸參見尤金・霍蘭德，〈精神分裂分析和波德萊爾：解碼的幾點說明〉（Scizoanalysis and Baudelaire: Some Illustrations of Decoding at Work），載保爾・帕騰編，《德勒茲：批判性讀本》（*Deleuze: A Critical Reader*），牛津：布萊克威爾公司，一九九六年版，第240頁。

❹見《反俄狄浦斯》，第42頁。

❺托德・梅，〈基爾・德勒茲思想中的差異和統一〉（Difference and Unity in Gilles Deleuze），載康斯坦丁・V・邦達斯和多羅希・奧科夫斯基編，《德勒茲和哲學的領域》（*Deleuze and the Theater of Philosophy*），紐約和倫敦：路特利支出版社，一九九四年版，第38頁。

❻參閱拙著，《多元共生的時代：二十世紀西方文學比較研究》，北京大學出版社，一九九三年版。坦率地說，當我爲本書起名時，顯然是受到了「精神分裂」這一術語的啓迪。

❼關於弗洛伊德主義對中國現當代文學的影響，以及諸種弗洛伊德主義的變體，參閱拙著，《深層心理學與文學批評》，陝西人民出版社，一九九二年版，第44～67頁。

❽參閱英文拙作〈面對西方的影響：新時期中國文學的重新思考〉，載《新文學史》，第二十四卷第四期（一九九三年秋），第905～926頁。

❾參閱陳曉明，《無邊的挑戰：中國先鋒文學的後現代性》，時代文藝出版社，一九九三年版；張頤武，《在邊緣處追索：第三世界文化與當代中國文學》，時代文藝出版社，一九九三年版。

❿參閱英文拙作，〈面對西方的影響：新時期中國文學的重新思考〉（Confronting Western Influence: Rethinking Chinese Literature of the New Period），載《新文學史》（*New Literary History*），第二十四卷第四期（一九九三年秋），第905～926頁。

⓫在這方面，可參閱魯曉鵬，〈後現代性、大眾文化和知識分子〉（Postmodernity, Popular Culture, and Intellectual），載《疆界2》（*Boundary* 2），第二十三卷第二期（一九九六年夏），第160頁。

⓬關於中國當代文學中的後現代性，參閱拙作，〈中國當代文學中的後現代主義變體〉，載《天津社會科學》，一九九四年版第一期，第71～76頁。

⓭關於中國當代先鋒小說中的後現代特徵，參閱拙作，〈接受與變形：中國當代先鋒小說中的後現代性〉，載《中國社會科學》，一九九二年版第一期，第137～149頁。

⓮伊哈布·哈桑，〈新諾思替主義：關於後現代思想的某個方面的沉思〉（The Gnosticism: Speculations on an Aspect of the Postmodern Mind），載保爾・鮑維編，《早期後現代主義：奠基性論文》（*Early Postmodernism: Foundational Essays*），杜倫：杜克大學出版社，一九九五年版，第94頁。

⓯格非是在北京大學比較文學研究所於一九九〇年七月十一日舉行的一次小型研討會上説這番話的。

⓰引自余華於一九九〇年九月十六日寫給我的一封信。

⓱基爾・德勒茲，〈我們吞吞吐吐的説話〉（We Stuttered），載《德勒茲和哲學的領域》，第27頁。

8 弗萊：當代文化批評的先驅者

作爲二十世紀五、六〇年代北美最重要的一位文學理論批評家，諾思洛普・弗萊（Northrop Frye, 1912~1991）的名字毫無疑問與神話—原型批評理論密切相關。眾所周知，原型批評的一大功績就在於終結了有著強烈精英意識並曾一度在北美批評理論界一統天下的新批評，使得文學批評走出了「文本中心」的狹隘領地。但原型批評理論本身也被認爲是形式主義取向的，因而在很大程度上並未擺脫出新批評的精英文學批評之樊籬。在當今這個文化批評和文化研究的大語境之下，原型批評早已成爲歷史，儘管仍不時地有批評家在創造性地實踐這一批評理論模式，但當年曾和弗萊一起呼風喚雨的批評家們卻早已爲人們所遺忘。而作爲一位高踞於時代之上的文化思想家和文學批評大師，弗萊則時常受到不同學科的學者們的討論和研究，但在當前的後殖民和文化研究理論爭鳴的人語境中他所受到的卻常常是批評。❶

毫不奇怪，弗萊在F.・R.・利維斯這條線上對當代文化研究所作出的貢獻常常受到忽視，其原因就在於他早先的那些有著形式主義精英意識的文學批評著作。但作爲一位有著獨立意識並且不屬於任何批評流派的理論大師，弗萊倒確實在文化批評和文化研究的發展演變過程中起著重要的作用，特別是在二十世紀北美的文學和文化研究發展過程中，他的作用更是舉足輕重。當代加拿大的弗萊研究主要學者A.．C.．漢彌爾頓（A. C. Hamilton）以及美國的新歷史主義批評理論家海登．懷特（Hayden White）已經對弗萊對當代文化批評中所發揮的重要作用作了初步的探討和研究，[2]因此本文僅試圖從一個跨越精英文化和通俗文化、跨越主流文學和後殖民文學、跨越文學話語和文化話語、跨越文學和其他學科以及東西方文化之界限的廣闊的文化研究視角來推進這一研究，以便「重新發現」弗萊在歷史上所起的作用以及他的著述對當代文化研究的意義。

弗萊新解：現代主義與後現代主義的張力

我們都知道，我們在今天的語境下所討論的文化研究與以往的「經典」和「精英」文化及其產品高雅文學已經有了很大的差別。當我們談到文化研究時，我們通常指的是這樣一些概念——種族研究、性別研究、區域研究、傳媒研究、流亡民族研究、文化身分研究，以及所有那些被壓抑在邊緣的話語的研究。實際上，弗萊生前就已探討了上述不少課題。因此我認爲，從北美以及國際的理論視角來看，弗萊應當被看作當代文化批評和文化研究的先驅者之一。不可否認的一個事實是，弗萊所界定的文學範疇有著廣泛的包容性，它包括諸如神話和民間傳說之類「低級的」和「邊緣的」文化產品，儘管他是從一個有著明顯精英意識的高雅文學視角對之進行俯視。應當指出的是，弗萊的文學批評繁榮興旺的時代通常被稱為「後現代」，在這一時代，所有的有著整體或中心意識的現代主義原則都受到各種後現代理論強而有力挑戰，既然如此，弗萊本人也不可能不有意無意地受到這一思潮的影響。因此，本文首先探討弗萊與後現代主義／後結構主義的關係，儘管他本人遠離這一批評群體，同時也不可能被這一群體所接受和認可。

我曾在早先的研究中指出，儘管弗萊的崛起在很大程度上得力於他對新批評的形式主義成規的發難，和以原型批評家的身分異軍突起，但我們並不難發現，他的批評思想仍與新批評教義有著難以分割的關係，因此在北美批評理論界，他常常被人們認為是新批評的最後一位重要理論家和結構主義的第一位頗有成就的批評家。❸但作為文學上的現代主義轉向後現代主義的一位過渡性人物，弗萊從未全然介入新批評的精英文學傳統。實際上，他花費了大量的時間和精力同時在二個相關的領域裡辛勤筆耕——英國文學、加拿大文學和文學理論，而他的主要成就和名氣則在於原型批評理論和實踐，而在雷內・韋勒克看來，這一批評理論曾在六〇年代和馬克思主義及精神分析學共同起過「三足鼎立」的作用，因此弗萊的影響首先是體現在文學理論批評界。弗萊的原型批評理論與以語言形式為中心的新批評的不同之處在於，它與人類學的方向有著更為密切的關係。眾所周知，文化人類學在當代文化研究中有重要的地位，而且甚至極大地推動了當代批評理論的「人類學轉向」（anthropological turn）對「語言學轉向」（linguistic turn）的取而代之。因而這自然是許多文化研究學者所從事的最重要的研究課題之一。在這個意義上，我們不僅要正視他的傳統文學批評實踐，同時更要重視他的文化批評思想。可以肯定，隨著多卷本《弗萊全集》的陸續出版，他後期的文化批評思想將日益爲研究者所研發現，並對當代文化批評產生深遠的影響。

我們都知道，當代文化研究與馬克思主義批評理論密切相關，特別是與德國的法蘭克福學派的批評理論，以及英語世界的文化唯物主義理論有著難以分割的聯繫。因此，我們在考慮到弗萊始終處於馬克思主義的潮流之外這一事實時，可能會忽視弗萊所對之作出的貢獻。但是，我們也不應忘記，文化研究的一個重要特徵就在於其打破了人爲的學術「中心」之神話，因此，可以使來自不同學科領域的學者以不同的方式和視角來從事文化研究。把馬克思主義批評理論置於文化研究的保護傘下並不令人驚訝，因爲我們一下便會想到雷蒙德·威廉斯、斯圖亞特·霍爾、弗雷德里克·詹明信和特里·伊戈頓等這些公認的西方馬克思主義者的著述。同樣，有著後結構主義特徵的拉岡的新精神分析學理論也可包容進文化研究的視野。但在探討弗萊的批評理論時，人們則完全有理由將其置於與現代主義批評理論密切相關的新批評的保護傘之下，其中的一部分原因在於，弗萊的批評實踐基本上是形式主義的，而更重要的原因則在於他固執地堅持有著精英意識的文學批評，但他的批評語境卻是相當寬廣的，且其中引進了不少文化研究課題。僅僅從這一點著眼，我們也許可以說，我們確實不應該簡單地將弗萊劃入新批評這條線索。那麼，人們不禁要問，既然弗萊的文化批評實踐擴大了精英文學的範圍，是否就可以把他看做一位後現代意義上的文化批評理論家呢？[4]一般說來，答案應是否定的，因爲他從來就不贊成德希達和傅柯這些後現代主義／後結構主義理論家的批評教義，儘管他由於對傳統的神話批評的革新而受到馬克思主義的後現代理論家詹明信的高度評價。如果認為弗萊及其批評理論早已過時的話，那麼我們為什麼還要討論他與當前的理論爭鳴之關係呢？在我看來，在當今這個全球化的時代，既然文化研究越來越主宰人們的批評想像力，我們為什麼還要討論弗萊及其批評理論呢？其原因恰在於，他多年前就探討過的許多問題至今仍對文化研究有著重大的意義。因此可以說，弗萊除了對西方批評理論有所建樹外，他還可以被看作是當代為數不多的幾位有著遠見卓識的文化批評家之一，因為他自覺地在廣闊的文化批評語境下來研究文學現象及其與社會語境的關係，從而使他的批評理論並沒有隨著時光的流逝而過時。

文化研究學者一般都認為，儘管F.R.利維斯有著強烈的精英意識。但他仍無愧為當代文化研究的一位開拓者，那麼弗萊在這場運動中究竟處於什麼位置呢？我們不妨作一比較。在利維斯看來，文化僅為少數精英分子所擁有，廣大人民大眾要想提高文化水平就必須閱讀由這些少數人所開列的高雅文學作品：而在弗萊那裡，文學則與神話和民間故事有著密切的關係，因而文學研究自然應該關涉到社會及社區生活。在實踐中，弗萊不僅對莎士比亞、布萊克、艾略特以及葉芝這些高雅文化的作者有著精深的研究，他同時也特別關注具有明顯的後殖民特徵的加拿大文學，並在這方面寫下了大量的文字。因此，我們應當在那些廣義的文化研究開拓者的名單上加上弗萊的名字，這樣才不致於失之公允。

海登・懷特在探討弗萊在當代文化研究中的重要地位時認為，由於弗萊本人「與歷史的方法不相容」因而被認爲是「反歷史的」或甚至「唯心主義的」思想家，因此他固然受到當代文化研究學者的忽視甚至誤解，但他試圖對這種不公正的現象進行反撥。懷特論證道，「當代『文化研究』學者們並沒有從總體上認識到弗萊著作的重要作用，這部分是因爲文化研究本身是一種新馬克思主義的活動，而這顯然受到諸如葛蘭西、雷蒙德・威廉斯、斯圖亞特・霍爾、于爾根・哈伯瑪斯及路易・阿爾都塞等人的啓迪，他們是堅定的歷史主義者，因此對任何形式主義、結構主義、唯心主義或有機主義的東西都懷有天然的敵意。」❺但是，懷特在認眞地分析了弗萊著述中的那些不同於馬克思主義的文化研究教義成分後指出，「最後，而且這一點也正如弗萊的文化史觀念中，最爲重要的現實主義方面（作爲與其所聲稱的『理想主義』相對立）那樣使我印象深刻，即以其回顧性地挪用過去所創造的成果來對文化變革進行預示的模式，這不禁使我們想起對任何僅屬於人類創造性的實踐之『失敗的』本質，也即那始終在行使的權力和暴力，它只是在這一程度上才使自已得到了補償，即它使得被它用作自我作用之物質因素的文化藝術品得到了『更新』。」❻顯然，正如我在前面提到的，在當今時代從事文化研究可以有多種取向：探討文化理論本身及其審美產品——文學；研究全球化時代的大眾傳媒；從人類學的角度來重新書寫文學文化；以及探討性別、身分、後殖民性以及其它所有被「壓抑」和「邊緣化」的話語。與那些從歷史、政治學、婦女研究、傳媒研究以及後殖民研究等領域進行的研究相比，弗萊所關注的無疑是文學現象，而他本人也正是從文學或文化理論的視角對各種文學現象進行闡釋的。

談到弗萊的所謂「反歷史」傾向，我認為，並非所有的馬克思主義理論家都全然忽視他的文化批評中的歷史因素，例如，弗雷德里克·詹明信就十分中肯地指出：

弗萊的偉大之處以及他的著述與那些眾多的一般性神話批評之間的重大差別就在於，他善於提出社群的問題，並從作為集體表現的宗教性中得出基本的、本質上具有社會性特徵的解釋性論斷。在這樣實踐時，弗萊儘管也許並不欣賞自己的這種聯想，但他仍反駁了那種對宗教象徵主義的較為積極的探討，因為那種方法在十九世紀繼承了針對啓蒙的本質上消極並具有破壞性的態度，這一態度對舊體制的意識形態基礎的侵蝕包含了對宗教現象的系統的非神秘化（demystification）和揭露（debunking），以及對使得那些被哲學家認為是「錯誤」和「迷信」的東西與等級政治制度的專斷權力之關係具有合法性有著清醒的感知。❼

確實，弗萊生前很少介入關於後現代主義問題的批評性論爭，儘管這一論爭早就始於五、六〇年代的北美文化和文學界，並吸引了包括弗萊的許多朋友在內的大批知名批評家和文學研究者。但是他的批評話語卻與後現代批評的策略有著相近之處，這種策略的特徵體現在跨越文學話語和非文學話語的界限，跨越有著精英意識的經典藝術作品和亞文學文本的界限，以及跨越（殖民主義宗主國）英國文學的研究和（後殖民地）加拿大文學的研究之界限。❽在這個意義上，我們應當說，弗萊對所有的批評流派的開放態度以及與這些流派的對話關係，使他的理論更帶有後現代主義的多元取向，而非現代主義的精英和專斷意識。他也像巴赫金一樣，從未深深地捲入任何批評流派的紛爭中，但他卻在現代和後現代這兩個時期都被許多批評流派所討論或研究，這不能不說是一個奇觀。有鑑於這一事實，筆者以爲，弗萊實際上踟躕於兩個時代之間，確切地說是踟躕於現代主義和後現代主義之間，這種張力的存在使得他既被現代主義理論家奉爲經典，同時又成爲後現代理論家重視、批評和超越的對象。這一點在今天的弗萊研究中尤其值得注意。

弗萊的英聯邦文學與後殖民文學研究

當代文化研究學者往往特別關注非經典文學或被邊緣化的寫作/話語，以便對這些「非主流的」文化研究作出全新的解釋。這無疑促進了當代後殖民研究在加拿大和澳大利亞這樣的「後殖民地」國家的風行，因爲在這裡，高雅的「英文」(English) 實際上是以帶有土著發音和語法的「英文」(english) 之面目出現。❾傳統意義上的英語文學被劃分爲英美文學和「英聯邦」(Commonwealth) 文學。弗萊作爲加拿大的一位主要的文化學者和文學批評家，自然得在國際論壇上代表加拿大的文學和文化批評界發言，於是他將加拿大文學當作「英聯邦文學」或「後殖民文學」的一部分來研究。他的這種努力恰好與將加拿大文學在西方學術界非邊緣化或非領地化的嘗試相吻合。我們應當承認，他與愛德華·賽義德和佳亞特里·史碧娃克這類後殖民批評家的差別：他們中的一個是出生在美國並在西方帝國的中心開始了自己的學術生涯；另一個則是從後殖民地國家印度來到帝國的「中心」，並一直在一個（帝國主義的）「他國」而非自己的後殖民地祖國實踐著後殖民批判：而弗萊生前卻從未離開過自己的祖國，並始終自我認同爲一位加拿大或北美的批評家，並代表著加拿大學術界在國際上發言。這一立場始終體現在他所寫下的關於加拿大文學的若干文字中，尤其見於他爲卡爾・F・克林科（**Carl F. Klink**）等主編的多卷本《加拿大文學史》（*Literary Historiy of Canada*）的兩個「結語」中。這兩篇結語突出了弗萊把加拿大文學當作「英聯邦文學」的一部分所作的研究，因而對今天的文化研究有著不容忽視的重要意義。

勃朗科・高加普（**Branko Gorjup**）在談到弗萊的兩篇「結語」對當代後殖民研究的潛在意義時指出，在後殖民批評家看來，民族文學的發展始自個體在一個後殖民語境中對自我認可的願望，這回過頭來又推動了群體認同的進程。這一群體的成員便能夠開始向依然隱沒在他們社會中的文化帝國主義的形式發起挑戰……然而，就弗萊式的民族主義而論，亦即那種眞正威脅加拿大繼續作爲一個民族而存在的因素再也不源於不列顚帝國的親緣關係，而倒是來自「新興的」、並更帶有侵略性的帝國主義，儘管弗萊經常指出它對加拿大想像力的嚴重影響。」[10]因此在弗萊看來，突出加拿大的民族和文化身分以及加拿大文學的特徵以便消除美國文學的陰影實際上也意味著消解帝國中心，使加拿大文學實現非殖民化的目標，這樣便使其能夠既在邊緣地帶同時又在中心發揮影響。儘管他並未從理論的視角介入關於後殖民主義問題的論爭，但他的批評實踐仍與當代後殖民批評密切相關，因爲他一直對帝國的文化霸權及其對後殖民話語的主宰持批評的態度。根據弗萊在當今國際學術界的地位，我們也可以說，他在某種程度上已實現了自己的理想。⓫

弗萊在《加拿大文學史》的「結語」中，實際上已經觸及了後殖民文學的論題，他認爲，加拿大文學自誕生之日起就受到來自多方面的影響：

同時來自兩個英語大國的影響，實際上有益於作為英語國家的加拿大，但是從理論上講，這又使人困惑。人們經常提起，加拿大的民族身分應當透過某個中介物在另兩者之間見到，而不利的則是，英美文化又不得不被限定為兩個極端。⓬

確實，在美國的陰影之下，加拿大的民族身分顯然變得模糊了，更不用說其文化和文學身分了。多年來，在加拿大的大學裡，研究生課程中沒有加拿大文學這門課，而弗萊本人曾一度，尤其是在中國，竟被認爲是一位美國批評家，而不是加拿大批評家。儘管弗萊清楚地認識到這一事實，但他仍認爲，由他來擔任一部多卷本的加拿大英語文學史的主編之一是十分必要的，因爲在他看來，英聯邦文學的這一部分實際上對英帝國的文學起了一種挑戰作用，而他爲這部文學史所撰寫的結語則更是使得加拿大文學研究這門「邊緣」學科得以合法化。

既然加拿大在十九世紀是大英帝國的殖民地，而且在二十世紀的這麼多年來一直留在英聯邦內，既然加拿大在地理上和經濟上與美國有著如此緊密的關係，那麼它的文化和文學就不可能不受到這兩個帝國的影響。弗萊對加拿大的後殖民地地位始終有著清楚的概念。因此他寫道：

當西北通道未能實施之後，加拿大便成了一個在商業意義上來講的殖民地，它與其說是被人當作一個社會來看待，還不如說是一個整天尋找看什麼東西的地方。法國人、英國人和美國人來到這裡帶走了毛皮、礦物和木質紙漿，他們只想實現自己的短期目標。那些被徵來的官員們尋找農場和村莊以便把年輕人帶走，讓他們成為歐洲王朝之間爭吵的殉葬品。⑬

實際上，加拿大的後殖民性特徵不僅體現在它的經濟和政治上，同時也體現在它的文化和文學裡。進入二十世紀以來，加拿大文學發展得如此之迅速，以致於不得不追蹤西方的所有文學潮流。這樣一來，它模糊了自己的身分和民族精神，而對此，弗萊同樣有著清醒的洞察。這正如他在《加拿人文學史》第二版「結語」中所指出的：

加拿大沒有啓蒙運動，甚至連十八世紀的東西都少得可憐。英國人和法國人在加拿大度過的十八世紀裡摧毀了各自的城堡，而加拿大則從十七世紀的巴羅克擴展直接進到十九世紀的浪漫主義發展階段……加拿大的身分始終帶有這方面的進入遠方的離心運動之因素，彷彿穿在正在成長的巨大身上的衣服就要從它的縫口撕開一般，同時又像是一個將要崩斷的橡皮筋。⑭

這樣，尋找一種加拿大的民族和文化身分便成了加拿大的歷史學家和文學史家們的一個長期任務。毫不奇怪，弗萊的這一努力正好與那些試圖弘揚自己的民族和文化身分的後殖民批評家們的目的相吻合。例如，當今十分活躍的美籍印度裔後殖民批評家史碧娃克在談到自己在美國社會和印度傳統中所處的「異類」（alien）地位時指出，「由於這些新移民的『民族出身』，正如同他們所幻想的那樣，迄今並沒有對尚未得到承認，並遠離中心的美國歷史文化作出什麼貢獻，因此，我們所要求的就是，美國應當承認我們的幻想作爲它現在歷史的一部分。」⓯因此，我們不得不承認，弗萊對今天的後殖民研究中的許多論題所作的預示，因爲這不僅是一位神話批評家的預言，更是一位有著深刻歷史洞察力的思想家必然的邏輯推斷。因此，這也是爲什麼在當今的文化研究語境之下，弗萊仍受到我們重視的一個重要原因。既然後殖民文化和文學是當代文化研究中最重要的課題之一，那麼弗萊的那些超越早期思想的批評觀點便顯得越來越重要了，它應當作爲我們當今的文化批評學者所不可忽視的一份寶貴遺產，而得到其應有的重視。

在結束本書之前，筆者還想強調，弗萊對加拿大文學的崛起，以及其在未來的潛在影響確實充滿了信心：

> 加拿大文學始終被認為擁有在未來佔據中心的引力，它已進入了當代，並處於現在這一位置和這一狀態，它也將可能有助於為未來作出自己的貢獻。我們的這一希望並非那種虛無縹緲和夢魘般的未來啓示錄，而是這樣一種實在的未來：西方人從不同的流放地返回家園，並遠遠

勝過了一個不時地夢見自己自我的幻象。16

上述引文不禁使我們想起了中國現代文學先驅者魯迅所寫下的一些文字，他在生前一方面嚴厲地批判了中國人的一些根深蒂固的民族劣根性，但另一方面卻又眞誠地希望中國的文化和文學有一天終將以自己的獨特風姿展現在世人面前。兩位文學大師雖然生於不同時代和不同的國度，但他們的眞誠願望終將在新的世紀成爲現實。

在文化研究的語境下研究文學

正如我們所知道的，弗萊的文學研究方法，尤其是在他出版了《批評的解剖》之後，顯然與新批評的精英意識相對立，但卻對後來的批評家更有著吸引力。確實，弗萊本人很少像那些馬克思主義的文化研究學者那樣，在分析文學現象時強調歷史的作用，但正如懷特所明確指出的，他的歷史觀是一種「文化史」觀，而文學則作爲其中的一部分。他的這一觀點在當今西方的不少文學理論家和研究者中產生了共鳴，而且，從近十多年來的歷屆國際比較文學協會年會議題來看，從文化的視角來探討各民族的文學已成爲一種不可抗拒的歷史潮流。越來越多的學者認識到，文化研究並非一定要與文學研究形成一種對立，這二者是可以溝通和對話進而共存的。因此我們可以說，在那些當代文化研究的實踐者中，弗萊是極少數有著遠見卓識的學者之一，正是他率先將傳統文學研究置於廣闊的文化研究的語境之下，從而爲文學的超學科比較研究鋪平了道路。但對研究者關係重大的這一現象是：在當今的全球化氛圍中，文化研究的許多論題卻越來越遠離文學研究，這樣一來，給人造成的印象就是文化研究的崛起敲響了文學研究的喪鐘。因此毫不奇怪，一些傳統的文學研究學者難免不對文學研究的未來前景憂心忡忡，甚至充滿了悲哀。他們認爲，文學研究的領地正在逐步被文化研究的大潮所淹沒。是不是文化研究非得與文學研究相對立呢？是不是文化研究的崛起就標誌著文學研究的終結呢？對這個問題，我的看法是，弗萊在當今時代的重要意義恰在於，他透過擴大文學研究的範圍爲其與文化研究的可能性交融和互動奠定了基礎。那麼，我們究竟從弗萊的理論和文化批評實踐中獲得何種啓示呢？

正如我們所知道的，F.・R.・利維斯儘管有著強烈的精英意識，但他仍被認爲是當代文化研究先驅者。可以理解的是，在當時的氣氛下，他不得不爲偉大的英國文學經典之啓蒙功能而辯護。同樣可以使人理解的是，弗萊作爲一位加拿大學者和批評家，他也不得不在國際論壇上爲有著後殖民特徵的加拿大文學的合法地位辯護。利維斯去世時，他的朋友和同事雷蒙德・威廉斯在一篇短文中高度讚揚了他對當代文化批評和文化研究所作出的貢獻，同時也指出他對文學研究和文化研究的精英態度的頑強執著：「(利維斯）學派的聯結模式被人們認眞、廣泛地解讀爲一種對誰處於局內和誰處於局外所抱有的基本的先入之見，在這方面，當然也包括其消極的方面，他們始終保持並強調他們本階級的作風。」⓱確實，這種等級分明的特徵最終也導致利維斯模式的文化批評思想受到後來者的批判和超越，而弗萊卻試圖把屬於非經典的加拿大文學也包括進文學研究的範圍，這一點自然也預示著他對當代比較文學研究中的經典的形成和重構所作出的貢獻，而這些也正是文化研究學者們所熱烈討論的問題。和利維斯一樣，弗萊始終恪守他的文化批評和文化研究觀念，但這一點卻被當今的文化研究實踐者所全然忽視了。因而弗萊及其理論被認爲「過時」也就不足爲奇了。

最後應當指出的是，弗萊從事比較文學研究的方法論也是獨樹一幟的。雖然他的著述中很少出現比較文學的字樣，但比較文學研究者卻公認他是一位比較文學大師，尤其在超學科研究方面有著精深的造詣和重大影響。他的這種方法的特徵體現在打破文學本身的狹窄領域，將其置於廣闊的文化研究語境下來考察，從而預示了當代英語世界的文化研究的異軍突起。它同時也體現在比較文學學者在各種場合下所熱烈討論的一些論題中。根據上面這些因素，我們大概可以得出一個暫時的結論，即從根本上說來，弗萊對文化研究的意義就像利維斯和巴赫金的意義一樣重要，但是，他的潛在意義在很大程度上尚留待未來的弗萊研究者和文化研究者去「重新發現」。而本文則是這方面的一個初步嘗試。

註釋

❶在這方面，參照海登・懷特的文章，〈弗萊在當代文化研究中的地位〉（*Frye's Place in Contemporary Cultural Studies*），載阿文・李和羅伯特・丹納姆編，《諾思洛普・弗萊的遺產》（*The Legacy of Northrop Frye*），多倫多：多倫多大學出版社，一九九四年版，第28～39頁。

❷參閱A.・C.・漢彌爾頓在諾思洛普・弗萊研究：中國與西方國際研討會上的主旨發言（北京，一九九四年七月）。中文詳見王寧、徐燕紅編，《弗萊研究：中國與西方》，中國社會科學出版社，一九九六年版，第3～16頁。

❸參閱拙作，〈弗萊理論的後現代視角闡釋〉，載《弗萊研究：中國與西方》，第93～102頁。

❹參閱林達・哈琴，〈弗萊新解：後現代性與結論〉，載《弗萊研究：中國與西方》，第103～119頁。

❺參見《諾思洛普・弗萊的遺產》，第29頁。

❻同上書，第37頁。

❼弗雷德里克・詹明信，《政治無意識：作爲社會象徵行爲的敘事》（*The Political Unconscious: Narrative as a Social Symbolic Act*），伊薩卡：康乃爾大學出版社，一九八一年版，第69頁。

❽參閱諾思洛普，弗萊，〈加拿大文學史結語〉、〈加拿大文學史結語〉（第二版），載布朗科・高加普

編，《神化加拿大：論加拿大文學想像》（*Mythologizing Canada: Essays on the Canadian Literary Imagination*），紐約：萊加斯出版公司，一九九七年版，第63～115頁。

❾我們注意到，文化研究方面最有名的一本文集就是《文化研究讀本》（*Cultural Studies Reader*），倫教：路特利支出版社，一九九三年版。這本文集由有一位澳大利亞學者西蒙・杜林編；同樣，最有影響的一份後殖民／英聯邦文學研究刊物是出版於加拿大的《精靈》（*Ariel*）。

❿參閱布朗科・高加普爲《神化加拿大》撰寫的導論，第12頁。

⓫關於國際學術界對弗萊的研究和討論，參見羅伯特・丹納姆，《諾思洛普・弗萊：第一手和第二手資料目錄》（*Northrop Frye: An Annotated Bibliography of Primary and Secondary Sources*）序言，多倫多：多倫多大學出版社，一九八七年版。在第1頁，作者指出，「……最近對九百五十種期刊的研究表明，在那些最爲頻繁地被引證的藝術和人文科學作者中，弗萊的排名僅次於馬克思、亞里斯多德、莎士比亞、列寧、柏拉圖、弗洛伊德和巴爾特之後……」。

⓬《神化加拿大》，第67頁。

⓭同上書，第69頁。

⓮同上書，第103頁。

⓯參閱佳亞特里・史碧娃克，《後殖民理性批判：走向行將結束的當下之歷史》（*A Critique of Postcolonial Reason: Toward a History of the Vanishing Present*），坎布里奇，麻州：哈佛大學出版社，

一九九九年版，第395頁。

⑯參見《神化加拿大》一書中〈縈繞在鬼魂的失卻中〉（Haunted by Lack of Ghosts）一文。

⑰威廉斯的短評發表於《時代高等教育副刊》（*Times High Education Supplement*），一九七八年五月五日號。轉引自弗萊德·英格利斯，《雷蒙德·威廉斯》（*Raymond Williams*），倫教：路特利支出版社，一九九五年版，第266頁。

9 文化研究在世紀末的新發展

後結構主義理論大潮在西方文學批評理論界衰落之後，作爲戰後西方文化思想界和文學藝術界人們談論最多的一個熱門話題，後現代主義理論思潮也逐漸大勢已去。後殖民主義理論的崛起曾迅速獨佔過批評理論的鰲頭，但很快便顯示出衰落的跡象。進入九〇年代初以來，西方文化界和文論界出現了一股聲勢浩大的文化批評和文化研究浪潮，把後現代時期的一切邊緣話語統統納入其保護傘之下，這尤其對傳統的英語文學和比較文學研究構成了強有力的挑戰，致使一些學者驚呼，在這股文化研究大潮面前，傳統意義上的比較文學研究究竟還有沒有存在的必要和價值？英國文學的偉大傳統及其經典的價值是否受到了懷疑？而另一些觀念較爲開放並致力於擴大研究視野的學者則對之持一種寬容的態度，主張將基於傳統觀念之上狹窄的文學研究置於廣闊的文化研究語境之下，並將目光移向西方世界以外的地區，透過與那裡的學者直接接觸，達到東西方文化學術交流和對話的目的。顯然，無論對之抱持擔心的態度、厭惡的態度、或歡迎的態度，都從某個方面反映了一個客觀的事實：文化研究已經佔領了學術研究的中心地帶，並在近幾年內有了長足的發展，它已成爲我們無法迴避的一個理論現象，因此必須給予足夠的重視。本文正是基於過去的論述之基礎上，繼續探討九〇年代後期以來，文化研究在西方學術理論界的最新發展態勢，及一些相關的理論課題。

文化研究的歷史及現狀再反思

如前所述，在討論文化研究時，我們很容易將它與文化批評相提並論，這當然不足為奇，因為當今的不少歐美學者（尤其是反對文化研究的傳統文學研究者）都在這樣做。例如，曾在解構批評佔據北美批評話語時立下汗馬功勞的耶魯大學斯特林人文科學講座教授哈羅德·布魯姆在和我的一次長時間對話中就斷然宣稱，「理論已經死亡，而文學卻仍有著活力和市場，還有成千上萬的讀者去購買文學作品閱讀。而相比之下，那些文化研究或文化批評學者的理論書籍，則常常只是寫給自己的同伴看，根本沒有市場，也沒有讀者」。❶這當然是以布魯姆為代表的一大批被文化研究理論邊緣化的傳統批評家所發出的反對文化研究的偏激之詞，但我們至少可以從中看出，在當今的西方文化學術界和理論批評界，對文化研究仍有著相當大的爭議，主要集中在其學科定位和研究範圍的不確定上，此外其方法論也不相一致，這與其說是文化研究的短處，倒不如說是更具有靈活性的長處。仔細追溯上述兩個概念各自的歷史作用和當代形態，我們不難發現，這兩個不同的概念在其界定上也有著較大的差異。前者主要指涉文學的文化視角批評和研究，這種批評模式早在十九世紀後期的馬修·阿諾德那裡就已有之，只是在本世紀相當長的一段時間內由於語言學和形式主義批評佔主導地位而被「邊緣化」

了，而在本世紀後半葉文學批評走出形式主義囚籠的呼聲日益高漲時又重新得到了強調；後者的範圍則大大超出了文學研究的領域，進入到了對人類一切精神文化現象的考察研究之境地，甚至以往被具有鮮明的精英意識的文學研究者所不屑的那些「亞文化」，以及消費文化和大眾傳播媒介都被囊括了進來。在文化研究的大潮之下，傳統的文學研究受到了強有力的挑戰，並被放逐到了邊緣地帶。因而一些恪守傳統的文學研究者會起而反擊也就不足爲奇了。

嚴格說來，文化研究本身也是一種邊緣話語，長期以來一直爲有著精英意識的文學研究者所忽視。一度時期，文化研究在北美和英國的英文系根本沒有立足之地，在比較文學系也備受排斥，倒是有相當多的文化研究者在傳播學系獲得了一席之地，因而北美的文化研究大多與傳媒研究密切相關。此外，文化研究的對象常常正是文學研究者所不屑光顧的，諸如社區生活、性別問題、同性戀問題、種族問題、流亡文學、身分問題等。既然是一種邊緣話語，並且有著鮮明的「非精英」意識和批判精神，那麼，文化研究的「非邊緣化」、「非領地化」和「消解中心」的特徵便十分明顯了。發展到世紀末的今天，一般來說，學者們對文化研究有了較爲一致的描述，亦即文化研究一般包括下列幾個方面：(1)以研究後殖民寫作／話語爲主的種族研究，其中涉及薩伊德的「東方主義」和文化霸權主義批判、史碧娃克的第三世界批評和巴巴的對殖民話語的戲擬和混雜；(2)以研究女性批評和寫作話語爲主的性別研究，這在當今時代主要涉及女性批評話語的建構和女性同性戀研究；和(3)以指向東方和第三世界政治、經濟、歷史等多學科和多領域綜合考察爲主的區域研究，例如當前十分誘惑人的課題就包括「亞太地區研究」和「太平洋世紀研究」等；此外，還應當加上(4)以考察影視傳媒生產和消費的大眾傳媒研究，尤其當世界進入全球化時代以來，文化研究所受到的傳媒影響，以及由此而產生的大眾文化特徵是越來越明顯，它幾乎與傳媒現象成了不可分割的整體，而與文學研究的距離則越來越遠。這也許正是文學研究者對文化研究抱持恐懼、甚至反感態度的部分原因吧！

文化研究雖在當今時代的英語世界聲勢浩大，但在較為保守的歐洲學術界卻頗遭非議。其中的一個重要原因是，正如有些介入文化研究的學者所承認的那樣，「它並非一門學科，而且它本身並沒有一個界定明確的方法論，也沒有一個界線清晰的研究領域。文化研究自然是對文化的研究，或者更為具體地說是對當代文化的研究。」❷這裡所說的文化研究已經與其本來的寬泛含義有了差別，對於當今的文化研究學者來說，『文化』並不是那種被認為具有著超越時空界線的永恆價值的『高雅文化』的縮略詞」，❸而是那些在現代主義的精英意識佔統治地位時被當作「不登大雅之堂」的通俗文化或亞文學文類或甚至大眾傳播媒介。這說明，文化研究的主要方法和理論基本上是從後現代主義理論那裡借鑒而來的，並應用於更為寬泛的範圍和更為廣闊的疆域，它同時在西方帝國的中心話語地帶——英美和原先的殖民地或稱現在的後殖民地——澳大利亞和加拿大發揮作用。在澳大利亞，致力於文化研究並取得突出成就的有專攻後殖民和全球化問題的西蒙・杜林（Simon During），他主編的《文化研究讀本》在英語世界的大學生和研究者中有著廣泛的影響，為使文化研究作為一門相對獨立的學科而早日成型作出了重要貢獻；此外，洪宜安（Ien Ang）、戴維・伯奇（David Birch）等也異常活躍於國際文化研究論壇；前者以其獨特的亞歐雙重背景著書立說，探討種族問題、身分問題和全球化問題；後者則在自己主編的刊物《社會符號學》（*Social Semiotics*）上大力鼓吹文化研究，並發表大量的相關論文，在國際文化研究領域發出了澳洲學者的聲音。在加拿大，文化研究有著漫長的歷史，甚至可以追溯到諾思洛普．弗萊的後期著述，因爲從那些著述中人們已經可以清晰地看出作爲一位文化批評家的弗萊的一貫的文化批評思想，即把文學研究置於一個更加廣闊的文化語境之下來考察研究，而不是像新批評派那樣恪守狹小封閉的精英文學領域；❹在當代，林達．哈琴（Linda Hutcheon）的後現代主義和加拿大文學研究則獨樹一幟，標誌著加拿大學者在文化研究的某個領域所取得的突破性進展。這些遠在帝國「邊緣」處所取得的研究實績爲文化研究的迅速佔領學術中心奠定了基礎。

毫無疑問，當代文化研究的中心是英美兩國，而且從歷史的發展線索來看，早先的文化研究出現於五〇年代的英國學術界，其立論基點仍是文學。大概正是從那時起，文化研究在英國終於走出了有著強烈精英意識的利維斯主義，其中以理查德．霍佳特的專著《有文化的用處》和雷蒙德．威廉斯的《文化與社會：1780年——1950年》的出版爲標誌，此外，由佩里．安德森主編的《新左派評論》（*The New Left Review*）雜誌和特里．伊戈頓的馬克思主義文化批評著述也對文化研究在英國的發展產生了很大的作用。一般認爲，英國文化研究的理論創始人當推利維斯（F. R. Leavis），他所開創的那種文學研究形式又稱作「利維斯主義」。利維斯受其精英文學思想所激發，試圖透過教育體制來更爲廣泛地提高全民族的文化水平。但是在他看來，要想提高普通人的文化水平，其唯一的途徑就是讓他們閱讀一些「偉大的經典」文學作品，透過閱讀和欣賞這些作品，才有助於以一種具體的、平衡的生活觀來造就一些成熟的個人。關於英國文化研究的特色，將在後一部分予以詳細論述。

在英語世界，文化研究雖然起源於英國，但它迅速進入了美國學術界，並受到大批在文學理論和文學研究領域內頗具影響力的著名學者的關注，其中包括：弗雷德里克·詹明信、愛德華·薩伊德、佳亞特里·史碧娃克、拉爾夫·科恩（Ralph Cohen）、希利斯·米勒（Hillis Miller）、漢斯·崗布萊希特（Hans Gumbrecht）、保爾·鮑維（Paul Bove）、湯姆·米契爾（Tom Mitchell）等，大量研究後殖民文學、傳媒文化和其它非精英文化現象的論文，頻繁地出現在曾以文學理論和批評著稱的著名學術刊物，包括：《新文學史》（*New Literary History*）、《批評探索》（*Critical Inquiry*）和《疆界2》（*Boundary 2*）等，且逐步涉及到西方世界以外的文化現象研究，實際上也介入了對全球化現象的思考和研究。顯然，當代文化研究的特徵在於其學科領域的不確定性和跨文化性，它不斷地改變研究者的興趣，使之適應變動不居的社會文化情勢，它不屈從於權威的意志、不崇尚等級制度，甚至對權力構成了有力的解構和削弱作用。正如伯奇所概括的，「文化研究應當堅持一種反霸權的立場，我認爲這一觀念仍應當放在我們的文化研究議事日程上」，❺因此文化研究可以爲不同層次的文化欣賞者、消費者和研究者提供知識和活動空間，使上述各社群都能找到自己的位置和活動空間。此外，文化研究還致力於探討研究當代人的「日常生活」，這也許正是文化研究得以在西方世界以及一些東方國家和地區（例如日本、新加坡、香港等）的文化學術理論界風行的原因之所在。

文化研究在歐美的不同形態

文化研究既然有著學科界限的不確定性，那麼它在歐美國家也就有著不同的形態。我們經常所說的「西方」這個概念應當說是極不準確的，即使在同樣操英語的英美兩國，在文化研究方面也有著很大的差別。而它們與歐陸學術界的差別就更大了。就歐洲大陸的觀念保守之特徵而言，儘管文化研究的一些理論奠基者身處歐陸，但他們的理論只是被介紹到美國之後才得到最熱烈的響應，而在歐陸，他們的理論在相當一段時間內仍受到相對沉默的禮遇。與另一些當代新理論在英國所受到的冷落之「禮遇」不同的是，文化研究在現當代英國卻得到了空前的弘揚，並取得了突出的成就。因此，這一部分評述的重點便是英國的文化研究，因爲這方面與我本人所從事的文學的文化批評關係最爲密切。

眾所周知，英國曾是本世紀英語文學批評界最有影響的批評流派「新批評派」的發源地和重要實驗場所，當年詩人兼批評家T.・S.・艾略特（1888~1965）、I.・A.・理查德（I. A. Richards, 1893~1980）和燕卜蓀（William Empson, 1906~1984）曾在這裡提出，新批評的美學原則和批評標準，對後來的整整一代批評家都產生了不可估量的影響。活躍在戰後的重要批評家F.・R.・利維斯、理查德・霍佳特（Richard Hoggart）、雷蒙德・威廉斯（Raymond Williams）等都在各自的批評領域裡對新批評的影響作了有力的反應或反撥，對於英國當代文學批評走出以形式主義的「文本中心」之狹隘領域，把文學置於一個更爲廣闊的文化語境下來考察作出了重要的貢獻。應該說，戰後英國文學批評的發展實際就是從現代主義文評的精英意識經由結構主義和精神分析學批評的短暫中介，迅速過渡到文化批評和文化研究的過程，並且和馬克思主義的批判理論密切相關，具有鮮明的政治性和意識形態性：「儘管『政治』並不像『文本』或『意識形態』一樣，已經成爲一個相當核心的理論範疇，『政治』卻是英國文化研究的主要實踐目標，相當值得我們注意……在英國文化研究的歷史上，種族和性別也都有重要的位置」，❻這尤其體現在當代英國文化研究的一些代表人物的著述中。在這方面，下列四位文化研究理論家的貢獻值得在此一提。

F. R. 利維斯

利維斯作爲當代英國文化批評和文化研究的先驅者和早期的主要代表，他的批評理論和實踐都表現出他的強烈精英意識和對高雅文學經典的崇尚，這也表明了英國的文化研究傳統是植根於精英文學的土壤中的。早在一九三〇年，利維斯就發表了〈大眾文明和少數人的文化〉一文，提出了自己頗具精英思想的文化批評觀點。在新批評風靡大學文學講壇時，他也主張文學的內在研究和「細讀式」批評。他甚至認爲，對作品的價值判斷與「書頁上文字的特殊安排」都是一致的。但他反對把文學研究擴展到社會歷史的語境，認爲文化既然爲少數精英分子所擁有，因此他們實際上在人民大眾面前扮演的角色就是啓蒙者，要想提高全民族的文化知識素養，惟有讓他們開列一份經典文學書目，透過對這些經典文學書目的閱讀和鑑賞來實現對廣大讀者的啓蒙。在判斷什麼樣的作品才算作經典方面，利維斯同樣表現出傳統的保守思想。儘管利維斯的這些精英文化思想與後來發展起來的文化研究的大眾性格格不入，但仍應該承認，當代文化批評和文化研究在英國乃至整個英語世界的崛起，與利維斯早期的努力是分不開的，可以說，正是超越並走出了利維斯主義的狹隘領域，文化批評和當代英國的文化研究才在英國得到長足發展的。

理查德·霍佳特

如果說英國的文化批評在利維斯主義佔統治地位時仍是精英主義的，那麼這種精英意識便受到後來的另兩位出身貧寒的左翼批評家的挑戰。畢業於利茲大學的理查德·霍佳特戰後長期擔任霍爾大學成人教育學院的文學導師，後又受聘在萊斯特大學和伯明罕大學任教。他在戰後的最有影響的著作是《有文化的用處》（一九五一），在這部著作中，他一反利維斯的精英主義文化批評思想，主張當代批評家應把批評和研究的觸角指向一個長期不爲人們注意、但實際上卻很有活力和影響的文化現象——大眾文化和文學。他以自己的親身經歷描述了英國工人階級文化水平的不斷提高和對文學閱讀和欣賞的日益強烈的需求。他指出，既然大眾文學是爲包括工人階級在內的廣大人民大眾創作的，那麼它就應當涉及並表現大眾生活的各個方面以及其價值觀念。作家們應當走出精英文學的象牙塔，深入到大眾的社區生活，這樣，他們的創作題材才不會衰竭。在當今文化研究日益具有衝擊力和影響力的情勢下，霍佳特仍不斷地爲批評家和學者們引證和研究。

雷蒙德·威廉斯

另一位對利維斯的精英文學思想提出挑戰的是當代英國最具影響力的馬克思主義批評家雷蒙德·威廉斯。威廉斯出身貧寒，三〇年代後期曾就讀於劍橋大學三一學院。他一方面投入英國的左翼文化運動和政治鬥爭，爲在英國傳播馬克思主義而奔波，其中一大成就就是幫助斯圖亞特·霍爾創辦了左翼刊物《新左派評論》，使之成爲介紹西方馬克思主義、討論經典馬克思主義以及批判資本主義社會的重要陣地，另一方面自己也活躍在文化研究的實踐中。威廉斯對英國當代文化批評和文化研究的卓越貢獻體現在：他首先透過把研究的觸角指向大眾文化和通俗文學而實現了對利維斯的精英文化思想的超越和批判；其次，作爲一位傑出的馬克思主義文學理論家，威廉斯很早就接觸了馬克思主義，並在三〇年代就開始了與英國的馬克思主義者的對話，他反對當時的英國馬克思主義者機械地照搬教條，片面理解馬克思主義的作法，試圖在自己的一系列著述中建立自己的馬克思主義文學理論。再者，他透過《新左派評論》的中介，對西方馬克思主義逐漸有了正確的了解，經過多年的獨立思考和探索，他終於於七〇年代推出了自己建構文化唯物主義的理論著作《馬克思主義與文學》。這種文化唯物主義與傳統的以基礎/上層建築爲理論出發點的唯物主義不同之處在於，前者更重視語言的重要作用；與結構主義的不同之處則在於，文化唯物主義強調「有活力的語言」和「語言的發展歷史」，注重語言的實際社會運用和意義的歷史變化，從而發展和豐富了馬克思主義的文化批評和文化研究理論。應該承認，當前在英語文學和文化界風行的「文化研究」熱，在很大程度上得益於威廉斯等理論家的努力。

六〇年代以後，工人階級社區生活的逐步趨向多極化越來越受到文化研究者的注意，而這時的文化研究則開始在英國的學術體制內得到初步的確立，其中的一個明顯徵兆就是霍佳特於一九六四年在伯明翰大學創立的當代文化研究中心，霍佳特和霍爾曾先後擔任該中心的主任。中心的研究方向從一開始就依循霍佳特所規定的兩個方向發展。一方面，嚴肅地探討文化自身的政治功能，以便對社會民主的權力集團進行批判；另一方面，文化研究興趣的轉向也導致研究者對其舊有的範式進行了修正，從而使文化研究越來越與政治相分離，越來越朝著其審美的一面發展，對文化形式的研究也從注重文學經典逐步轉向其他文化形式，其中包括影視製作、文化工業、音樂、廣播、爵士樂、服飾等通俗文化藝術甚或消費文化。可以說，英國的後現代文學從一開始的帶有精英意識的先鋒派智力反叛轉向與大眾文化和文學的合流，與文化批評和文化研究的崛起是分不開的。

特里．伊戈頓

毫無疑問，繼雷蒙德．威廉斯之後當代英國最傑出的文學理論家、文化批評家和馬克思主義理論家當首推特里．伊戈頓（Terry Eagleton），他爲馬克思主義文學理論批評在新形勢下仍保持旺盛的生命力，從而使之成爲當代西方批評理論中的重要一支立下了汗馬功勞。伊戈頓的主要文學觀點體現在：文學是意識形態的一部分，它具有一定的政治色彩，但同時它也是經濟基礎的一部分。作家和文學藝術生產者在資本主義社會實際上扮演的是僱佣勞動者的角色，而文學藝術在後工業後現代時期則是一種製造業，藝術產品在某種程度上說來也可算作是商品。藝術生產的維繫取決於特定的生產技術，而藝術生產方式則是藝術形式的決定因素。他對經典馬克思主義的文學反映論持不同看法，認為文學反映現實的說法實際上把文學與社會的關係簡單地理解為被動的和機械適應的關係，這顯然是不恰當的。因此在伊戈頓看來，不顧文學創作的規律，一味在文學作品中搜索政治、經濟和階級鬥爭的內容，表明了一種對文學的幼稚態度，這並不是把馬克思主義的基本原理用於批評實踐的正確態度，而是一種庸俗社會學的方法。他主張把結構主義的某些因素揉進馬克思主義中，從而創立一種新的綜合「話語理論」，這種話語用於文學研究，則可吸收當代各種批評理論的積極方面，以便對文學進行多角度和全方位的考察研究。應該承認，由於伊戈頓的努力，英國的文化批評和文化研究帶有鮮明的馬克思主義的文化批判色彩。

伊戈頓的當代批評理論觀點主要體現在《文學理論導論》和《審美意識形態》這兩部著作中。前者是作者向英語文學界和廣大讀者系統地介紹，自二十世紀初以來西方文學批評理論的發展演變脈絡，該作品帶有很強的政治傾向性，尤其是在對形式主義、英美新批評、結構主義、後結構主義、闡釋學和接受美學以及精神分析學等批評流派作了批判性評介之後，作者在結論中總結道，文學理論具有無可非議的政治傾向性，所謂「純文學理論」只能是一種學術神話，作為有著鮮明的意識形態意義的文學理論絕不應當因其政治性而受到責備。這就相當旗幟鮮明地闡述了馬克思主義文學批評的基本原理和特徵。後者是作者進入九〇年代以來出版的第一部有著重大意義和廣泛影響的力著，在這裡，伊戈頓把審美看作是一種關於身體的話語，認爲在當代文化中，審美價值與其他價值的分裂表現了社會關係的複雜多變性和矛盾性。作者繼續了以往的研究，把分析對象集中在十九世紀後期以來的德國美學，認爲尼采、馬克思、弗洛伊德是現代文化中最偉大的美學思想家，他們的理論爲現代西方美學的發展提供了基本範式。作爲一位有著堅定的馬克思主義信念的文化批評理論家，伊戈頓曾在八○年代介入國際性的後現代主義理論爭鳴，對後現代主義的表演性和懷疑一切的帶有虛無主義色彩的世界觀和人生觀予以了批判。同樣，對於當今風行於後現代主義大潮衰退之後佔據西方文化理論界的「文化研究」，他也表現了極大的興趣，但在承認其合法性的同時則從馬克思主義的文化批判角度給予了冷靜的分析。在最近發表的一篇題爲〈後現代主義的矛盾性〉（The Contradictions of Postmodernism, 1997）的論文中，他甚至針對西方國家以外的第三世界國家的後現代熱和文化熱發表了不同意見，他一針見血地指出，「當今爲什麼所有的人都在談論文化？因爲就此有重要的論題可談。一切都變得與文化有關……文化主義加大了有關人類生活所建構和破譯並屬於習俗的東西的重要性……歷史主義往往強調歷史的可變性、相對性和非連續性特徵，而不是保持那種大規模不變的甚至令人沮喪的一貫性特徵。文化主義屬於一個特定的歷史空間和時間——在我們這裡——屬於先進的資本主義西方世界，但現在似乎卻日益進口到中國以及其他一些『新崛起的』社會。」❼因此，在他看來，有著不同文化傳統的國家不必把西方後工業社會的特定文化現象統統引進自己的國家，否則便會喪失自己民族的文化特色。他的這篇論文於一九九五年在中國大連舉行的「文化研究：中國與西方」國際研討會上首次宣讀時引起了與會中外學者的強烈反響。然而，與威廉斯等人不同的是，伊戈頓的馬克思主義理論主要受到阿爾杜塞的結構馬克思主義的影響，在很大程度上，他只能算作一位有著強烈精英意識的「學院」馬克思主義者或馬克思主義理論的研究者。

綜上所述，我們可以看出，英國的文化研究在很大程度上與左翼馬克思主義理論密切相關，一些著名的文化批評家和研究者大都有著自己的獨特文學研究和批評背景。近幾年來，隨著文化研究在其它國家和地區的發展，英國的文化研究也較為注意性別研究、種族研究和傳媒研究。正如當代英國文化研究的主將斯圖亞特·霍爾（Stuart Hall）所總結的，「在英國文化研究中，文學層面的問題要比文學批評的角色問題更為廣大。和英國的脈絡相較之下，美國的脈絡更為強烈，它包括美國對解構主義的挪用，德曼和整個耶魯學派，文本主義走向偏鋒。那絕不是英國的文學傳統」。❽這實際上也說明了文化研究在英美兩國的差別。確實，與英國的文化研究相似的是，美國的文化研究隊伍也有著一大批素有文學造詣和理論影響的學者，並掌握了一些很有影響的學術理論刊物，但這批人所主張的是，將文學置於廣闊的文化語境下來考察，並未脫離文學現象漫無邊際地探尋；而更多的來自歷史學、社會學、人類學、地理學和傳播學界的學者則走得更遠，他們把文化研究推到了另一個極致，使其遠離精英文學和文化，專注跨學科的區域研究以及大眾文化和傳媒研究。美國的文化研究者關注的對象極為廣泛，甚至包括「廣告、藝術、建築、市井故事、電影、時裝、大眾文學文類（驚險小說、羅曼司傳奇、西部片、科幻小說）、照相術、音樂、雜誌、青年亞文化、學生文本、批評理論、戲劇、無線電、婦女文學、電視以及工人階級的文學」。❾這些文化研究的鼓吹者排斥經典文化和文學作品，公開宣稱致力於低級的、大眾的非精英文化產品的研究，這樣一來，他們的嘗試便對經典文化研究形成了有力的挑戰。在大眾文化的氛圍下，經典文學作品並不被當做獨立於生產、流通和消費的自足的審美現象來欣賞和觀照，而是被束之高閣，或甚至被放逐到研究視野的邊緣。因而文化研究在美國的一些有著悠久人文傳統的正統學科便受到抵制，倒是在部分大學的英文系和傳播學系得到了迅速的發展。研究者並不急於建立以教學為主的系科，而是首先設立某種類似研究所和研究中心之類的研究機構，在研究話語上佔據主導地位。相比之下，在加拿大和澳大利亞這些有著殖民地背景的國家，文化研究主要關注的對象則是後殖民問題和後殖民地寫作／話語，這些地方的舊有文學歷史並不悠久，傳統的勢力也遠沒有英國那麼強大，因而文化研究在這些國家便有著相當長足的發展，其勢頭之強大甚至引起了比較文學和英語文學研究者的恐懼，但對文化研究究竟與文學研究呈何種關係，現在還難以做出定論。

文化研究和跨東西方文化對話

毫無疑問，文化研究在中國已經成了繼後現代主義和後殖民主義理論思潮之後學術理論界的又一個熱門話題，或者說又一個重要的理論課題。文化研究無疑打破了精英文化和大眾文化的天然界線，為二者的對話舖平了道路；文化研究的跨文化性和跨學科性也突破了西方中心主義的思維模式和觀察視角，為東西方文化的交流和對話奠定了基礎。因此，正如英格利斯所指出的，文化研究向我們學者指出，「在較為令人信服的政治和歷史宏大敘事缺席的情況下，如果我們試圖找出那些最有效地指明了如何在當下生活得更好的敘事的話，那麼，我們就應當盡力地使我們的學術生活和普通人的生活聯繫起來。」⑩這自然是一種理想和願望，至於能否做到這一點還需要努力。對於文化研究的作用和影響，不少西方學者也已作了客觀的描述，正如透納所總結的，「文化研究確實對人文學科和社會科學的正統，提出了激進的挑戰。它促進跨越學科的界線，也重新建立我們認識方式的框架，讓我們確認『文化』這個概念的複雜性和重要性。文化研究的使命之一，便是了解每日生活的建構情形，其最終目標就是藉此改善我們的生活。並不是所有學術的追求，都具有這樣的政治實踐目標」。⑪繼一九九五年中美兩國學者合作在大連舉辦「文化研究：中國與西方」國際研討會以來，這方面的論著、譯著和論文也逐漸多了起來，在中國舉辦的國際研討會也逐年增多。一大批曾經活躍在文學理論批評界、比較文學界和傳媒研究界的學者受到這一頗有誘惑力的理論課題吸引，他們，包括我本人在內，一方面緊緊跟蹤西方學術理論界在文化研究領域的最新進展，不時地向國內學術界介紹最新的研究成果，另一方面則將這一引進的學術理論話語應用於中國的文化研究和文化批評實踐，這樣便推進了中國文學的文化批評、大眾文化研究和傳媒研究的理論化和國際化，使之早日與國際學術界進行平等的交流和對話。但另一方面，我們也不安地看到，令不少人感到困惑的是，面對市場經濟大潮的衝擊，純文學研究和比較文學研究將有無出路？文化研究打破了高雅文化與大眾文化的天然界限，屬於高雅文化範疇的文學是否仍有生存的空間？要回答這些問題，僅以本文的有限篇幅顯然是不夠的。我這裡只想指出，文化研究縱然有種種侷限，但至少這一點是應當肯定的，即當文化研究打破了東西方文化的截然對立之後，文化相對主義這一曾在歷史上被打上明顯的「歐洲中心主義」或「西方中心主義」印記的觀念被重新賦予了新的意義，從而使得東方文化的價值被重新發現，東方文化及其高雅形式文學再度為西方人所重視，跨東西方文化的對話已經不再是天方夜譚。筆者以為，儘管中國文化與西方文化有著巨大的差異，我們在很多方面是無法與西方學術界進行對話的，但在文化研究的諸種課題和層面上，這樣的對話卻是可能的，並且有可能率先取得突破。對此我們應當抱樂觀的態度：二十一世紀的世界文化既不可能被西方文化主宰，也不可能被東方文化主宰，而是東西方文化經過衝突、磨合之後達到新層面上的融合，因而產生新的、兼具東西方各自特色的文化，因為文化應當是全人類所共有的。

註釋

❶一九九九年五月，我應邀訪問了耶魯大學，在東亞系作了關於女權主義與中國當代女性文學的專題演講。其間，我和布魯姆教授在辦公室相見，在短時間交談後我旁聽了他的莎士比亞講座課，後應邀又去了他在紐約的寓所和他作了長時間對話，其中涉及文化研究、文化批評、後現代主義、後結構理論以及文學的未來前途等諸多論題。這段話就引自我們的對話。

❷❸西蒙·杜林編，《文化研究讀本》，倫敦和紐約：路特利支出版社，一九九三年版，「導言」，第1、2頁。

❹這方面可參閱A.·C.·漢彌爾頓〈作爲文化批評家的諾思洛普·弗萊〉，戴王寧、徐燕紅編，《弗萊研究：中國與西方》，中國社會科學出版社，一九九六年版，第3~16頁。

❺戴維·伯奇，〈跨國／民族文化研究〉，戴王寧、薛曉源主編，《全球化與後殖民批評》，中央編譯出版社，一九九八年版，第277頁。

❻戈萊梅·透納，《英國文化研究導論》，唐維敏譯，台灣亞太圖書出版社，一九九八年版，第269頁。

❼參閱《新文學史》（*New Literary History*），第二十八卷第一期（一九九七），第2頁。

❽斯圖亞特·霍爾和陳光興，《文化研究：霍爾訪談錄》，唐維敏譯，台北：遠流出版事業股份有限公

司，一九九八年版，第89頁。

❾文森特，萊奇，〈文化研究・美國〉，見麥克爾・格羅頓和馬丁・克萊斯沃斯主編，《約翰・霍普金斯文學理論批評指南》(*The Johns Hopkins Guide to Literary Theory and Criticism*)，巴爾的摩和倫敦：約翰・霍普金斯大學出版社，一九九四年版，第179頁。

❿弗萊德・英格利斯，《文化研究》，牛津：布萊克威爾出版公司，一九九三年版，第215頁。

⓫戈萊梅・透納，《英國文化研究導論》，唐維敏譯，台灣亞太圖書出版社，一九九八年版，第298頁。

第三篇　面對全球化的挑戰

10 全球化時代的文化研究與文學研究

邁入新世紀，關於「全球化」問題的討論已成了人文社會科學界熱切關注的話題。可以說，在社會科學界，對全球化持反對態度者和支持者均不在少數，而在人文學科領域，反對者則更多❶。但不管人們對之持歡迎的態度或反對的態度，他們都不得不認識到，經濟全球化已成為一個不以人們的意志為轉移的客觀存在，它已經以不同的形式滲入到了我們的經濟建設和人文社會科學研究中，並在不同的程度上影響著我們的知識生活和思維方式。對從事人文社會科學研究的學者來說，更應關注的是經濟全球化導致文化上的全球化趨勢，以便思考出相應的對策❷。因而我們首先不得不面臨這樣一些問題：全球化究竟會對人文社會科學產生何種影響？在全球化的語境之下，東西方文化究竟能否進行平等的交流和對話？面對文化全球化大潮的衝擊，本民族的文化傳統能否得到保留？全球化和本土化的關係將呈何種態勢？在未來的中西方文化關係中，文化研究將以何種形式發揮其特有的功能？它對文學研究已經或將會產生何種影響？等等。由於我本人主要從事的是文學研究，或更為精確地說，是從跨文化的理論視角來從事比較文學和文學批評理論的研究，因此我所關注的主要方面是，全球化對未來的文化研究和文學研究的積極和消極的作用。

全球化：從經濟走向文化

既然當今時代人人都在談論全球化，而且這個話題確實有不少話可說，因而來自不同學科領域的每個人都著眼於自己的學科領域和知識生活。我們首先就應當對這個問題有比較清醒的認識，即究竟什麼是全球化？儘管西方學者對此也有不同的看法，但大家幾乎都公認，所謂「全球化」首先是出現在發達國家的經濟領域和金融界的現象。經濟全球化使我們進入了一個前所未有的國際經濟大循環，在這個過程中，優勝劣汰的必然結果統統取決於兩個因素：(1)市場的自行調節；和(2)隱於其背後的跨國資本與權力作用。按照某些西方學者的估計，在全世界的總人口中，只有20％的人可以直接受益於全球化，而其餘80％則忙於服務於文化娛樂事業，他們的生存在很大程度上取決於對全球化服務的程度❸。當然這只是發達國家的狀況，在第三世界國家，恐怕情況更為令人吃驚，全球化不僅在發展中國家使相當一部分人或事業邊緣化，即使在發達國家這種情況也在所難免。因此毫不奇怪，廣大人文社會科學學者對全球化基本上持批判的態度，他們中的不少人擔心，在經濟全球化的大潮中，人文社會科學的位置將顯得越來越不重要，甚至有被全然吞沒的危險。

因而，從文化研究的角度來看，經濟全球化帶來的一個直接後果必然是文化上的全球化趨勢，這在許多人看來，也許是難以實現的，因為文化的因素更為複雜，各民族的文化不可能按照單一模式來進行發展。如果有一天，全世界各發族的文化都按美國的或歐洲的文化模式來發展，我們這個世界的文化末日就來到了。儘管在很多人眼裡，文化上的全球化實際上就是要把美國的價值標準強加於世界其他民族，使得不同的文化帶有某種趨同（**homogenization**）的傾向。目前，由於以美國為首的西方世界在政治、經濟、甚至文化上都處於強勢，因而這種趨同的危險傾向依然存在。就我們所從事的人文社會科學研究領域而言，考察文化全球化現象的出現必然與後現代社會的各種消費文化形態的出現密切相關。根據美國的新馬克思主義理論家弗雷德里克·詹明信對全球化時代的後現代性狀況的最新理論描述，全球化語境下產生的後現代性的條件至少包括這樣三個：⑴資本的全球性運作；⑵資訊時代的來臨和其他高科技的衝擊；以及⑶後現代社會的消費文化。在這三者中，資本的全球性運作無疑居首位❹。可見，全球化狀態的出現在某種程度上是國際性的後現代性條件的一個直接後果。近年來，由於全球化的作用，處於社會主義市場經濟條件下的中國以及一批新崛起的第三世界國家和地區也或多或少地受到於波及，它在文化研究領域裡所表現出來的趨勢也就被人稱為文化全球化。

導致全球化現象的另一個原因就是一大批跨國公司的出現，跨國公司的無所不在使其既剝削本國人民，又剝削第三世界人民。表面上看來，跨國公司不需要有一個總部，也不需要一個中心，它同時可以在中心和邊緣起作用，它所依靠的是在各地的代理人，但我們絕不可忽視，隱於這種貌似純粹經濟法則的背後卻是帝國主義的經濟霸權在起主導作用。由於跨國公司模糊了中心與邊緣的界限，它既可以在帝國的中心地帶又可以在廣袤的邊緣地區產生影響，這樣也就造成了跨國公司本身以及它們的工作人員的身分（identity）的不確定。資本的全球化是導致文化全球化的一個重要因素，這在目前已成一具普遍性現象，它同時也導致文化研究領域的拓展，正如美國的後現代理論家戴維・哈維（David Harvey）在《後現代性的條件》一書中所描述的，「最近二十年裡，我們一直在經歷著一個時空壓縮的階段，這對政治經濟的實踐、階級權力的平衡以及文化和社會生活都有著使人迷惑和產生分裂式幻覺之影響」❺。這種新時空觀念的變化也是經濟全球化替文化領域帶來的一個後果，它導致了文化範圍的日益擴大，研究領域和學科的界限日益變得模糊，理論的旅行使得新崛起的學科從西方向東方擴散，從中心滲透到邊緣，進而同時在中心和邊緣發揮其作用。近幾年來新崛起的後現代研究的分支領域，如「後現代地理學」（postmodern geography）、「邊緣政治學」（geopolitics）等就是專門探討全球化語境下的後現代性條件造成的文化全球化趨勢以及我們的對策的。文化研究的意識形態特徵和政治批判取向必然對歸屬於大文化語境下的文學研究產生影響，所帶來的後果就是文學研究領域的日益萎縮，在北美的一些大學，文學研究系科近乎被文化研究所吞沒，而文學研究者的擔心也就不無道理了。

在全球化的大背景下，文化研究從第一世界輸入到第三世界，並和第三世界的文化現象發生碰撞和交融，這種現象已不可避免。作爲第三世界知識分子，我們已經不同程度地感覺到了這股大潮對我們自己的民族文化所產生的強大衝擊波，造成了我們中不少人的困惑。我認爲，就我們所從事的人文社會科學而言，文化全球化爲我們帶來的是兩方面的後果，它的積極方面體現在我們的文化生產和學術研究受到市場經濟規律和國際學術規範的制約，這樣便使得我們的經濟建設和文化建設的關係更爲密切，我們的學術研究也就更接近國際水平，而它的消極方面則體現在使一部分精英文化或非市場化的文化產品的生產受到阻礙，因而造成新的等級對立。而另一些學者則對全球化的來臨感到不安，他們所採取的一個對抗性策略就是提出第三世界文化和本土主義這個變了形的後殖民概念❻，試圖以有著強烈本土主義色彩的所謂「中華性」來對抗全球化的大潮。這個概念目前不僅在中國大陸而且在港台和海外的華文文化圈內也頗爲風行❼，它使我們不得不正視這樣一個問題：是否眞有必要形成全球化／本土化的新的二元對立？面對文化全球化的現象，本土的文化本質特徵又如何得以保留？如何才能處理好全球化和本土化之間的關係？我不贊成這種人爲的對立，但是如何才能超越這種二元對立的思維模式以達到雙方的互補和對話？這正是我下面所要討論的。

文化研究和文化批評的崛起

早在八〇年代後期，當國際性的後現代主義理論爭鳴日趨終結、後殖民主義理論思潮步入前台之時，一種長期以來被壓抑在邊緣地帶的學術理論話語就開始了消解中心（decentraling）和破除領地（deterritorializing）的運動。到了九〇年代初，這股大潮迅速佔據了英語文學界和比較文學研究的主導地位，它就是我們現在熱烈討論以及本文所論及的「文化研究」。這一理論話語和概念顯然是從西方引進的，與我們一般提到的具有精英意識的傳統意義上的文化研究有著本質的不同。

不少中西方文學研究者很容易將文化批評（cultural criticism）和文化研究（Cultural Studies）相提並論，這當然不足爲奇，因爲當今的不少歐美學者（尤其是反對文化研究者）都在這樣做。但仔細追溯其各自的歷史作用和當代形態，就不難發現，這實際上是兩個不盡相同的概念，其界定也迥然相異。前者主要指涉對文學的文化視角的批評和研究，這種批評模式早在十九世紀後期的馬修·阿諾德那裡就已有之，只是在二十世紀相當長的一段時間內，由於語言學和形式主義批評佔主導地位而被「邊緣化」了，而在該世紀的後半葉，文學批評走出形式主義囚籠的呼聲日益高漲時重新得到了強調；另外，後者的範圍則大大超出了文學研究的領地，進入到了對人類一切精神文化現象的考察研究之境地，甚至以往被具鮮明精英意識的文學研究者所不屑的那些「亞文化」，以及消費文化和大眾傳播媒介等都被囊括了進來。在文化研究的大潮之下，文學研究被束之高閣，且被限定在一個極其狹窄的圈子裡，因而難免有精英意識較強的學者驚嘆，文學研究有可能被淹沒在文化研究的汪洋大海之中。

既然是一種邊緣話語，且有著鮮明的「非精英」意識和批判精神，那麼，文化研究的「非邊緣化」、「非領地化」和「消解中心」的特徵便十分明顯。對文化研究究竟作何描述？學者們一般認爲，文化研究包括這樣幾個方面：(1)以研究後殖民寫作／話語爲主的種族研究，其中涉及愛德華·薩伊德的「東方主義」和文化霸權主義批判、佳亞特里·史碧娃克的第三世界批評和霍米·巴巴的對殖民話語的戲擬和混雜進而消解；(2)以研究女性批評和寫作話語爲主的性別研究，這在當今世代主要涉及女性批評話語的建構、怪異理論（Queer Theory）和女性同性戀研究；和(3)以指向東方和第三世界政治、經濟、歷史等多學科和多領域綜合考察爲主的區域研究，例如當前十分誘惑人的課題就包括「亞太地區研究」和「太平洋世紀研究」等；此外，還應當加上(4)以考察影視傳媒生產和消費的大眾傳媒研究，尤其當世界進入全球化時代以來，文化研究的傳媒特徵越來越明顯，它幾乎與傳媒現象成了不可分割的整體，因而與文學研究的距離也就越來越遠。這也許正是文學研究者對文化研究抱持恐懼甚至反感態度的部分原因。

文化研究雖在當今時代的英語世界聲勢浩大，但在較爲保守的歐洲學術界卻頗遭非議，其中的一個重要原因就是，「它並非一門學科，而且它本身並沒有一個界定明確的方法論，也沒有一個界線清晰的研究領地。文化研究自然是對文化的研究，或者更爲具體地說是對當代文化的研究」❽。這裡所說的文化研究已經與其本來的寬泛含義有了差別，對於當今的文化研究學者來說，「『文化』並不是那種被認爲具有著超越時空界線的永恆價值的『高雅文化』的縮略詞」❾，而是那些在現代主義的精英意識佔統治地位時，被當作「不登大雅之堂」的通俗文化或亞文學之類甚或大眾傳播媒介。這說明，文化研究的主要方法和理論基本上從後現代主義理論那裡借鑒而來，並應用於更寬泛的範圍和更爲廣闊的疆域，它同時在西方帝國的中心話語地帶——英美和原先的殖民地或稱現在的後殖民地——

澳大利亞和加拿大發揮作用。

如果說，當今在文學理論批評界廣爲人們討論的文化研究確實在很大程度上始自文學研究，並且作爲一個研究領域始於五〇年代的英國的話，那麼它至今也已有了四十多年的歷史。它的創始人是利維斯（F. R. Leavis），他所開創的那種文學研究形式又稱「利維斯主義」，其意在重新分布法國社會學者皮爾・布爾丟（Pierre Bourdieu）所謂的「文化資本」。利維斯本質上是一個精英文學研究者和新批評派，他認爲的文化就是傳統意義上的高雅文學藝術的成品，應當掌握在少數人手中，在他看來，惟有閱讀這些藝術精品，人們的高雅文化情操才能得到培育。因此，他試圖透過教育體制來更爲廣泛地傳播文學知識，使之爲更多的人所欣賞。他論證道，需要有一種嚴格選取的文學經典，這一經典的核心——「偉大的傳統」應當包括珍・奧斯汀、亞歷山大・蒲柏、喬治・艾略特等這樣一些能夠培養一批有著敏感的道德意識的讀者的大作家，而一些致力於帶有個人色彩的藝術實驗的現代主義作家，如詹姆斯・喬伊斯和弗吉尼亞・吳爾芙則應被排斥在這一「經典」或「傳統」之外，因爲這些帶有強烈的先鋒實驗意識的現代主義作家的作品並未經受歷史的考驗，因而其價值並未得到人們的公認，將他們的作品納入文學經典顯然也是不合適的。在他看來，閱讀上述這些「偉大的經典」作品有助於以一種具體的、平衡的生活觀來造就一些成熟的個人。儘管利維斯的這些精英文化研究思想與後來發展起來並對之提出挑戰的以指向大眾的文化研究格格不入，但當代文化批評和文化研究在英國乃至整個英語世界的崛起，與利維斯早期的努力是分不開的。使得利維斯的精英文化思想體系受到挑戰的主因是這樣幾個事件：(1)五〇年代理查德．霍佳特和雷蒙德．威廉斯關注工人階級的社區生活，從而使得文化研究直接進入普通人的日常生活，並越來越具有大眾文化研究的特徵；(2)六〇年代初的機構化，這毫無疑問以在伯明罕大學設立的當代文化研究中心爲標誌。從此，文化研究作爲一個「準學科（sub-discipline）和跨學科的理論話語（**interdisciplinary critical discourse**）而崛起於當代文化學術界，並在關於後現代主義和後殖民主義討論衰落之時迅速佔據了主導地位。

在英語世界，文化研究雖然起源於英國，但它迅速進入了美國學術界，且受到一大批在文學理論和文學研究領域內頗具影響力的著名學者的關注，其中的人物包括了：弗雷德里克．詹明信、愛德華．薩伊德、佳亞特里．史碧娃克、拉爾夫．科恩、希利斯．米勒、漢斯．崗布萊希特、保爾．鮑維、湯姆．米契爾等，大量研究後殖民文學、傳媒文化和其它非精英文化現象的論文頻繁地出現在曾以文學理論和文學批評著稱的著名學術刊物上，包括：(1)《新文學史》（*New Literary History*）；(2)《批評探索》（*Critical Inquiry*）；和(3)《疆界2》（*Boundary 2*）等，逐步涉及到西方世界以外的文化現象的研究，並介入了對全球化現象的思考和研究。但這批學者所主張的是將文學置於廣闊的文化語境下來考察，並未脫離文學現象漫無邊際地探尋；而更多的來自歷史學、社會學、人類學、地理學和傳播學界的學者則走得更遠，他們把文化研究推到了另一個極致，使其遠離精英文學和文化，專注跨學科的區域研究以及大眾文化和傳媒研究。當代美國的文化研究者關注的對象極爲廣泛，甚至包括「廣告、藝術、建築、市井故事、電影、時裝、大眾文學文類（驚險小說、羅曼司傳奇、西部片、科幻小說)、照相術、音樂、雜誌、青年亞文化、學生文本、批評理論、戲劇、無線電、婦女文學、電視以及工人階級的文學」[10]。這些文化研究的鼓吹者排斥經典文化和文學作品，公開宣稱致力於低級的、大眾的非精英文化產品的研究，這樣一來，他們的嘗試便對經典文化研究形成了有力的挑戰。在大眾文化的氛圍下，經典文學作品不再被當做獨立於生產、流通和消費的自足的審美現象來欣賞和觀照，而是被束之高閣，或甚至被放逐到研究視野的邊緣。因而文化研究在美國的一些有著悠久人文傳統的正統學科便受到抵制，倒是在部分大學的英文系和傳播學系得到了迅速的發展。研究者並不急於建立以教學爲主的系科，而是首先設立某種類似研究所和研究中心之類的研究機構，在研究話語上佔據主導地位。相比之下，在加拿大和澳大利亞這些有著殖民地背景的國家，文化研究主要關注的對象是後殖民問題和後殖民地寫作/話語，這些地方的舊有文學歷史並不悠久，傳統的勢力也遠沒有英國那麼強大，因而文化研究在這些國家便有著相當長足的發展，其勢頭之強大甚至引起了比較文學和英語文學研究者的恐懼。

進入九○年代後期以來，文化研究在整個西方文化理論界又有了新的發展，它經過一段時間的內部分化和整合，基本上可分爲兩種取向：其一是完全脫離傳統的文學研究，面向整個大眾文化，並且越來越與當代傳媒關係密切；其二則把傳統的文學研究疆界逐漸擴大，使之變得越來越包容和具跨學科與跨文化性質[11]，它當然也切入大眾文化，但它的態度是對之進行批判性的分析和闡釋，並在很大程度上保持其固有的精英文化批評立場。對於這種差別，我們應當有所注意，文化研究的不少理論課題都來自文學研究，因而它的一些探討對象完全可以反過來成爲文學研究的對象，只是當代文學研究也應當從純粹的經驗領地解脫出來，與一種文學的文化批評相融和並達到互補境地。

文化批評：文化研究與文學研究的中介

在文化研究大潮的影響下，文學批評終於走出了長達大半個世紀的「語言學轉折」之囚籠，進入到明顯帶有文化研究意義的「人類學轉向」，落實到具體的批評實踐上，也就實現了從文本（text）向語境（context）的轉化。文學批評向何處去？這已成爲廣大文學批評家和文化研究者所共同關心的問題。我認爲，有必要弘揚一種新的文化批評。

這裡提出的文化批評是居於「文化研究」大背景之下的。既然文化批評在西方是一個可作多重界定的不確定概念，那麼中國的文化批評又該作何界定？我想，中國當代文化批評首先應立足於中國文化這個根本，它的著眼點主要是文學藝術現象，而並非無邊無際的各種泛文化現象。在這方面，西方的各種文化批評理論僅僅爲我們提供了可以應用於批評實踐的工具，我們對這個工具的態度是爲我所用，既借鑒它來解釋中國的文學現象，同時又從中國的文學現象出發，對西方的理論進行質疑、改造甚至重構，最終建立自己的文化批評理論。

其次，我們要正確看待文化批評與傳統的人文批評關係。在這方面，文化批評與人文批評的關係絕非對立，而是一種對話和互動關係。人文批評更加注重審美理想和文學內部的欣賞和出自人文關懷的評價，而文化批評則偏重闡釋和解決當代現實以及文學的現狀；人文批評更注重文學本身的價值判斷，而文化批評則有選擇地融入人文精神並更注重對考察對象的理論分析和文化闡釋，以達到理論建構的最終目的，文化批評並不反對價值判斷，但認爲這種價值判斷必須基於對對象的深入研究和考察，以便對之作出具有理論意義和學科意義的闡釋。

再者，在當今的中國文學批評界，傳統的人文批評正不斷地注入新的東西，從而使之仍有一定的生命力；曾風靡一時的新潮批評經過自身的反思和調整之後已分爲以堅持人文精神的現當代文學批評和致力於弘揚中華民族文化傳統的國學研究兩支；第三種批評亦即「學院派」批評或稱「新學院式」批評，則以嚴謹的學風和創新的精神爲己任，主張文學批評學術化、文學理論科學化和文學研究理論化。現在，這第三種批評經過自身的調整已逐步發展成爲中國自己的文化批評，它擺脫了直覺印象式的審美感悟，走出了新批評式的形式主義牢籠，把文學置於一個更加廣闊的跨文化語境之下來考察。它絕不是西方文化批評的衍生物，而是產生於我們民族的土壤並能與國際性的文化批評進行平等對話的一支力量。在當前這個全球化和後現代、後殖民語境下，文化批評有著鮮明的意識形態批判性，它反對一切形形色色的話語霸權，同時自己也不試圖主宰文學批評論壇，因此弘揚這種文化批評並非是敲響了人文批評的喪鐘，而是在當今的多元文化語境下又增添了一種強有力的話語力量。

最後應當指出的是，這種基於廣闊的跨文化視野下的文化批評所瞄準的不僅是國內的批評理論界，同時更要瞄準國際批評理論界，以便在國際性的批評論爭中發出中國批評家的聲音。因此要區別國際化與西化的界限，才能促進中國的文化批評朝著健康的方向發展。就全球化在大眾傳媒領域內的巨大影響而言，它使英語世界以外的人們感到一種巨大的壓力。同樣，在理論批評領域，「失語症」(Loss of Discourse) [12]還有可能發展爲「失聲症」(Loss of Voice)，帶來的後果將是中國文化悠久的歷史和豐富的文學理論批評遺產竟不爲（除了極少數漢學家外）世人所知；而另一方面則是，西方文化透過英語的中介長驅直入滲透到我們的批評話語中，這樣的局面儘管是令人悲哀的，它同時也會激發我們的奮進決心。經過後現代主義的反中心和後殖民的反霸權的有力衝擊，西方中心主義的思維模式已隨著東方文化的崛起而逐步宣告破產。如果對文化全球化反其意而用之，我們也許會發現，全球化曾在歷史上有過兩個傳播出發點，其一正如馬克思在《共產黨宣言》中所指出的，一四九二年始自歐洲的哥倫布遠涉重洋對美洲新大陸的發現；另一個則是更早一些的始自華夏大地的絲綢之路對中國文化的傳播[13]。如果前者是資本的全球化的開始，後者則是文化全球化的另一起點。這樣看來，文化全球化並不可怕，它也許會爲我們帶來新世紀的東西方文化共處和對話的新局面。文化全球化並非像經濟全球化那樣使各民族的文化走向同一性，而有可能從另一個方面保持不同文化的本質特徵和平等地位，透過全球各種文化的交流和理論對話而達成一定程度上的共識。

文學研究與文化研究：對峙還是共存？

在一個全球化的語境下，隨著知識經濟時代的到來，人文社會科學研究的領域變得越來越狹窄，這無疑已經在從事人文社會科學研究的學者中產生了一些消極的影響；而在一個更爲廣大的人文學科背景下，文學研究的地位也就顯得愈加不確定，甚至按照有人的說法已瀕臨消亡。就當今北美的文化學術狀況而言，國別（英國）文學研究和比較文學研究都面臨著另一股更加強有力思潮的衝擊，這種衝擊來自文化研究。文化研究的跨學科性、反精英意識和反文學等級意識無疑對有著強烈精英意識和等級觀念的傳統文學研究構成有力挑戰，以致不少大學英文系不得不削減傳統文學課程，增加當代文化研究課程，例如女性研究、種族研究、傳媒研究、身分研究等長期以來被排斥在文學研究之外的「邊緣話語」。曾在學術界異常活躍的比較文學系或研究中心不得不改名爲比較文學和文化研究系或研究中心。這一切均說明，傳統文學研究又經歷了一次大衝擊，並再度陷入新的危機。學者們不禁要提出這樣的問題：文化研究是否一定要與文學研究形成對立？這二者之間有無溝通的可能？何以將文化研究的課題引進文學研究的領域？……等等。

當然，任何熟悉二十世紀西方文學研究歷史的學者都不難否認，進入本世紀以來，文學研究已經受到了幾次衝擊和挑戰，其中較大的衝擊不外乎來自下列兩種思潮：其一，崛起於本世紀初的以俄國形式主義批評為代表的科學主義思潮的衝擊，其結果造成文學研究越來越走向科學化和形式化，雖然在此期間，具有人文性質的闡釋學理論仍有著相當的活動空間，但直到後來後結構主義的反撥，這種形式主義佔主導地位的情況才有所改觀；其二，起始於四〇年代的英語文學界，並在八〇年代後期迅速進入學術前沿的文化研究。文化研究使得原有的學科界限被打破了，精英文化和大眾文化的界限也日漸模糊，東方和第三世界的文化也紛紛從邊緣向中心運動，進而進入文學研究的話語圈。傳統文學研究越來越走出精英學者的象牙塔，其當代指向和非精英傾向逐漸顯露出來，其研究成果也日益打上文化和社會分析的印記，始自新批評的那一套形式結構分析逐漸讓位於更為廣闊的文化學分析和理論闡釋。最近在比較文學和文化研究領域內出現的「人類學轉向」就是近似當年的「語言學轉向」的一種新的研究方向和發展趨勢。比較文學的研究也逐步從研究兩種和兩種以上的文學的相互影響、內在審美規律和平行關係的研究，逐步發展為跨越學科界限的兩種以上的文化比較研究，面對這股大潮的衝擊，經典文學和比較文學研究領域毫無疑問地變狹窄了，其傳統的方法論也受到挑戰，因而相當一部分傳統派學者對純文學及其研究前途表示懷疑⓮，對比較文學的未來也持一種悲觀態度⓯；但是另一些思想觀念開放的學者則試圖迎接文化研究的挑戰，他們借助這一來自文學圈以外的衝擊，將文化研究的某些合理因素和有意義的課題引進文學研究，這樣既可擴大文學研究範圍，同時也可為未來的跨東西方文化的文學研究提供一些新課題或理論思考視角⓰。我本人自然是持第二種態度的，並試圖在本文中提出一種可行的研究視角。

毫無疑問，文化研究有其不同的學科來源，但如果立足來自英語文學界伯明罕學派的文化研究分支，我們就很容易把握它與文學研究的淵源關係，以及這二者的密不可分性。一些公認的文學研究大師，如英國的F．R．利維斯、雷蒙德．威廉斯和特理，伊戈頓、俄羅斯一前蘇聯的米哈依爾．巴赫金、加拿大的諾思洛普．弗萊以及美國的弗雷德里克．詹明信、愛德華．薩伊德、佳亞特里．史碧娃克、希利斯．米勒等，現已被公認爲文化研究的先驅者或重要代表，他們的著述不僅沒有排斥文學研究，反而對擴大文學的範圍多有裨益，進而對當代文學研究也產生了重大的影響。因此，我們可以斷定，文化研究的一些理論方法完全可以引進文學研究，並產生出一些新的成果。本文的最後一部分就嘗試著將身分研究引進文學研究，並以其充當文化研究和文學研究的一種中介。

文化身分問題是文化研究領域中的一個熱門課題，文化身分（cultural identity）又可譯作文化認同，主要訴諸文學和文化研究中的民族本質特徵和帶有民族印記的文化本質特徵。在比較兩種不具有任何事實上影響的文學文本時，學者們完全可以側重於比較這兩種文化語境下的文學的根本差異，並透過這種本質的差異而尋找某種具有共性和本質特徵的相同點，當然這種認同主要是審美上的認同。而對於兩種有著直接關係，例如東西方文化的相互交流和相互滲透的跨文化語境下的文學，探討具某民族文化背景的人在另一民族土壤中是如何維繫自己的文化身分，也是文化研究語境下的比較文學研究所不可忽視的理論課題。此外，在全球化的大背景下，跨國公司的影響越來越大，在跨國公司裡工作的人其身分也就越來越不確定，他們在異族文化背景下的工作和生活必然會反映在文學作品中。因此，文學研究者自然不應忽視對這一現象的研究。

研究文化身分問題本身就是一個跨學科的研究課題，但和比較文學的一般研究方法一樣，從事文化身分研究亦可透過這兩種方法來實現：(1)影響研究；和(2)平行研究。前者在當今這個全球化的時代顯得更爲重要。

隨著全球化時代的來臨，我們所生活在其中的星球變得越來越小，一位在某個國家生活了幾十年的人完全可以伴隨著經濟全球化的資本運作和政治風雲的變幻而成爲一個「全球化了的」(globalized)人，或新的世界公民。他也許在某個沒有固定中心和總部的跨國公司任職，這個跨國公司既剝削外國人同時也剝削本國人，他的本國民族和文化身分逐漸變得模糊，因而他無法代表自己的民族和國家的利益。但是，他所出生在其中的民族文化印記卻難以在他身上抹去，他一方面爲了生存而進入所在國的民族文化主流，進而不得不與那一民族的文化相認同；但另一方面，隱藏在他的意識或無意識深處的民族文化記憶卻又無時無刻不在與他新的民族文化身分發生衝突，進而達到某種程度上的新交融。這樣，我們完全可以在他身上印證出霍米·巴巴所闡述的文化「混雜性」(hybridity) 特徵。例如目前在北美興起的亞裔文學研究和華文文學研究就是不同層面上的兩個例子：前者的文化身分在某種程度上是透過另一種語言(英語)的媒介來表達的，而後者則在相當的程度上既保留了原來民族文化的表達媒介，因此它又不得不融入一些北美文化的習慣因素。這無疑是比較文學的影響研究所必須正視的課題。只是，這樣的研究課題已經達到了跨越文化界限的兩種文化的比較研究境地，因此這種跨文化的比較文學研究非但沒有削弱比較文學固有的功能，反而取得了具有文化意義的研究成果。

如果說，影響研究必定要有一定的旅行路線，那麼平行研究就依然是共時的，因爲在當今這個全球化時代，文化的旅行和傳播可以透過信息高速公路、網絡等媒介來實現，生活在當今時代的人，即使有著鮮明的民族身分，也很難說他的文化身分就一定和他的民族身分一樣明顯，特別是我們這些從事西方文學研究的學者，恐怕更是兩種文化交織一體的代表。這就像自幼生長在中國，受到中國文化的薰陶，但在學術成長期，卻更多地受到西方文化的薰陶，或在某個西方國家住過幾年，或多次在不同的西方國家從事過學術研究，以致於在我們的英文系文學教師中，所掌握的西方文學知識常常多於中國文學知識，因此我們從事西方文學教學和研究，顯然是以一個中國人從中國的視角出發來看待西方文學，這樣我們的意識形態觀念和學科意識便不得不打上「西方主義」或「西方學」(Occidentalism)的印記。是故我們的文化身分可說是雙重的。例如，爲了學好西方文學，我們不得不儘可能地暫時認同一些西方文化的觀念（主要是語言表達上的習慣），以便更爲有效地進行國際交流；另一方面，爲了體現出中國人眼中的西方文化之特徵，又不得不在我們的研究成果中打上中國人的民族文化印記，這無疑是我們與西方學者進行交流和對話時不可缺少的「資本」，但要想達到眞正的超越，那就必須克服我們頭腦裡固有的西方主義的觀念，眞正進入西方人的視角來研究西方文學，但那樣一來，我們的中國文化身分也就會失去。所以這個難以克服的兩難也是比較文學和文化研究學者無法迴避的問題。因此，中國學者從事比較文學研究和文化批評，必須具有一顆中國人的靈魂，一切從中國學者的獨特視角來考察研究外國文學，這樣就能得出與眾不同的結論。這一點在今天尤其對從事跨文化比較文學研究和文學的文化批評具有重要意義。

當然，在文化研究的語境下透過閱讀文學文本來研究文化身分還有另一些有價值的課題，諸如流亡文學（diasporic writing）研究、後殖民文學研究、女性文學的性別身分研究等，這些只有從跨文化和跨學科的視野出發才能進行。尤其是在後殖民文學研究領域，可以從兩方面入手，一方面是從當代後殖民理論的視角重新閱讀一些歷史上的以殖民地描寫爲題材的老作品，例如英國文學中的魯德亞德·吉卜林、約瑟夫·康拉德、E.·M.·福斯特等，以及美國文學中的賽珍珠和湯婷婷等，從而發掘出這些作品及其作者的雙重文化身分；另一方面，直接考察當代的一些後殖民地（例如非洲的不少國家、加拿大、澳大利亞等）的文學文本。在這些文本中，可以清楚地看出其宗主國文學的影響痕跡，同時也可窺見殖民地人民對宗主國的民族文化的抵制特徵，因而這種文化的「混雜性」便清楚地顯示了出來。此外，從當代學術的跨學科性、跨文化性和前沿性著眼，從文學文本中的文化身分問題著手，我們也可介入關於全球化與本土化之論爭和對話的討論，因爲在經濟全球化的大潮波及下，文化全球化的步伐正日益加快，但由於文化全球化在很大程度上體現了美國文化的霸權主義，因而頗遭歐洲學者的抵制。因此，今天的歐洲中心主義在某種程度上甚至可以起到扼制美國文化侵略和滲透的「本土化」作用。毫無疑問，文化全球化的對立物是文化本土化。由歐洲學者率先發起的文化身分研究實際上也是從（歐洲的）本土化的立場出發，進而對（文化）全球化進程的一種制約。歐洲文學有著光輝燦爛的遺產和悠久的傳統，歐洲學者不希望看到自己的文學經典被淹沒在文化研究的汪洋大海之中，但面對文化研究大潮的衝擊，他們又不得不思考出相應的對策。同樣，在一些亞洲國家和華人居住區，試圖以新儒家思想來統一二十一世紀世界文化的嘗試也不斷出現，這當然也成了文化全球化的另一對立物。就我們所從事的跨中西方文化的文學研究而言，研究文化身分既可以擴大文學研究的領地，同時也可以充當文學和文化之間的溝通和對話橋梁。這樣看來，在我們的文學研究中引進文化研究的一些課題非但不會使文化研究佔領文學研究的領地，相反倒有可能拓寬我們的視野，進而取得新的研究成果。

從本文的有限篇幅中，讀者大概不難看出我對全球化及其對文化研究和文學研究的積極影響的態度，以及我們應採取的對策。全球化現象造成了文學研究領域的萎縮和文化研究疆域的無限擴大，但走出形式主義的狹隘領地，進入文化研究的大語境之中，並不會導致文學研究被淹沒。如果對這二者之關係協調得當，倒有可能把狹窄的文學研究領域擴大，把狹義的精英文學的範圍拓展，並引進文化批評的因素，進而使得瀕臨危機的文學研究得以在新的世紀再現輝煌。

註釋

❶這一點可以從出席一九九八年八月在北京舉行的全球化與人文科學的未來國際研討會的部分西方左翼學者的發言中見出，參閱王寧、薛曉源主編的《全球化與後殖民批評》，中央編譯出版社，一九九八年版，尤其是收入其中的查爾斯・洛克的文章〈全球化是帝國主義的變種〉，該書第43～53頁。

❷在這方面，由美國加州大學（厄灣）批評理論研究所所長加布利爾・施瓦布主持的，同歐美和亞洲學者參加的「全球化的力量」研究項目就顯示了人文社會科學學者針對文化全球化現象的思考對策，作爲其最終成果，參閱施瓦布編，《全球化的力量》（*The Forces of Globalization*），紐約：哥倫比亞大學出版社，二〇〇〇年版。我以中國學者的身分也爲該書撰寫了一篇論文，題爲〈後現代性和全球化：中國的文化知識策略〉（Postmodernity and Globalization: The Chinese Cultural and Intellectual Strategy）。

❸參閱漢斯・彼德—馬丁和哈拉爾德・舒曼，《全球化的陷阱：全球化及其對民主與繁榮的衝擊》（*The Global Trap: Globalization and the Assault on Democracy and Prosperity*），帕特里克・卡米勒譯，倫敦和紐約：才德叢書，一九九七年版。

❹我在一九九六年十月去杜克大學作學術演講時，詹明信作爲我報告的評議人，發表了上述觀點，後來

在同年十二月的國際德勒茲研討會（佩斯）期間，他又在一次關於後現代主義問題的公開演講中重複了這一觀點。

❺參見戴維．哈維，《後現代性的條件：文化變革的起源探索》（*The Condition of Postmodernity: An Enquiry into the Origin of Cultural Change*），牛津和坎布里奇：布萊克威爾公司，一九八九年版，第84頁。

❻在國內批評界，試圖以「中華性」來對抗後現代性的主要是一些青年學者，如張法、張頤武和王一川，這方面可參閱他們近幾年來在《文藝爭鳴》上發表的一系列文章。

❼關於海外華人圈內的後殖民變體——新儒學的復興及其受到的批判性挑戰，參見德里克發表在《疆界2》雜誌上的長篇論文〈邊界上的孔子：全球資本主義與儒學的重新發明〉，中譯文見他的論文集《後革命氛圍》，王寧等譯，中國社會科學出版社，一九九九年版，第227～272頁。

❽❾參見西蒙．杜林編，《文化研究讀本》（*Cultural Studies Reader*），倫敦和紐約：路特利支出版社，一九九三年版，「導論」第1、2頁。

❿文森特．萊奇，「文化研究．美國」，見麥克爾．格羅頓和馬丁．克萊斯沃斯主編《約翰．霍普金斯文學理論批評指南》（*The Johns Hopkins Guide to Literary Theory and Criticism*），巴爾的摩和倫敦：約翰．霍普金斯大學出版社，一九九四年版，第179頁。

⓫早先的精英文學研究者，例如，圍繞著《新文學史》雜誌的一批精英學者所從事的文學研究實際上就

是擴大了學科範圍的文學文化研究。

⑫國內有人用英文中的aphasia這個純醫學術語來描繪中國文學理論批評界的「失語症」，這顯然是不恰當的，因爲照提出這一命題的人（主要是曾順慶）的本意，所謂「失語」主要指的是（中國自己的）批評話語的失卻，並不意味著眞的就失去了言語的能力。這兩點必須予以區別，否則譯成英文在國際理論界討論時定會貽笑大方。

⑬持這種觀點的不僅有德里克等左翼文化批評家，甚至還包括在美國太平洋大學任教的經濟學教授丹尼斯·弗林等。尤其是後者發起主持的一個「太平洋世紀」（pacific centuries）研究，其實際上就是從另一個方向對全球化進行的研究。

⑭持這種態度的主要代表是哈羅德·布魯姆，他對文化研究和文化批評的敵視態度早已見於他的著述，但與那些悲觀論者不同的是，布魯姆在一切場合對愈益狹窄的文學研究領域作了勇敢的捍衛。在我最近對他的訪談中，他甚至公開宣稱「理論已經死亡，而文學則將永遠有人誦讀」。

⑮當年曾對基於美國學派立場的比較文學之定義作過權威性描述的亨利·雷馬克也對自己近十多年來的「被邊緣化」感到極度不滿，在一九九九年八月成都舉行的中國比較文學學會第六屆年會暨國際學術研討會上，他作了一個題爲「比較文學：再次面對選擇」（Once Again: Comparative Literature at the Crossroad）的大會發言，對形形色色的新理論思潮予以強烈抨擊，對比較文學的未來前途更是充滿了憂慮。

⑯這部分學者以老一輩的文學理論家和研究者拉爾夫・科恩爲代表，他本人不僅不反對文化研究進入文學研究，而且密切關注文化研究的新發展，並及時在自己主編的權威性刊物《新文學史》上發表一些具有理論導向意義的文章和不同的甚至批判的意見，諸如：第二十七卷（一九九七年）第一期專輯「文化研究：中國與西方」；第二十九卷（一九九九年）第一期「修正主義專題討論」文章等等。

11 全球化時代的文學與影視傳媒的功能

爲什麼當今時代有那麼多的人在談論全球化？難道這個話題確實與我們的生活密切相關嗎？全球化究竟會帶給我們幸福還是災難？我的回答是，全球化確實與我們每一個人的出活和工作密切相關，它有如一個難以擺脫的幽靈，無時無刻不在制約我們的生活和工作。我們甚至可以說，我們現在就生活在這樣一個全球化的時代：經濟全球化、金融全球化、傳媒全球化，甚至有人已經注意到了文化上可能出現的全球化趨勢。❶誠然，近幾年來中國的社會變革之實踐已經證明，經濟全球化絕不是少數專家學者躲在書齋裡杜撰出來的一個虛幻的現象，也不是新聞媒體大肆炒作出來的話題，而是一個不以人們的意志爲轉移的客觀現實。在這樣一個時代，中國當代文化研究正面臨著來自兩個極致的全球化的挑戰：經濟全球化的日益近逼以及可能出現的文化上的全球化現象。在電影和電視領域，全球化的進程主要體現在美國好萊塢大片的長驅直入和國產影片的節節潰敗，電影界人士所密切關注的一個問題就在於，當中國加入世貿組織後，如何抵制美國大片的「文化入侵」？曾經有過自己蜜月的電視業也面臨著入世之後西方媒體的衝擊：在國內同行中佔據領頭地位的中央電視台如何在國際性的競爭中保住已獲得的世界媒體五十強的地位？毫無疑問，全球化的到來已成爲一種不可阻擋的大趨勢，它使我們每一個國家和每一個人都進入了一種以市場為主宰的經濟大循環之中，在這樣一個人的國際循環中，抓住機遇就有可能迅速發展，反之，就必定會成為全球化的犧牲品。全球化的法則使得經濟發達者越來越強盛，而原先的經濟落後者則再度被邊緣化。全球資本將面臨又一次重組。對於全球化的本質，誠如英國學者查爾斯·洛克所總結的，「全球化不過是帝國主義的另一名稱……全球化包括我們所有的人，同時又排除我們其中任何一個人的責任：我們大家均為其臣民。我們無法在我們當中指出任何一個領導、一個中心、一個起源，或者一個權威；我們也無法驗證權力的出處，無法找尋出責任的歸咎或怨憤的起因。政治和經濟的話語在傳統意義上擔當的角色——國家、公司（作為人的合法虛構的組織）——已不復有效：跨國公司並不擁有總部、中心或邊緣。」❷既然全球化使我們大部分人都被邊緣化了，那麼，我們的生活好壞在很大程度上便取決於對全球化服務的程度。隨著中國加入世貿組織的日子越來越近，這種跡象已變得越來越明顯。經濟全球化導致的一個直接後果就是文化上的全球化或趨同化現象，它使得西方的（主要是美國的）文化和價值觀念滲透到其他國家，在文化上出現趨同的現象，它模糊了原有的民族文化身分和特徵，使其受到嚴峻的挑戰。本文所要探討的就是全球化可能給中國文化以及影視傳媒業帶來的後果，以及全球化時代影視傳媒的功能。

全球化理論再探討

在當今的中國學術界，不少人曾一度沉溺於對現代性問題的關注，認爲這一宏大的計畫並未完成。那麼，爲什麼同時又會有那麼多的人在談論全球化？❸這一話題究竟意味著什麼？對此，學術界顯然有著較大的分歧。從現已發表的大部分論文來看，對全球化的眞正涵義以及其在西方學術界的研究現狀有著深入了解者寥寥無幾。但人們至少都認爲，就我們所從事的人文社會科學領域而言，全球化作爲一種歷史和批評話語，對歐洲中心主義有著強有力的消解和批判作用，同時，它也作爲現代性話語的對立物，對現代性有著某種反撥作用。美國學者阿里夫．德里克是從歷史文化的角度探討全球化並取得相當成就的少數學者之一，他對這一現象作了詳細的歷史溯源和政治經濟學分析後總結道，「換言之，全球化究竟是已被歐洲權力全球化了的資本主義現代性歷史的最後一章，還是另外即將以任何具體形式出現的某個事件的開始，仍不甚清楚。然而，清楚的是全球化話語是對全球關係不斷變化的結構——新的統一和新的斷裂——的回應，同時也是把握那些變化的一種新的認識論需要。但全球化也具有意識形態性，因爲它試圖根據一種比任何東西都更有效地服務於一些利益的新的全球想像來重新建構世界。對全球化的成功的價值之考慮，正如它之於跨國資本那樣，對世界主義自由人士或左派也有著吸引力，它弘揚世界的內在統一性，但卻忽視了繼續存在的問題不只是過去的殘存物，而是帶有構成其意識形態的發展主義假想的全球化過程的產物……全世界大多數人被邊緣化，包括許多生活在中心社會的人。經濟邊緣化也隱含著政治邊緣化，因爲在傳播民主的過程中，關於人類生活的最重要的決定正在局部地被撤消，甚至使全體選民們也愛莫能助。」❹作爲一位長期從事中國歷史研究和後殖民批評的西方左派學者，德里克的擔心在很大程度上有著一定的代表性。也就是說，全球化從某種意義上消解了中心與邊緣的界限，它既在中心發揮作用，同時也活躍在邊緣。同樣，作爲全球化時代的產物，跨國資本既剝削本國人民，同時也剝削經濟落後的第三世界人民。它打破了原有的貧富等級序列，使富有者更爲富有，貧窮者更爲貧窮。實際上，跨國資本所涉及範圍早已進入了中國的電影界，一些在國際電影節上獲得大獎的中國影片就直接得益於跨國資本的支持和干預。而相比之下，那些既不屬於主旋律的重大題材範圍，又缺乏跨國資本資助的電影人，只好一味取悅市場和觀眾。這就是全球化可能給我們帶來的直接後果。

因此，毫無疑問，就全球化的本來含義來說，它隱含著一種帝國主義的經濟霸權和文化霸權。在經濟上，美國的貨幣已連續多年佔統治地位，美國經濟也一直飛速發展而居高不下。在傳媒領域，它的強大和無所不及性更是表現得明顯。跨國資本可以輕而易舉地佔領一個發展中國家的信息業和影視業，甚至在當地找到可以聯手操作的合作夥伴，這樣一來，爲跨國公司服務的人不僅參與了對別國的剝削，同時也剝削了自已的同胞，並直接參與了摧毀本國的民族電影和電視事業。在歐洲，面對美國文化的入侵，一些歐洲國家，尤其是法國和北歐諸國，不得不制定一些相關的措施，限制包括美國電影、電視和麥當勞餐館等美國文化的擴展。而在一些文化弱國，美國影視則如入無人之境，侵蝕著當地的文化娛樂生活。因而不少人得出這樣的結論，即文化上全球化的進程步步緊逼，強勢文化可以借助經濟上的強力向弱勢文化施加影響，使之趨同於強勢文化。這樣，在文化全球化這面大旗下，世界文化將越來越走向趨同，民族的文化特徵越來越模糊。這一現象自然引起了我們從事人文社會科學的研究者和知識分子的憂慮。難道具有千姿百態的世界文化果眞會伴隨著經濟全球化的浪潮走向同一嗎？試想。假如有那麼一天，整個世界的多種文化都成了一種模式，作家創作的作品都依循一種創作方法和同一技巧，那這個世界將變得多麼可怕！同樣，在銀幕和螢屏上，假如出現的都是好萊塢的製作模式或麥當勞和可口可樂廣告，世界文化的末日便來臨了！然而，歷史將證明，這是不可能成爲現實的一種幻想，因爲作爲其對立物，文化本土化的力量不容低估，而且未來世界文化的發展將是全球化與本土化的互動和對話，或按照一個杜撰的英文術語所表明的，將出現「全球本士化」(globalization）的現象。這一點完全可以從包括中國文化在內的整個東方文化日益受到國際學術界的關注得到證實。但儘管如此，我們仍不能排除全球化可能所導致的文化趨同化之危險。

既然全球化是來自西方的一個現象，那麼我們也完全可以從同樣來自西方的馬克思主義理論視角對之進行分析批判。對於全球化這一現象，西方馬克思主義者是十分重視的，但他們往往只看到全球化所可能帶來的積極後果，而忽視其消極的負面影響。因此，他們對全球化的歡呼也是可以理解的。

這一點應該引起我們足夠的重視。但另一方面，我認爲我們應當首先從馬克思主義創始人的有關論述中找到分析全球化現象的出發點。早在一八四八年，當資本主義仍處於發展期時，馬克思和恩格斯就頗有遠見地指出：

美洲的發現、繞過非洲的航行，給新興的資產階級開闢了新的活動場所。東印度和中國的市場、美洲的殖民化、對殖民地的貿易、交換手段和一般商品的增加，均使得商業、航海業和工業空前發展……大工業建立了由美洲的發現所準備好的世界市場……不斷擴大產品銷路的需要，驅使資產階級奔走於全球各地。它必須到處落户、到處創業、到處建立聯繫。資產階級由於開拓了世界市場，使一切國家的生產和消費都成為世界性的了……古老的民族工業被消滅了，並且每天都還在被消滅。它們被新的工業排擠掉了，新工業的建立已經成為一切文明民族生命攸關的問題；這些工業所加工的，已經不是本地的原料，而是來自極其遙遠地區的原料；它們的產品不僅供本國消費，且同時供世界各地消費。舊的靠國產品來滿足的需要，被新的、需靠極其遙遠的國家和地帶的產品來滿足的需要所取代了。過去那種地方的、民族的自給自足和閉關自守狀態，被各民族各方面的互相往來和各方面的互相依賴所代替了。物質的生產是如此，精神的生產也是如此。各民族的精神產品成了公共的財產。民族的片面性和侷限性日益成為不可能，於是由許多種民族的和地方的文學形成了一種世界的文學。❺

從上面這段引文中，我們不難看出，全球化曾在歷史上的兩個層面有所表現：其一是一四九二年始自歐洲的哥倫布遠涉重洋對美洲新大陸的發現，它開了西方資本從中心向邊緣地帶擴展的先河，亦即開始了資本主義現代性的宏偉計畫，在這一宏偉的計畫下，許多經濟不發達的弱小國家不是依循歐美的模式就是成爲其現代性大計中的一個普遍角色；其二便是馬克思恩格斯所預示的「由許多民族的和地方的文學形成了一種世界文學」的現象，但是這種「世界文學」並不意味著只是一種模式的文學，而是仍保持著各民族原有的特色、但同時又代表了世界最先進的審美潮流和發展方向的世界文學。這樣一來，與經濟上由西向東的路徑有所不同，文化上的全球化進程也有兩個方向：其一是隨著資本的由中心地帶向邊緣地帶擴展，(殖民的) 文化價值觀念和風尚也滲透到這些地區；但隨之便出現了第二個方向，即 (被殖民的) 邊緣文化與主流文化的抗爭和互動，這樣便出現了邊緣文化滲入到主流文化之主體並消解主流文化霸權的現象。對於這後一種現象，我們完全可以從中國文化的西進過程見出例證。❻文化上的全球化進程並不可怕，因爲在這一進程中，全球化不可能不受到另一種勢力——文化本土化的抵制，未來世界文化的發展在很大程度上就取決於全球化與本土化的對立和對話所形成的互動作用。

這就是筆者對全球化現象之本質的認識和分析批判。在下面兩部分筆者將論述全球化時代的文化和影視傳媒之功能。

大眾文化的崛起及其對精英文化的挑戰

毋庸置疑，全球化已經對中國當代文化和文學藝術產生了強烈影響，其中一個重要標誌就是大眾文化對精英文化藝術的挑戰。不管我們把二〇〇〇年定爲新世紀的開始，還是把二〇〇一年定爲其開始，我們都可以說已經處於眞正的世紀之交。這無疑是一個轉折時期，過了這一轉折時刻，我們的文學藝術就將進入第二個千年。從文學藝術的角度來考察，人們一提到「世紀末」（**fin be siecle**）這個詞，便立即會想到十九世紀末西方文學藝術界出現的頹廢情景：傳統的現實主義受到各種文藝思潮的挑戰，正在日益走向衰落，現代主義以及各種先鋒藝術流派的崛起使得文學的精英意識愈益濃厚。另一方面，科學技術的發展導致了自然主義創作方法的流行；此外，文學藝術創作本身還受到唯美主義的「爲藝術而藝術」思潮的影響……如此等等。這顯然是針對上一個世紀末的西方文學藝術之走向而言的。那麼在當今這個全球化的時代，從文化研究的角度來考察新的世紀之交的中國文學藝術之態勢，我們將對世紀之交中國文學藝術的走向有何認識呢？

首先，我們必須清楚地認識到，我們現在所熱烈討論的「文化研究」（Cultural Studies）的指向是當代大眾文化和非精英意識的文化，它包括區域研究、種族研究、性別研究和傳媒研究等幾個方面，同時也致力於對文學藝術的文化學視角考察分析。考察當代影視傳媒無疑是文化研究者的任務，但是文化研究也不應排斥對精英文化的考察，而文學藝術則正是精英文化的結晶。文學與影視儘管所使用的媒介不同，但這二者之間的關係實際上是難解難分的。優秀的文學作品，如托爾斯泰的《戰爭與和平》、海明威的《喪鐘爲誰而鳴》（電影譯名爲《戰地鐘聲》）等所描寫的波瀾壯闊的場面正是透過電影的銀幕才得以充分展現的；衆多在國際電影節上獲得大獎的優秀影片的故事情節也取自文學作品。因此，研究文學與電影的關係自然也是從事超學科比較文學研究者的一個必不可少的研究方向。而電視業的崛起則更是對包括電影在內的精英文學藝術構成了強有力的挑戰，因此文化研究必須重視對作爲這門有著更廣大受衆媒體的研究。始自英國伯明罕學派的文化研究實際上就是建基於對文學的文化學研究之上，並擴展到對大衆傳媒的研究。藉此我們不妨從文化研究的跨學科、跨民族、跨文學文類和跨文化等級的多元視角出發來考察世紀末中國文學藝術的現狀及未來走向。

其次，另一個需要澄清的理論問題就是所謂的「世紀末」之涵義。若是專指十九世紀末的西方文學，這一術語顯然包含有「頹廢的」、「沒落的」等涵義。但是正如另一些術語的涵義般，這些涵義在經歷了不斷的演變之後又有了新的意義：最初出自宗教領域的現代主義這個詞現已被廣泛地用來描述十九世紀末二十世紀初對現實主義構成直接挑戰的一種西方文藝思潮和運動，有些批評家甚至將其內涵無限擴大爲包含戰後的後現代主義文學藝術；「先鋒派」這一術語則自其誕生之日起便不斷拓展其內涵，現已被廣泛用來描述一切反叛傳統並有著先鋒和超前意識的東西方文學藝術思潮流派。電影界的先鋒流派產生於二十世紀下半葉，且快速更替。昨天的先鋒派電影到了今天很可能因其超前的藝術境界而成爲經典，或因經不起推敲而被歷史所淘汰。因而，由於歷史的不斷發展，傳統審美內涵勢必在有著當代意識的當代人的重新闡釋下才能眞正具有意義。文學的經典並非一成不變的，它的範圍在不斷地擴大、其內涵也在受到重構並趨於完善；此外，它在很大程度上得助於電影和電視的傳播媒介。有時，一部電影或電視的成功也會使得久已被人們遺忘的一部文學名著再獲新生。隨著中國經濟的日益發展，全球化的路徑將越來越具有雙向特徵：總體上從西方到東方，有時則從東方到西方。因此，不加分析地將世紀末的文學藝術定爲「頹廢」和「消極」，恐失之公允。那麼既然如此，爲什麼我們不能對一個專指文學藝術的術語進行重新建構呢？❼

第三，中國文學藝術的發展雖然在近一百年裡深受西方文學藝術的影響，尤其是電影和電視更是從西方發達國家直接引進的，它們在技術上的更新和藝術上的進展在很大程度上自然得助於其在西方的發展進步。但中國的文學藝術本身卻有著自身的發展邏輯。我們之所以要借助於西方的文化研究理論視角來分析世紀末的中國文學藝術，恰恰是因爲目前的中國正處於一個全球化的大背景之下，就文化本身的意義而言，它則處於東西方文化的衝突與交融之語境下。進入世紀末的中國文學藝術化經歷了七〇年代末現實主義的復歸和現代主義的滲入、八〇年代先鋒派的挑戰和新寫實派的反撥之後早已進入了一種新的發展態勢：這是一個沒有主流的多元共生時代，在這個時代，各種宏大的敘事已經解體，原先被壓抑在邊緣的各種屬於非精英範疇的文學或亞文學話語力量則異軍突起，對精英文學形成了強有力的挑戰。包括電影和電視在內的大眾傳媒的異軍突起，更是佔據了本來就在日漸萎縮的精英文學藝術的領地。人們不得不對世紀末文學藝術的走向，以及其在未來的發展而擔憂、而思考、而憧憬。

筆者曾經把九〇年代中國文學界定爲「後新時期」文學，❽因爲這一期的文學藝術精神已明顯地不同於八〇年代處於鼎盛時期的新時期文學藝術精神。現在我們先對處於「後新時期」的中國文學藝術之現狀作一匆匆的考察。在過去的幾年裡，特別是在與八〇年代後期西方後現代主義理論思潮對中國文壇產生衝擊以來，大眾文化的崛起越來越引起中國知識分子和經典文學研究學者的不安。我們可以輕而易舉地注意到九〇年代中國知識界和文學藝術界的一個明顯的現象。後現代主義在中國產生的先鋒派的智力反叛這一變體逐步變形爲大眾文化對精英文化的挑戰。文學市場上不見了往日的「宏大敘事」作品，而充滿了各種「稗史」性的亞文學作品和影視光盤。嚴肅的作家很難再找到自己曾在新時期有過的廣闊活動空間，爲人生而寫作或爲藝術本身而寫作的現實主義和現代主義美學原則一度變爲爲市場而寫作，或者爲迎合讀者的口味而寫作。作家的「寄主」地位變爲「寄生」地位。當然，對於這種種現象，中國的知識分子和文學研究者均作出了不同的反應。有人認爲這是對知識分子的社會良知和社會責任感的有意逃避，因爲在這部分人看來，自五四以來的中國現代化進程及現代性大計尚未完成，因而這樣的挑戰實際是起了中斷現代性大計的作用；也有人則持不同的態度，他們把大眾文化的崛起視爲知識分子在長期以來在自我領地化的語境中尋找新的公共空間提供了機會，因此他們歡迎大眾文化對主流話語和精英意識的衝擊與挑戰，並且歡呼多元話語力量的角逐和多元共生時代的來臨，因爲對他們來說，作家和寫作者可以在一個相對自由的文化空間中寫作和實驗各種文體風格和敘事話語，以便實現對廣大讀者的「後啓蒙」之目標。如果說，前一種觀點對文學的未來持一種悲觀的態度的話，那後一種態度則對之持一種樂觀的態度。毫無疑問，只要有人類存在，就會有文學存在；同樣，只要世界上還有人願意花費時間去欣賞文學，文學就不會消亡。即使是在當今這個全球化的時代，文學受到來自各方面的挑戰，它仍有存活的理由，它仍能夠在我們的文化生活中佔據一席位置。但是文學的存在並不意味著影視傳媒的受挫，後者所受到的挑戰並非來自文學，倒是來自近幾年來崛起的網絡。網絡的使用爲當代人開闢了一個無限廣闊的想像空間，網路毋須經過任何審查就可以任意在網上發表自已所喜歡的作品或散布各種未加證實的訊息；同樣，他們也無所顧忌地在網上欣賞西方世界的最新影片和電視節目。毫無疑問，影視傳媒也受到了前所未有的來自「第四媒體」的挑戰！有人甚至預言，在全球化的時代，網路不僅將取代傳統媒體，甚至還將取代電影和電視的作用。

誠然，大眾文化的濫殤和對精英文化與文學的衝擊並非中國語境下發生的獨特事件，而是一個具有全球化特徵時代的普遍現象。高科技的迅猛發展，資訊化和數字化的進程自然使得有著傳統人文精神的高雅文化和文學創作再度被邊緣化，精英文學的領域變得越來越狹窄，高等學校中的人文系科也不得不經歷萎縮、重新結構和重新組合。從事純文學創作和研究的人變得越來越少，高談現代性大計已成了後工業後現代社會的一種奢侈行爲等等。這一切均發生在物質生活高度發達的西方後工業社會，後現代理論思潮和後現代條件給人們提供了多種選擇的機會，他們完全有理由從原先所致力於從事的寫作和研究領域裡退縮到一個更爲廣大的市場指向的「公共空間」去發揮作用。在中國這個現代性大計雖未完成但卻打上了不少後現代性印記的第三世界國家，我們的文學藝術則經歷了八〇年代後期後現代主義的衝擊和九〇年代初市場經濟的波及。後現代主義在中國文學藝術中的直接作用是導致了兩個極致變體的產生：一方面是先鋒派的智力反叛和觀念上、技巧上的過度超前，因而造成物質生產和文化生產在同一個第三世界國家的不平衡發展；另一方面則是大眾文化乃至消費文化的崛起，一切以市場所需爲目標，文化生產之成敗均以經濟效益來衡量，這樣便造成了人們普遍文化品味的下降，使得一切有著強烈社會責任感的知識分子和文學研究者擔心。他們不得不問道，在大眾文化的衝擊下，未來的文學藝術究竟有沒有前途？

如前所述，筆者曾把九〇年代以來處於全球性文化轉型期的中國文學稱爲「後新時期」文學。但筆者以爲，轉型期的文學態勢並不會持續太久，各種話語力量的角逐必定會有一個結果，對於大眾文化的挑戰我們不必擔心，它畢竟反映了一部分或大部分讀者觀眾的暫時需要，但是這種需要並不能代表他們的終極審美目標。我們文學研究者的責任絕不應當只是一味地像以往那樣居高臨下地指責他們，而應當首先走出狹窄的精英意識的象牙塔，置身到廣大文學藝術讀者和觀眾中，透過與他們的交流和溝通而達到新的啓蒙之目的，亦即所謂的「後啓蒙」，這樣便不致於造成新的精英／大眾的人爲對立。❾對於未來文學的前途，筆者曾和瑞典皇家學院院士、諾貝爾文學獎評獎委員會主席謝爾・埃斯曾馬克教授作過一次長時間的訪談。在他看來，文學將會永遠存在，只要有人閱讀和欣賞文學，文學就永遠不會降低其固有的品格，因爲儘管此時的文學領域正變得越來越狹窄，但文學的表達媒介所表現出的內在情感和精神是其它（大眾傳播）媒介所無法表達出的。❿因此對未來的文學藝術之前途所抱有的任何悲觀的態度都是不可取的。影視藝術也會遇到同樣的命運，面對近十年來電視藝術的發速發展，電影的生產和發行受到了很大的衝擊，不少電影院不得不改行經營其它業務，有些則乾脆關門。而在最近這二、三年裡，全球化時代資訊技術的發展則又使電視業受到了互聯網的衝擊。未來的影視傳媒將在人們的文化生活中處於何種位置？它們還有的功能將體現在哪裡？對此，筆者將在最後一部分進行論述。

全球化時代影視傳媒的功能

毫無疑問，全球化對我們每個當代人的娛樂生活都產生了不同程度的影響，這主要體現在當代高科技的迅速發展所導致的傳播媒體的更新以及全球化時代人們生活節奏的加快等方面，這樣一來，相對於文學，曾經有過自己黃金時代的電影所受到的挑戰也就不足爲奇了。確實，電影產生於西方文化的土壤，但是電影的誕生把一種集閱讀（文化精品）、觀賞和獲得審美快感爲一體的綜合藝術帶到了現代人的面前，使一部分非文學專業的讀者／觀眾只需花上一、二個小時的時間就讀／看完了一部濃縮了的長達數百頁的文學名著，並且能獲得感官和視覺上的巨大享受。這無疑對文學市場是一個衝擊。但我們切不能忘記另一個不可忽視的事實：一部電影的成功有時也可帶來文學原著的暢銷。五、六〇年代的中外電影《牛虻》、《暴風驟雨》、《林海雪原》、《紅與黑》、《苔絲》等的成功在很大程度上也促進了文學原著的走紅，使得一些作家的名字在中國幾乎家喻戶曉。八、九〇年代根據莫言、王朔、蘇童、余華和劉恆的小說改編的電影《紅高粱》、《碩士》、《一半是海水，一半是火焰》、《陽光燦爛的日子》、《大紅燈籠高高掛》、《活著》和《菊豆》等的走紅或獲獎也促銷了他們所創作的文學原著，並迅速地使他們成爲近乎家喻戶曉的公眾人物。電視業的崛起以及其在八〇年代中國的迅速普及曾一度對中國的電影產生過一定的衝擊，但相當一部分觀眾並不屑於僅在電視螢幕上來欣賞電影，他們仍願花錢去電影院靜心地欣賞影片。如果該影片的故事情節始自文學原著，他們照樣去書店買來原著仔細通讀。前幾年出現的「《圍城》熱」以及近幾年出現的「三國熱」、「水滸熱」也使得這些文學經典走出了文學的象牙塔，來到普羅讀者／觀眾中，從而在某種程度達到了原作者所始料未及的「後啓蒙」效果。這些現象的出現無疑爲當代文化研究者提供了難得的「社會文本」；同時，也爲從事超學科比較文學研究的學者提供了文學和電影比較研究的範例。因爲有些在文學作品中無法用形象表達的畫面完全可以清楚地以銀幕想像展現在觀眾面前，再加之優秀演員的卓越演技有時甚至可以達到「源於原作」、「高於原作」的再創造之效果。這說明，傳播媒介的不同並不能代替人們欣賞藝術的習慣和多種選擇。大眾傳媒並非一定要與經典文化藝術作品形成二元對立，它完全可以與前者形成一種互補的關係。可以說，中國的電影業始終是在風風雨雨中走過了自己的九十多年，這其中既有政治風雲的變幻，也不乏經濟槓桿的作用，此外還有其它媒體的擠壓因素。直到現在這個全球化的時代，它仍然頑強地存活了下來，並在人們的物質和精神文化生活中發揮著其它媒體所無法代替的作用。這說明，電影的存在是一種必然，假如它有一天眞的在市場經濟和其它媒體的挑戰面前打了敗仗，那將是人類文化生活的一大悲哀。而面臨網絡的衝擊認爲電視也將受到有力的挑戰並最終會消亡的觀點則更是不能自圓其說的。

在慶祝世界電影誕生一百週年、中國電影誕生九十週年之際，筆者曾撰文指出中國電影將面臨的一個問題，「中國電影在世紀之交將向何處發展？從近年電影界既引進西方大片，同時又推出自己的大片這一事實來看，前景並不悲觀。面對世界性的後殖民主義人潮的衝擊，中國電影能否實現必要的自我調整，從而走出這暫時的低谷？對此不少人持懷疑的態度，其理由是商業大潮的衝擊使得一批頗有實力的優秀編導不惜爲取悅商界而丟棄藝術家的良知……」⓫在當時的情況下，全球化的進程並沒有波及到中國，中國電影工業所受到的衝擊主要來自西方的電影以及有著更多觀眾和更大市場的電視。但畢竟，全球化的步伐是令人難以預計的，而且這一步伐隨著中國加入世貿組織的越來越臨近而愈加緊湊。曾幾何時，在大眾傳媒業獨領風騷的電視已經感覺到了全球化時代網絡的影響，更何況需要更爲精湛的藝術創造、更多的資金投入和更大製作的電影了。因此，我們現在面臨的一個新問題是，隨著全球化進程的逼近，電影將發揮何種功能？它能夠在網絡的覆蓋和電視的普及之雙重壓迫下仍然求得一席之地嗎？

有人曾在全球化時代的網絡霸權作出這樣的估計，「在網絡時代裡，由於人人都可以上網，每個人既是接受者也是傳播者，傳統媒介裡的傳播者與接受者的對立將不再存在……我的『泡沫』說在媒介方面包括兩種預測：一是傳統媒介在文化層面上的消失，即網絡裡的社會全息文化對傳統媒介裡的大眾文化的代替，網絡裡的雙向溝通對於傳統媒介裡的單向傳播的代替，這是一種實質的消失；二是傳統媒介在物質層面的消失，即現存的報紙、雜誌、書籍、電影、廣播、電視等都將基本消失。」⑫這種擔心雖不無道理，但卻未免誇大其詞了。如果情況果眞如此的話，首當其衝的恐怕並不是報紙和雜誌，因為，在網上瀏覽新聞訊息或可讓電腦操作者接受，但若要在網上閱讀篇幅較大的文章或學術論文。恐怕就令人難以承受了，人們要麼就下載這些資料，要麼乾脆坐在舒適的沙發上閱讀刊登在製作精美的雜誌上的書面文本。而觀賞電影則不同，對於只想知道故事情節或瀏覽風景畫面的一般觀眾來說，在電視上觀看電影比在網上觀看也許更為有趣和簡便，稍稍不滿意就可無情地按下遙控器的鍵或移動鼠標。這樣看來，電視所受到的衝擊也許更為直接。但是電視製作者們已經開始注意到一種將電影和電視的長處結合在一起的藝術——電影電視——的生命力了，但即使如此，它也並不能完全取代電影的功能。

既然全球化已經對我們的生活和工作產生了巨大的影響，那麼它引起人們的研究興趣也就是自然的。「人們既可以否定、攻擊全球化，也可以為它歡呼。但是，無論人們如何評價全球化，涉及的都是這樣一種強勢理論：以領土來界定的時代形象，曾在長達兩個世紀的時間裡，在各個方面吸引並鼓舞了政治、社會和科學的想像力，如今這種時代形象正在走向解體。伴隨全球資本主義的是一種文化與政治的全球化過程，它導致人們熟悉的自我形象和世界圖景所依據的領土社會化和文化知識的制度原則上的瓦解。如果這樣來理解和詮釋全球化，那麼，全球化不僅意味著（經濟的）國際化、集約化、跨國交融和網絡化，它也在更大的程度上開闢了一種社會空間的所謂『三維的』社會圖景，這種社會圖景不以地區、民族國家和領土來界定。」⑬之於精神文化產品的生產，全球化現象的出現也不限於某一特定的傳播媒體，因爲每一種媒體都有著其它媒體所無法取代的特殊功能，因此對中國電影之未來前景持悲觀的態度至少是短視的。正確的態度是思考出一些相應的對策，尤其是能夠應對中國入世之後如何使電影擺脫困境的實際對策，可以說，這方面仍有許多事可做。

全球化雖然已經直接地影響到了中國的經濟，並或多或少地波及到我們的文化生活，但正如它不能取代各國的民族經濟一樣，它更無法取代我們的文化娛樂生活。世界是多彩多姿的，人們對藝術欣賞的要求也是多元的。後現代社會使人們對自己的生活方式有多重選擇；同樣，對審美方式和娛樂也有自己的選擇。電影、電視和網絡雖然都屬於傳播媒介，但它們各自的功能有所不同，它們各自只能滿足觀眾／網民某一方面的需要，卻不能彼此取而代之。因此在相當一段時間內，這三種媒體之間的關係並非全然對立，而是互動和互補。如果就其覆蓋面和影響而言，首先應數網絡，其次是電視，最後才是電影；但就其藝術等級而言，則首先是電影，其次是電視，最後才能數到網絡，因爲未經審查和篩選的網上藝術充滿了文化垃圾和低級趣味的東西，它永遠無法登上藝術的殿堂，倒是其中一些有可能被影視埋沒但確有價值的藝術品將被影視導演和製片人「發現」進而加工成優秀的藝術品。這種例子在西方屢見不鮮，在中國也將越來越普遍。

中國雖在整體上並未實現現代化，但是作爲一個政治、經濟和文化發展極不平衡的第三世界大國，它同時具有前現代、現代和後現代的種種特徵，特別是在北京的高科技園區以及上海、深圳、珠海等沿海城市和特區，已經明顯地出現了不少後現代特徵。一批有著超前意識的人文知識分子和具有先鋒精神的文學藝術家在後現代文學藝術的啓迪下，其藝術想像力異常豐富，他們努力奮鬥，試圖爲當代人創造出可以滿足其精神生活的文化藝術產品，因此可以肯定，在全球化的時代，電影藝術也和它的同伴——作爲語言藝術的文學——一樣，不但不會消亡，反而會同時具有更多的高科技製作技術含量和貼近自然的人文精神。

註釋

❶在這方面，尤其是在比較文學和文學理論領域的研討會上，探討全球化與文化和文學的聯繫的論文越來越多，大多數學者都對全球化語境下文學研究和文化研究的前途感到憂心忡忡，有人甚至對文學理論的未來感到悲觀失望，認爲全球化的浪潮導致了民族文化身分的模糊，趨同的現象愈演愈烈。

❷參見洛克，〈全球化是帝國主義的變種〉，載王寧、薛曉源主編，《全球化與後殖民批評》，中央編譯出版社，一九九八年版，第43、44頁。

❸實際上，不僅在一些加入全球化過程的國家人們熱衷於談論這個話題，即使在埃及這樣的剛剛開始受到全球化波及的非洲——阿拉伯國家，全球化至少也是一個學術熱門話題。在世紀之交的文學理論批評國際研討會（開羅，二〇〇〇年十一月），討論全球化的論文佔有很大的比重。可見這個問題已經引起了全世界的關注。

❹阿里夫·德里克，《後革命氛圍》，王寧等譯，中國社會科學出版社，一九九九年版，第5頁。

❺馬克思和恩格斯，《共產黨宣言》，人民出版社，一九六六年版，第26～30頁。

❻關於全球化的另一極致，美國經濟學者丹尼斯·弗林曾對我說，如果說哥倫布發現美洲新大陸標誌著全球化的一個極致的話，那麼中國的絲綢之路及其向西方的擴展則是更早先的全球化現象，亦即全球

化的另一極致。這個觀點很有意思。關於中國文化在歐洲的傳播及影響，參閱王寧等著，《中國文化對歐洲的影響》，河北人民出版社，一九九九年版。

❼關於我本人對「世紀末」的重新界定，參閱拙文，〈易卜生：一種後現代視角的重新闡釋〉，載拙著《二十世紀西方文學比較研究》，第260～271頁，人民文學出版社，二〇〇〇年版。

❽參閱拙作，〈後新時期：一種理論描述〉，載《花城》，一九九五年第三期。

❾在即將對本文作最後修改之際，我高興地觀看了北京電視台播出的二〇〇一年春節晚會，因爲這台晚會中的大部分節目都以其鮮明的主題、厚重的文化含量和新穎別緻的高技術手段達到了對大眾的「後啓蒙」之目的。

❿參閱拙作，〈諾貝爾文學獎、中國文學和文學的未來〉，載拙著，《二十世紀西方文學比較研究》，第397～403頁，人民文學出版社，二〇〇〇年版。

⓫參閱拙著《後現代主義之後》，中國文學出版社，一九九八年版，第147頁。

⓬參閱朱光烈的一篇頗有爭議的文章，〈傳統媒體，你別無選擇〉，載《中華讀書報》，二〇〇〇年八月十六日號第16版。

⓭參見烏．貝克、哈伯瑪斯等著，《全球化與政治》，王學東等譯，中央編譯出版社，二〇〇〇年版，第13、14頁。

12 全球化時代的文化研究與翻譯研究

我們告別了二十世紀，走向一個充滿活力的新世紀——千禧新世紀。在這樣一個全球性的文化轉型時期，對於翻譯研究這門長期以來一直被壓抑在學術理論話語「邊緣」地帶的「準學科」或「亞學科」（sub-branch of learning）的前途該如何把握，[1]將是我們的翻譯研究和文化研究工作者所需要正視並予以認眞思考的問題。本文無意討論翻譯是一門藝術還是一個科學分支，而是要把翻譯當作一個文化問題來討論。因而，毫無疑問的，在針對置於文化研究大背景之下的翻譯研究之未來前景作出展望的同時，我們首先應對我們目前所處的時代之特徵作出較爲準確的描繪。當然，不少人文社會科學領域裡的知識分子們，已經用不同的學術話語將我們的時代定義爲「後工業時代」、或「後現代」、或「資訊時代」、或「知識經濟時代」、或「全球資本化」時代……等等。但筆者以爲，就翻譯研究所受到的來自各方面的波及和影響層面而言，將我們所處的時代描繪爲全球化的時代是比較恰當的，這一特徵不僅僅體現在經濟上，同時也體現在文化上和傳媒上。既然不少翻譯研究者都認爲，翻譯首先是一個文化和傳播問題，那麼，將翻譯研究納入廣義的文化研究之語境下可以說是比較合適的，因爲正是在這一基點上，我們才得以對有著跨文化和跨學科特徵的中國翻譯研究之現狀，和未來前途有著較爲準確的把握。

全球化對文化研究和翻譯研究的挑戰

隨著全球化進程在世界各地的日益加快，對翻譯的需求就越來越緊迫。眾所周知，全球化（globalization）首先是一個經濟學和金融學領域內廣爲人們關注的現象和研究課題，但近幾年來它已經引起了（包括翻譯研究者在內的）所有人文社會科學研究者的關注，從不同的角度談論全球化的論文也多了起來，其原因恰在於，就文化全球化所產生的影響而言，訊息的傳播和大眾傳媒的崛起使得全球化與文化關係尤爲密不可分。翻譯既然首先涉及到文化問題，那麼它無疑也應被視爲訊息傳播的一種工具，因而在全球化的大語境之下，翻譯的功能將越來越明顯地顯示出來；但同時，對傳統的翻譯之定義也應當作出修正。❷毫無疑問，從經濟角度來看，全球化的進入中國已率先在某些經濟和高科技資訊產業發展迅速的大都市和沿海地區得到了印證，所產生的影響目前已經可以從各方面顯示出來。根據西方學者已經取得的研究成果，全球化作爲人們開始關注的一個現象最初自然是出現在經濟學界和國際金融界的，將它用來描述一種全球範圍內跨國資本的運作和經濟發展的競爭態勢是比較恰當的，處於市場經濟條件制約下的文化生產自然無法擺脫嚴峻的經濟法則。由於全球化現象的出現，生活在當代的每一個人都受到波及。但不管我們歡迎與否，全球化都成爲一個不以人們的意志爲轉移的客觀存在，它已經進入了我們的日常生活，並以不同的形式滲入到了我們的經濟建設中。最近它也滲入到了我們的文化研究和翻譯研究中，對傳統的文化研究和翻譯研究構成了有力的挑戰。因而我們首先應對全球化這一現象的本質特徵有所認識。

正如我們所見到的，經濟全球化使得所有的國家都進入了一個大的市場機制的循環中，發展迅速者自然處於優勢，而發展緩慢或原有的經濟實力薄弱者自然受到波及乃至受到客觀經濟規律的懲罰。一般人也許會善良地認爲，全球化是不受人的控制的，全球化範圍內的跨國資本雖然來自某個特定的國家，但這種跨國資本一旦進入全球化的運作機制，就會既剝削貧窮的第三世界國家同時也剝削本國的同胞，因此全球化的法則是一個純粹的經濟法則。其實情況並不像人們所想像的那樣簡單，隱於全球化背後的無疑是一種強權政治和經濟霸權主義，它不僅之於第三世界國家是這樣，就是之於發達的歐洲國家也是如此，因此從文化學的角度來考察，全球化所要求的正是以美國爲標準的全球範圍文化的趨同性。❸按照某些歐洲經濟學者的估計和預測，就全球化使大多數人、大多數國家和地區邊緣化而言，其比例是20％：80％，亦即佔世界總人口的20％的精英分子可以直接受益於全球化，而其餘的80％的人則服務於全球化的法則，這部分人生活水平的高低，在很大程度上取決於對全球化的服務水平如何。❹若將上述比例運用於中國這樣一個經濟、社會、政治和文化發展極不平衡的第三世界國家，恐怕比例還得縮小爲10％：90％或5％：95％。對於這一點，我們切不可盲目地爲中國近幾年來經濟繁榮的表象而感到樂觀，隱伏在其中的種種內在危機若得不到適當的自我調節，很可能會引發出不可收拾的後果。我們今天只是剛剛進入全球化的大循環中，就已經感到了全球化給我們帶來的兩方面後果：挑戰和機遇。就其挑戰而言，它使我們相當一部分不適應國際性競爭的企業邊緣化，同時也使我們相當一部分人（包括一些觀念老化、方法陳舊的知識分子和人文社會科學學者）被放逐到社會和文化的邊緣，或者成爲激烈競爭中的犧牲者。這在中國的翻譯研究界也可找到不少證據，例如資訊時代計算機的普及以及其在翻譯中的作用等，均對傳統的翻譯構成了挑戰。但不管是在經濟學界還是人文學科領域，對全球化採取一種審愼的、辯證的甚至批判的態度是必要的，即對之既不可盲從，也應認識到其重要性，以便思考出我們相應的對策。就我們所從事的跨文化翻譯研究而言，我們同樣要既認識到全球化給訊息和文化傳播帶來的便利，同時也要認識到本民族的語言文化所不可避免地打上了「異質化」或「殖民化」的痕跡。

文化學研究者已經清醒地認識到，經濟全球化給文化界帶來的一個直接後果就是文化全球化，在某些學者（尤其是美國的杭廷頓等人）看來，在未來的時代，由於全球化進程的加速，經濟上和政治上的衝突不會成爲佔主導地位的衝突，而文化與文明之間的差異則會上升爲佔主導地位的衝突；而另一些主張文化相對主義和東西方文化對話的學者則認爲，文化的衝突與共融在很大程度上取決於雙方的互動作用，因此如果協調得好，這種衝突可以制止或被壓縮到最小的限度。因此，在未來的時代，不同文化之間的關係主要是討論和對話的關係，透過對話而達到不同文化之間的相互了解和共融。隨著東方文化價值的日益被西方人所認識，所謂文化相對主義已經被賦予了一種新的意義，它已變得更加包容。在與其它文化的交流中，我們很難說它是否能保持原來的那種「純」的程度，五四以來以及改革開放以來的中國文化如此，近幾十年來開始吸收東方文化某些觀念的西方文化也會出現這樣的情形。因而文化的論爭及本來存在的衝突完全可以透過協商、對話和談判得到緩和，而當衝突緩解時，新的共融也就出現了。毫無疑問，文化傳播的一個重要媒介就是語言，而翻譯研究的切入點首先也自然是語言，只是在這裡我要將不帶有任何意識形態意義的「語言」（**language**）的範圍擴展到帶有文化霸權意識形態色彩的「話語」（**discourse**）的範圍，因爲當今時代翻譯的內涵顯然已經涉及到了後者。

既然我主張把翻譯研究納入文化研究的語境下進行，那就有必要說一說文化研究的基本概念。這一具有跨學科、跨文化性質的學術話語最近幾年來已成爲繼後現代和後殖民理論爭鳴之後的國際學術界的又一個熱門話題，它從西方引進後已滲入到中國的學術理論界，並對翻譯研究也產生了一定的影響。如同我在其它場合所描述的，我們現在所說的文化研究（**Cultural Studies**）主要包括這樣幾個方面：以研究後殖民寫作／話語爲主的種族研究；以研究女性批評／寫作話語爲主的性別研究；和以指向東方和第三世界政治、經濟、歷史等多學科和多領域綜合考察爲主的區域研究等；此外，還應當加上考察影視傳媒生產和消費的大眾傳媒研究，尤其當世界進入全球化時代以來，文化研究的傳媒特徵越來越明顯，它幾乎與傳媒現象成了不可分割的整體，而與傳統文化的精品文學研究的距離則越來越遠。既然翻譯屬於廣義的傳播媒介之範疇，因而將翻譯研究納入文化研究的大語境下無疑是比較恰當的。

文化研究雖然在當今時代的英語世界聲勢浩大，但在較爲保守的歐洲學術界卻頗遭非議，其中的一個重要原因就是，正如有些介入文化研究的學者所承認的那樣，「它並非一門學科，而且它本身並沒一個界定明確的方法論，也沒有一個界限清晰的研究領地。文化研究自然是對文化的研究，或者更爲具體地說是對當代文化的研究。」❺這裡所說的文化研究已經與其本來的寬泛含義有了差別，對於當今的文化研究學者來說，「『文化』並不是那種被認爲具有著超越時空界線的永恆價值的『高雅文化』的縮略詞」，❻而是那些在現代主義精英意識佔統治地位時被當作「不登大雅之堂」的通俗文化或亞文學文類或甚至大眾傳播媒介。這說明，文化研究的主要方法和理論基本上是從後現代主義理論那裡借鑒而來，並應用於更爲寬泛的範圍和更爲廣闊的疆域，它同時在西方帝國的中心話語地帶——英美和原先的殖民地或稱現在的後殖民地——澳大利亞和加拿大發揮作用。

早先的文化研究出現於五〇年代的英國學術界，其立論基點是文學，以理查德·霍佳特的專著《有文化的用處》（一九五七）和雷蒙德·威廉斯的《文化與社會：1780—1950年》（一九五八）爲標誌。但是它全今也已有了四十多年的歷史，它的創始人是利維斯（F. R. Leavis），他所開創的那種文學研究形式又稱「利維斯主義」，其意在重新分布法國社會學者皮爾·布爾丟（Pierre Bourdieu）所謂之的「文化資本」。利維斯試圖透過教育體制來更爲廣泛地傳播文學知識，使之爲更多的人所欣賞。他論證道，需要有一種嚴格選取的文學經典，亦即開列一份文學經典作品書目供人們閱讀，這些書目在他看來必須是經過時間考驗的精英文學作品，不能包括具有先鋒意識的實驗性作品，更不能容納大眾文學作品。由此可見，文化研究的非精英意識和趨向大眾文化的特徵並非從一開始就有的，而是在走出了利維斯主義的狹隘領地之後才得到長足發展的。

文化研究既然有著學科界限的不確定性，那麼它在歐美國家也就有著不同的形態，即使在同樣操持英語的英美兩國，文化研究也有著很大的差別。而它們與歐陸學術界的差別就更大。就歐陸觀念保守之特徵而言，儘管文化研究的一些理論奠基者身處歐陸，但他們的理論只是被翻譯介紹到美國之後才得到最熱烈的響應，而在歐陸，他們的理論在相當一段時間內仍受到相對沉默的禮遇。因此，文化研究在美國的風行在很大程度上取決於翻譯的功能，只是翻譯在這裡已不僅僅侷限於語言層面上的轉述（**rendering**）之功能，而帶有了範圍更廣的闡釋（**interpretation**）之功能。

文化研究雖然在英語世界崛起並風行，但它在英美兩國以及一些後殖民地國家仍有著一定的差異。英國的文化研究在很大程度上與左翼馬克思主義理論密切相關，一些著名的文化批評家和研究者大都有著自己的獨特文學研究和批評背景。近幾年來，隨著文化研究在其它國家和地區的發展，英國的文化研究也較為注意性別研究、種族研究和傳媒研究。與英國的文化研究相似的是，美國的文化研究隊伍也有著一大批素有文學造詣和理論影響的學者，並掌握了些很有影響力的學術理論刊物，但這批人所主張的是將文學置於廣闊的文化語境下來考察，而更多的來自歷史學、社會學、人類學、地理學和傳媒學界的學者則走得更遠，他們把文化研究推到了另一個極致，使其遠離精英文學和文化，專注跨學科的區域研究以及大眾文化和傳媒研究。相比之下，在加拿大和澳大利亞這些有著殖民地背景的國家，文化研究主要關注的對象則是後殖民問題和後殖民地寫作／話語，這些地方的舊有文學歷史並不悠久，傳統的勢力也遠沒有英國那麼強大，因而文化研究在這些國家便有著相當長足的發展，其勢頭之強大甚至引起了比較文學和英語文學研究者的恐懼，他們十分擔心文化研究的大潮會淹沒日益變得狹窄的精英文學研究領域，並衝垮他們精心構築起來的文學經典，但對文化研究究竟與文學研究呈何種關係，現在還難以做出定論。但有點可以肯定，即有鑒於翻譯的跨語言／文化特徵，從文化研究的角度來更新翻譯研究是完全可行的，這樣便涉及對翻譯的傳統定義的重構。

翻譯：從字面轉述走向文化闡釋

在一個經濟全球化佔主導地位的時代，文化全球化給我們的學科帶來的一個挑戰便體現在，它既打破了文化的疆界，同時也打破了學科的疆界，這對傳統勢力較強的老學科而言，無疑有著強而有力的顛覆作用，而對於翻譯這門長期以來一直處於「邊緣」地帶的「亞學科」的崛起倒是提供了一個很好的發展契機。關於作為一門學科的翻譯學之合法地位及其定義，一直是從事這一研究的學者所關注的問題。近幾年來，在翻譯研究領域，大量的新理論和新方法開始引進，其中也包括後殖民理論和文化研究的視角和方法。學者們開始對傳統的翻譯之意義的字面理解產生了質疑：翻譯究竟是否僅限於兩種語言形式的轉換？爲什麼中國的翻譯研究從理論和方法上遠遠落後於國際翻譯研究的水平？爲什麼我們到現在爲止還在討論嚴復的「信、達、雅」這個老掉牙的話題？爲什麼在中國高等院校的學科設置上竟沒有翻譯研究或翻譯學的（二級）學科之地位？如此等等，這一切不能不引起我們的重視。如果按照我們國內學者對翻譯所作的傳統定義，那麼世界公認的翻譯學理論家瓦爾特・本雅明和雅克・德希達就應該被排斥在翻譯理論的大門之外了。因此我再次提出，必須對翻譯（translation）這一術語有著全面的和全新的理解：從僅囿於字面形式的翻譯（轉換）逐步拓展爲對文化內涵的翻譯（形式上的轉換和內涵上的能動性闡釋），因此研究翻譯本身就是一個文化問題，尤其涉及兩種文化的互動關係和比較研究。翻譯研究的興衰無疑也與文化研究的地位如何有著密切的關係，因爲翻譯研究不僅被包括在當今的（非精英）文化研究的語境下，它也與傳統的（精英）文化研究有著千絲萬縷的聯繫。

我們說，翻譯研究與文化研究有著密不可分的關係，這一點完全可以用文學理論批評的例子來證實。一般說來，能夠被翻譯家選中翻譯的文學作品大多數是經典文學作品，屬於精英文化的範疇，當然也有一些所謂的「翻譯家」爲了謀取暴利而不惜花費時間重複勞動，「重譯」早已有人譯過而且質量可以的文學名著，或粗製濫造地趕譯一些質量低劣的通俗文學作品。但儘管如此，考察和研究翻譯自然要把翻譯者的選擇和譯介這兩個因素都包括進來。由此翻譯研究實際上又起到了一個中介作用：屬於不同的語言、不同的文化背景和不同的文學等級的作品首先須經過翻譯者的選擇，因而翻譯者本人的意識形態背景和鑑賞力就起了作用，這尤其體現於一部作品的首次譯介。在當今這個全球化時代，當「歐洲中心主義」或「西方中心主義」的思維模式破產，文化本身已出現某種難以擺脫的危機時，西方的一些有識之士便開始逐步認識到另一種文化（東方文化）的價值和精深內涵，因而弘揚東方文化並使之與西方文化得以進行平等的對話已成爲翻譯工作者義不容辭的義務。在這方面，我們無疑要警惕東方主義（**Orientalism**）的對立面西方主義（**Occidentalism**）的作祟。實際上，東方文化的崛起並不只在吃掉西方文化，而是與之平分秋色，共存共處。由於中外文化和文學交流方面長期以來存在著的逆差現象，我們應進行適當的反撥，亦即我們現在的注意力應該轉到把中國文化和文學向國外介紹，讓世界更多地了解中國，以達到這種相互之間了解和交流的平衡。要想從事不同文化之間的比較或基於不同文化背景的文學作品的比較研究，特別是東西方之間的跨文化比較，翻譯顯然已經充當了一個不可缺少的中介，其作用遠遠不只是限於語言文字層面上的轉述，而應帶有更多的文化內涵的翻譯和闡釋，這樣，翻譯本身的內涵也就相應地擴大了。文化研究正是一個使各地區文化、各不同學科，以及各藝術門類得以進行對話的一個基點。站在這個基點上，我們可以涉獵很多學科領域並從事很多課題的研究。近幾年來關於後現代主義的討論在中國和其他東方或第三世界國家的興起突破了「歐洲中心」或「西方中心」的模式，爲以第三世界的文化和文學現象對西方的後現代理論進行質疑乃至重構舖平了道路。而關於後殖民理論的討論和後殖民地文學的研究則加速了東方和第三世界國家的「非殖民化」進程，對傳統的文學經典的構成，以及其權威性進行了質疑和重寫，使得我們的東方文化逐步在從邊緣步入中心，進而打破單一的西方中心之神話，使世紀末的世界進入一個眞正的多元共生、互相交流和對話而非對峙的時代。因此，把東方文化翻譯介紹給世界，將是一件更有意義的工作。

近十多年來，中國的文學研究和文化研究成果日益爲世人所矚目。事實證明，中國和西方的學術理論對話是大勢所趨，一切具有遠見卓識的西方學者們也都已經體認到了這一點，因此我們切不可妄自菲薄。可以說，文化研究的崛起不僅打破了文學與文化、東方與西方的界限，同時也消解了邊緣與中心的天然屏障，有利於處於邊緣地帶的東方和中國文化與文學走向世界。在學科的分布上，翻譯研究長期以來依附於語言學研究或文學研究，在有的學科內，甚至連翻譯研究的地位都不容存在，翻譯研究的刊物也面臨著市場經濟的篩選而難以生存。八〇年代初比較文學在中國的再度勃興倒是使翻譯研究成爲該學科領域內的一個分支，即譯介學或媒介研究。現在，文化研究打破了語言學和文學之間的天然界限，實際上也就認可了作爲一門相對獨立的學科——翻譯學或翻譯研究——得以存在的合法性。有鑑於此，我們的翻譯研究現狀又是如何呢？我以爲此現狀遠不能令人滿意。不少翻譯研究者仍沉溺於字面技巧上的成敗得失之淺層次的評論，或者只滿足於對翻譯文本的一般性價值判斷，或者捲入對一部作品的譯文在中文表達方面的某個具體問題的無休止爭論，這樣做的一個後果是誰也爭不出一個道理來。因此上述那種無端的爭論也遠未達到理論研究的高度，因此在這方面，我們仍有許多基礎性的研究工作可做，有許多尚處於空白的領域可以開拓。筆者以爲，文化研究至少可以爲我們的翻譯學術研究提供理論武器和觀察視角，使我們站得更高一些，超越於單一的思維模式，因而得出的結論就更具有普遍的理論意義和學科意義，而不僅僅只是解決幾個具體的操作技與性問題。這樣，將我們的翻譯研究置於一個更為廣闊的文化研究語境之下必定有助於中國的翻譯研究早日與國際翻譯研究界對話進而接軌，同時也有助於翻譯研究得以在分支學科領域衆多的人文社會科學領域中占有重要的一席。

文化研究對翻譯研究的意義還體現在它對權力（尤其是語言和文化上的霸權主義）的批判有助於消除一系列人為的二元對立和等級界限：消除大衆文化和精英文化的界限。使往日高高在上肩負啓蒙使命的知識分子走出知識的象牙塔，投身到廣大人民群衆之中。首先成為社會的一份子然後方可實現其「後啓蒙」（Post-Enlightenment）的理想；它也有助於消除東西方文化的天然屏障，使文化全球化成為不同文化可賴以進行對話的一個廣闊的背景，在這一全球化的大背景下，東西方文化之間的平等對話成為可能。而要實現後者，翻譯就是一個不可或缺的媒介。衆所周知，文化全球化的一個重要標誌就是訊息的無限度傳播與擴張，而這一切均透過國際互聯網來實現，目前的網上聯絡和獲取訊息則基本上是以英語作為媒介。因此，在全球化的時代下，掌握英語與否便成為人們能否迅速地獲取資訊的關鍵，許多觀念老化方法陳舊的知識分子之所以被「邊緣化」就是因為他們不掌握英語這一重要的訊息傳播媒介，總是等待著別人翻譯過來的現成資料。由此可見，在一個大部分人都不能自由地運用英語來交流的國家，人們獲取訊息的主要手段還是得透過翻譯，這樣一來，便造成了翻譯上的「逆差」，這也是長期以來的中國文化（主要是文學）翻譯上的逆差，即把外國（尤其是西方）文化翻譯介紹到中國無論從質量上或數量上說來都大大勝過把中國文化翻譯介紹到國外，其道理很簡單，也就是我們對西方的了解大大甚於西方對中國的了解。因而，「西方主義」在相當一部分中國人中仍是一個十分神秘（而非帶有貶義）的概念。就翻譯本身來說，我們的英翻中力量大大強於中翻英，尤其是近幾年來的經濟大潮更是有力地衝擊著外語教學和翻譯人員，致使他們中的許多人不屑花費時間打好基本功夫，不去努力把中國文化及其精髓文學作品翻譯介紹到國外，或著本身就根本不具備這方面的能力。毫無疑問，作爲從事外語教學研究的工作者，我們都十分清楚，衡量一個外語人才的翻譯能力的強弱並非看他能否借助於一、兩本詞典把外文譯成中文（當然，要想把艱深的外國文學作品譯成準確流暢的中文也並非易事），而是看他能否把中文譯成能爲外國人讀得懂的外文，或者直接用外語同國際學術界進行交流和對話，或把自己的研究成果發表在權威性的國際英文刊物上，這才是一個翻譯工作者對中國文化建設所能做出的最具意義的貢獻。此外，從文化翻譯的高標準及其嚴格要求來看，光是掌握語言本身的技能並不能完滿地完成把中國文化譯介到世界的重任，這又將涉及到一系列複雜的文化問題。因此，從事翻譯研究必須超越語言的侷限，將純粹語言層面上的轉述上升爲文化內涵的闡釋。

結語：翻譯研究的未來

對於文學理論的未來和比較文學的未來，我和我的西方學術界同行已經在不同的場合作過預測。❼在世界進入全球化時代以來，文學理論和比較文學必然面臨更嚴峻的挑戰：經濟上的全球化和文化上的全球化。前者主要體現在所受到的市場經濟法則的制約，而後者則明顯地體現在大眾傳媒的崛起和精英文化市場的萎縮。就這一點而言，翻譯及其研究將起到的歷史作用是任何其他分支學科所無法達到的：在一個全球化和資訊無限擴張的時代，人們對翻譯的需求越來越大，它無疑有著更為廣大的市場，因而文化市場本身的萎縮不會對翻譯產生副作用；另一方面，作為一種重要的傳播媒介，它也可以借助於他媒介地位的提高來發展自己；此外，全球化時代對語言的訊息化、電腦化和數字化的高要求也對我們的翻譯工作者提出了更高的要求；再者，翻譯研究本身也將逐步經歷非邊緣化（de-marginalization）和非殖民化（decolonization）的運動，最終達到成為一門相對獨立的既具有人文社會科學性質同時又與自然科學密切相關的邊緣學科之目的。但是，從文化生產的角度來看，作為一種文化的傳播媒介，翻譯永遠無法獲得與創作同等的地位，倒是另一種情況可以得到證實：既然以對大眾文化的研究為主要對象的文化研究可以理所當然地得到學術界的承認並占領當代學術話語的主流，那麼以對翻譯——傳媒的一支——的研究爲主要對象的翻譯研究自然也完全有理由成爲一個相對獨立的學科。對此筆者抱有充分的信心，但同時也呼籲，翻譯研究的範圍應當擴大，應當吸收其它新興學科，諸如文化學或文化研究、人類學、傳播學、比較文學等的研究成果，使這一長期踟躅於學術話語邊緣的「亞學科」早日臻於完善。

註釋

❶在國務院學位委員會開列的二級專業學科目錄中，曾一度有過翻譯研究的地位，但在一九九七年的那次學科專業調整過程中，翻譯研究被歸入外國語言學和應用語言學中，其學科地位顯然已不復存在，只能作爲一個二級學科內的三級學科或研究方向。

❷關於翻譯研究的定義問題，參閱拙作，〈文化研究語境下的翻譯研究〉，首先爲「翻譯研究和文化傳播」國際研討會（北京，一九九七年）上的大會發言，後收入許鈞主編，《翻譯思考錄》，湖北教育出版社，一九九八年版；第558～561頁。

❸這方面尤其可參見英國學者查爾斯·洛克的文章，〈全球化是帝國主義的變種〉，收入王寧、薛曉源主編，《全球化與後殖民批評》，中央編譯出版社，一九九八年版，第43～53頁。

❹參閱漢斯—彼得·馬丁和哈拉爾特·舒曼著，《全球化陷阱》，張世鵬等譯，中央編譯出版社，一九九八年版，第5頁。

❺❻參見西蒙·杜林編，《文化研究讀本》（*The Cultural Studies Reader*），倫敦和紐約：路特利支出版社，一九九三年版，「導言」，第1、2頁。

❼參見拉爾夫・科恩主編，《文學理論的未來》（*The Future of Literary Theory*），倫敦和紐約：路特利支出版社，一九八九年版，「導言」部分。

13 全球化時代英語的普及與中國文學批評話語的建構

在所有的主要國際性語言中，英語毫無疑問是最爲普及和最具有影響力的一種語言，這不僅體現在東西方的學術研究中，同時也體現於人們的日常生活以及對外關係和經濟貿易中。既然我們現在處於一個全球化或跨國資本化的時代，那麼英語所具有的交際功能也就變得越來越明顯，因而也就對在世界範圍內使用十分廣泛的其它語言構成了嚴峻的挑戰。二十世紀初和八〇年代西方文學對中國文學的影響在很大程度上正是得助於英文這個中介。中國實行改革開放以來，英語對青年人的生活和工作有著極大的吸引力，而且在某種程度上已成了不可缺少的東西，它毫無疑問是中國目前使用得最爲廣泛的一種外國語言。在自然科學領域，許多科學家把英語當作與國際社會進行交流並推廣他們的科研成果的唯一手段，但也有少數人，特別是一些從事中國傳統文化研究的觀念老化的人文知識分子，則對英語在全球化時代的普及和滲透感到憂心忡忡，他們甚至擔心，英語的普及或許會損害中國的民族和文化身分，甚至有可能使中國的文學批評話語被「殖民化」。本文的寫作實際上就是對中國的文學理論批評界和知識界流行的文化「非殖民化」嘗試作出的回應。

全球化語境下英語的普及與文化滲透性

在當前這個全球化或跨國資本化的時代，英語在我們的科學研究和知識生活中扮演著越來越重要的角色，這一點尤其體現於近年來人們對國際互聯網的使用。在我們的文化研究和文學研究領域內，特別是英語語言文學系科，我們不得不面臨著近幾年來風行於英語國家的文化研究（Cultural Studies）所產生的巨大影響，因爲它作爲一門跨學科的學術理論話語，目前已經進入了中國的批評理論界和比較文學界。有些人甚至認爲，文化研究的崛起不啻是爲經典文學和傳統文學研究敲響了喪鐘；另一些人則懷著異常喜悅的心情歡迎這種衝擊波，以便藉此機會擴大帶有精英意識的文學經典範圍，甚至對之進行重新建構。確實，文化研究已經在近幾年裡逐步介紹到了中國，並在中國的批評界得到討論，❶這是伴隨著後現代主義在中國語境下的辯論日漸衰落後的一個重要事件，基本上與關於後殖民主義或後殖民性的討論同步進行。毫無疑問，文化研究是英語世界的最新現象，它甚至對精英文化和經典文學的研究構成了挑戰。所謂語言全球化在很大程度上象徵著美國的語言霸權，因爲它的政治影響和經濟力量已經對英語本身產生了深刻的影響，所謂的「美國英語」（Americanism）就是這方面的一個例子。因此，探討英語的普及而不涉及文化研究的盛行就無法將其與中國文化和批評話語的「非殖民化」相聯繫。在筆者看來，任何文化或文學現象，無論是東方的還是西方的，都可以在一種國際視角中被當做一個「文本」來考察。同樣，任何文化或文學，假如要被放到一個廣闊的國際語境中來考察或試圖更爲有效地與國際社會或學術界進行交流，那麼，它就別無選擇地要借助英語之中介才能發揮作用，這一點已從中國目前掀起的「中奧運動」對英語普及的極大熱情中見出。❷這對於中國的後殖民研究者大概是一個悖論：一方面，他們試圖使中國文化和批評話語非殖民化以便捍衛並保持中國的民族和文化身分；但另一方面，爲了能夠更有效地同國際學術界進行交流和對話，或者更爲確切地說，同西方學術界進行交流和對話，他們又不得不用英文來發表自己的著述，因爲英語是當今學術交流唯一有效的國際性語言。

爲了論述方便，在此首先略述文化研究的歷史和其在西方的研究現狀。正如同其在西方的情形一樣，文化研究並不指向傳統的精英文化，而是專指當代非精英文化和大眾文化，甚至包括消費文化和傳媒文化。但另一方面，就文化研究所涉及的領域而言，它無疑包括下列幾個方面：

1.以專事後殖民寫作／話語研究的種族研究（ethnic study），其中包括愛德華・薩伊德（Edward Said）的東方主義概念建構以及對此進行的意識形態和學科層面的批判，佳亞特里・史碧娃克（Gayatri Spivak）的從解構和第三世界女性批評家的立場對帝國霸權的批判，以及霍米・巴巴（Homi Bhabha）的有意混雜民族和文化身分進而消解帝國話語霸權的後殖民批判理論。當然隨著國際性的後殖民討論的進一步深入，巴巴的理論越來越具有影響和衝擊力，特別是對包括中國在內的第三世界學者和批評家有著極大的誘惑力，因爲他們目前在文化研究的語境下最爲關注的現象就是民族身分和流離失所的民族（Diaspora）文化問題。

2.以專注某一特定區域內的政治、經濟、社會和以文化爲主所進行的跨學科研究的區域研究（area study），例如目前對東西方學者都有著誘惑力的亞洲和太平洋地區研究等。在這一框架下，諸如經濟全球化問題以及由此而產生的文化上的趨同現象、反帝國主義和殖民主義的策略，以及尋找亞洲認同等問題都成了研究者們關注的對象。尤其是近幾年來的亞洲金融危機更是成了學者們無法迴避的問題，因爲它可以說是全球化給經濟界和金融界帶來的一個直接後果。就我們所從事的人文社會科學研究領域而言，文化全球化作爲經濟全球化的一個直接結果，完全有可能帶來兩方面的後果：⑴其積極的意義在於：它使我們的文化工業和學術研究直接受到市場經濟的制約，而非僅僅依賴於政府的行政命令，因而使得經濟建設和文化建設的關係更爲密切；⑵其消極方面體現在：它使得精英文化的生產或非市場指向的文化生產變得越來越困難，其結果便是產生了一種新的等級制度。在中國當前的語境下，有兩種傾向值得我們警惕：過分地誇大文化全球化的作用，以致於根本忽視了文化本土化傾向，結果會使中國文化喪失其內有的民族身分；而過分強調文化本土化、並以對全球化的敵意來排斥一切外來影響也會產生另一種形式的文化民族主義。因此，後者很可能會使中國的國際文化交流和學術交流後退，甚至爲我們的經濟建設帶來障礙。

3.以專注女性寫作／話語和女性研究的性別研究（gender study），其特徵是把注意力從過去的政治取向女權主義文化政見轉到注重女性自身的生理和生物屬性，這樣在一個多元文化的語境下就不以全然對抗的立場出現。在這一方面，婦女的文化身分被重構爲一種雙重邊緣的力量，她們經歷著從邊緣向中心運動，最後的企圖在於消解舊的（男性）中心，重建新的不同於以往的男性意識的女性話語。在最近幾年裡，隨著女性寫作在中國的繁榮，女權主義批評和婦女研究對男性和女性學者都越來越有吸引力。

4.專注影視、廣告業和其它屬於大衆文化形式的傳媒研究（media study），其中自然包括以語言作爲文化傳播媒介的翻譯研究，這也許是當前的文化研究者最爲關心的問題。面對非精英取向文化研究的強有力衝擊，經典文學和精英文化受到越來越嚴峻的挑戰。國際互聯網這一第四媒體的普及也爲虛構文學以及傳統的電影和電視工業帶來了嚴峻的挑戰，文學創作和理論批評的領域變得越來越狹窄，因而毫不奇怪，不少文學研究者和批評家不得不對下一個千年文學的未來前景感到憂心忡忡。

上述是對文化研究在當今西方和中國之情形的理解和簡略描述；應當指出的是，文化研究最初是在英語的故鄉——英國興起的，並迅速波及到整個英語世界。而上面提到的文化研究的這些方面則都是透過英語的普及或英語的語言霸權主義的強力而實現的，因此毫無疑問，這已經顯示出了全球化時代的不可避免的種種症候，據說在這一時代，每一個人都必須學習用英語閱讀和寫作，並用英語進行交流，每一個人若不想把自己孤立於國際社會，他／她都不得不面臨英語的滲透。因而人們便提出了這樣的問題：面對英語的巨大影響，如何才能保持其民族和文化身分特徵？

顯然，在全球化和跨國資本的語境下，人文學者們都認爲，英語確實作爲一種新的霸權在發揮著作用，沒有它，人們就無法跟上國際科學技術和學術研究的最新進展。❸隨著英語的普及，文化和民族身分研究也越來越引起東西方學者的關注，因爲他們已不僅僅只是在自己的國家或地區發揮作用了。正如霍米・巴巴的混雜（hybridity）理論所顯示的，隨著全球化時代文化旅行和文化傳播的進行，人們的民族和文化身分也變得愈益模糊。一個人不管是身處中心（第一世界）或邊緣地帶（第三世界），都有可能同時在中心和邊緣發揮作用，就像那些沒有中心、沒有總部、同時也不受本國政府管轄的巨型跨國公司的運作方式那樣。同樣，中國和西方一些有著雙重身分與國際知名度的學者也可以同時在東方和西方的學術領域發揮作用。由於他們頻繁的國際性交往和活動，他們的語言身分自然也是模糊的，這樣，英語就義不容辭地成了使他們得以與外界進行交流的唯一手段。一方面，中國的人文社會科學學者不遺餘力地向國人介紹西方學術理論研究的最近進展，以便藉此來更新中國傳統的學術研究；但另一方面，他們也必須用英文寫出他們最重要的學術著作，以便在國際主要學術期刊上發表或在國際知名的大學出版社出版，這樣才能得到西方乃至國際學術界的承認。對於這一現象，我們自然應予以重視，因爲它在我們的文化學術研究領域裡也占有重要地位。可惜目前中國的人文社會科學研究的國際化步伐實在是難以令人滿意，其中一個重要原因就是，一大批人文學者的英語水平實在太差，以致於根本無法有效地從事國際學術交流活動，更談不上向世人展示自己最新的研究成果了。

因此，作爲「地球村」裡使用最爲廣泛的一種國際性語言，英語的影響是越來越廣泛了，特別是在那些現代化進程快得令人難以預料的國家和地區更是如此。在這些國家中，現代化在某種程度上說來幾乎等同於西化。而在當今的中國，隨著改革開放進程的加快，英語的普及程度具體體現在下列幾個方面：⑴所有的主要大學，不管是部委直屬或省（市）屬院校，都有英語系或以英語爲主的外語系（院），它們代表著中國的外語教學與研究水平，而另一些外語語種的教學和研究則發展緩慢，有時甚至呈萎縮狀況；⑵所有的大學生和研究生都應把英語課當做一門必修課，而不管他們今後所要從事的工作需要與否；⑶博士研究生在撰寫博士論文時，不管是什麼領域，都必須使用原文資料，通常是英文資料，因爲只有這樣才能有所創新，才能提交答辯並獲得通過；⑷任何學者或研究人員要想申請高一級的職稱，都必須首先透過一門外話（通常是英語）考試才能申報；⑸在幾乎所有的城市中學（甚至一些大城市的小學）和許多農村中學，學生們都必須先學一門外語，通常也是英話，才能拿到畢業證書……等等。英語除了在中國的高等院校和研究機構使用外，還廣泛地應用於商業和貿易業務或消費和廣告業務。毫無疑問，中國的英語教學正在日益繁榮，這一點尤其體現在英語教師的收入上，他們較之其它語種的教師，顯然收入要高一些，只是不同的單位有著不同的付酬標準。這一切都無可辯駁地顯示出，中國的學術研究正變得越來越國際化或全球化，也即越來越規範化，當然，如果沒有英語的中介，這肯定是無法實現的。這不僅是一個客觀的事實，也是任何人都無法預料也無法抗拒的歷史之必然。因而現在的情形是：在全球化的時代，不管你喜歡與否，你都必須懂一些英語，沒有這一技能你就無法成功地在當今時代生活和工作下去。

中國文化與批評話語必須「非殖民化」嗎？

由於全球化的到來，中國可以在世界上找到自己無可替代的地位和獨特價值。作爲經濟全球化和金融全球化的一個直接後果，文化全球化對中國的知識生活以及文學寫作和批評話語有著更爲深刻的影響。學者們不得不感到自己實際上處於（文化）全球化的進程中。毫無疑問，隨著越來越多的學者已經能自由地使用互聯網來從事學術研究，因而文化全球化實際上已經使我們更爲方便地直接與國際社會和學術界進行有效的交流。在中國的文學理論批評界，有些學者借助英語花上大量的時間和精力把西方在批評理論和文化研究領域裡的最新研究成果翻譯成中文介紹給國內同行，旨在影響並更新中國的文學理論和批評。自八〇年代初以來，諸如形式主義、新批評、現象學、結構主義、存在主義、精神分析學、後結構主義、闡釋學、接受美學、新歷史主義、後現代主義、後殖民主義和文化研究等西方批評理論或文化思潮如同走馬燈一般地匆匆進入中國當代文壇和思想界，對中國的文學理論批評及文學研究產生了巨大的影響。與此同時，或更早一些，幾乎西方所有的現代主義文學大師的主要作品均翻譯成了中文，對相當一批中國當代青年作家所產生的影響甚至超過許多中國作家所產生的影響，但另一方面，也出現了一些不健康的傾向。一些理論功底和英文水平都相當差的青年學者爲了追逐流行的時尚，在自己的批評理論著述中大量濫用從西方借來的批評術語，造成的結果是，不僅一般讀者，甚至連原本專業的同行都讀不懂他們的文章，這顯然不利於中國的文學理論和文學研究與國際文學研究界進行平等的對話。因此，毫不奇怪，他們的激進作法使恪守傳統的那部分中國學者不滿，甚至惱怒，因爲在這些學者看來，中國是一個有著悠久傳統文學和理論批評大國，但長期以來在國際理論批評爭鳴中卻發不出自己的聲音，更有甚者，中國學者都沒有自己的批評話語。因而整個國家成了一個無聲的或沒有自己批評話語的文學大國。出於對重建中國批評理論話語的關心，這些學者號召批評家建立自己的批評理論話語，並將其視爲中國的文化「非殖民化」進程中的一種後殖民策略。在比較文學研究領域，建立「中國學派」的聲音再度進入人們的耳際，這尤其可在一些關於文學理論和比較文學的研討會以及一些刊物上發表的批評論文中見其端倪。顯然，在這些人看來，全球化和外來影響不可避免地與中國文學的發展以及中國批評話語的建構相對立，因而也就成了中國文化及其理論批評話語的「殖民化」的主要原因。當然，在這一影響中充當中介的正是英語的普及。

如果我們認眞地考察這一現象，那麼我們就應當說，認爲中國文化和批評理論話語是否「被殖民」

得視不同的情形而定，絕不可一概而論。有些人認爲，英語的普及是過去二十年裡中國文學理論批評從內容到表達形式（話語）的全盤西化的主要原因，因爲許多理論教義和文化學術思潮都是透過英文的中介進入中國文化界的。結果，中國文化便失去了自己的民族身分，批評家也失去了自己的理論話語，如果他們在國際論壇上不能用英文發言的話，將連帶使自己的聲音也喪失了。另一些人則認爲，透過建立比較文學「中國學派」來實現中國文化的非殖民化是頗爲必要的，這在八〇年代初比較文學在經歷了漫長時間的「沉默」後，再度勃興時曾對人們頗有吸引力，但在當前這個多極角逐和多元走向的世界，這種建立學派的嘗試實際上是過時的「歐洲中心主義」（**Eurocentrism**）或「西方中心主義」（**West-Centrism**）的另一翻版，也即所謂的「中國中心主義」（**China-Centrism**）或「大中華中心主義」。他們似乎有充分的理由提出這樣一個問題：爲什麼有那麼多的中國人學習英語，以致於掌握英語與否竟成了衡量一個人是否品味高或學識淵博的標準？而與其相對照的是，在西方，特別是在美國，懂中文的人卻很少，更不用說把握中國文化和哲學思想的內在精神了。中國學生或學者爲了能出國深造，首先得透過英語考試，而那些來中國工作的西方專家卻不必學習漢語，他們來中國做生意或旅遊往往都由年輕的中國翻譯或導遊陪同。這難道不是一種文化交流上的失衡嗎？我們並不否認在中國語境下的上述現象，至少在現在而且還會在今後相當一段時間內確實存在，但是要探討這些現象，還得採取一種辯證的態度進行考察分析。

因此，要回答這些問題，我們也應當承認，這些學者也有自己的理由擔心英語在國際社會的滲透性力量和語言霸權，以及由此而造成的中國文化和理論批評話語的「殖民化」現象。實際上，自九〇年代初以來，隨著西方後現代主義和後殖民主義批評理論的引進，中國的文化學術界曾出現過一股「後學熱」，尤其是「後殖民熱」成了中國語境下反對所謂西方文化新殖民主義滲透的一個對抗性策略。中國許多「保守主義者」確實認為，早在二十世紀初以來，中國文化和文學話語就「被殖民」化了，或者說，更為確切的時間應當全在五四時期，正是自那一時期以來，中國的語言變得越來越歐化或西化，因而這一歷史責任是推卸不掉的。確實，在那以前的中國文化和文學基本上不大受到任何西方影響；同樣，中國八〇年代對外開放以來，各種西方學術思潮和文化理論蜂擁進入中國，對中國現代文化和文學話語產生了強烈的影響。在這方面，魯迅的「拿來主義」原則上迄今都很有影響力。當然，這既是一件好事，同時也是一件壞事：對於中國文化和文學走向世界進而躋身世界文化和文學的主流是頗為有益的；另一方面，這些理論思潮的進入無疑淡化了有著悠久傳統的中國文化的民族身分，使其「被殖民」了。我們現在面臨的這樣一種兩難正變得越來越明顯，同時也使我們越來越擔心中國文化和文學批評的未來前景。實際上，在我看來，解決這一兩難並繼續對外交流絕不意味著貶低中國文化或消解文學話語，因為這也是中國文化和文學所經歷的現代化進程中的一種必不可少的犧牲。

在對中國文化和文學批評中的現象作了這翻詳細考察之後，我覺得對這些複雜的現象應採取一種辯證的態度。筆者認為，英語的普及並不一定會導致中國文化和文學批評話語的「殖民化」，我們完全有必要在過去的年代裡花很大的力氣透過英語的中介把西方文化和文學作品翻譯介紹到中國，因為這肯定有助於我們更好地理解世界和繁榮中國文學和文化。但隨著中國國際地位日益提高，中國文化和文學的美學價值與深刻思想也越來越得到西方漢學家以及普羅大眾的承認；因此，英語的普及將反過來幫助我們把中國文化和文學的內在精神介紹給外部世界，因為英語畢竟仍是人們使用得最為廣泛和頻繁的一種世界性語言。在這方面，我們的科學家已經先走了一步，我們的人文社會科學工作者為什麼不能也這樣做呢？就拿筆者所從事的比較文學研究來說吧！這是當今中國最具國際性的學科之一，如果我們承認中國比較文學研究的第一階段以接受—影響（特別是西方文學是如何影響中國文學的）為特色的話，那麼，我們將進入的第二個階段就應當是以更多地關注中國文化和文學在全世界的傳播為主。❹這樣一來，用英文來發表我們的研究成果就顯得更為重要了。在這方面，我們的科學家同樣又走在了前頭，他們用以衡量其科研成果之價值的一個標準，就是看有多少成果（用英文）發表在世界一流刊物上，而我們的人文社會科學研究者則處於剛剛開始的階段。因而透過英語的中介把中國文化的光輝遺產及其優秀的文學作品介紹給世界肯定是極為有益的，這樣，越來越多的西方人就會了解真正的中國究竟是何面貌，而毋須從那些由於無知或偏見對中國誤解甚至曲解的西方人寫出的著述中來了解中國及中國人民。這樣看來，強調文化非殖民化並不意味著取消英語及其教學的普及和提高，因為儘管中國過去曾受到部分地殖民化，但中國文化並沒有被殖民。與其相反的是，一些試圖使中國文化殖民的外國人不是被「漢化」就是深深受到了中國文化的影響。只有全面地提高我們的英語水平，我們才能更爲有效地與國際社會進行交流。因此，英語的普及與中國的文學批評話語的建構並不矛盾，倒是只有借助英語這一中介，我們才能更好地理解世界並對中國批評話語的建構有著更大的幫助。

中國批評話語建構過程中英語的作用

現在我們毫無疑問地是處於一個全球化的時代，這既體現在經濟上，也體現在文化上，而且隨著經濟全球化的影響而日益增大，文化上全球化的趨同性也越來越明顯。對於經濟全球化這一事實恐怕已無人能否認，因爲不管我們喜歡與否，這都是一種不以人們的意志爲轉移的歷史必然。自從中國正式進入社會主義市場經濟體制以來，實際上也就進入了全球化的機制，而最近中國即將加入世界貿易組織（WTO）則更是從機構上完善了這一進程。因此，它無法迴避無情的「叢林法則」（law of jungle）。在這方面，可以預見，既然當今世界正變得越來越小，英語將在人們未來的生活中扮演著越來越重要的角色：我們生活在一個巨大的「地球村」裡，因此我們可以很容易地在彼此間進行交流，既交流對不同論題的看法同時也就某些重大的項目進行通力合作。如果我們各自總是講著自己的母語的話，那麼，有著數百種語言的世界將亂成什麼樣子！既然要使我們的交流更爲有效，那麼我們肯定是要商定以一、二種相對說來爲較多的人所使用的國際性語言，作爲我們交流的工具，聯合國確定的五種工作語言就是這方面的一個典範。同爲華人的港澳台夥伴們在與我們交流的過程中一般都很自覺地用普通話，我們的北歐合作夥伴也自覺地使用英語作爲交流語言，因爲就其使用的廣度和普及度而言，英語都是最爲理想的國際性交流語言，因此我們不得不在國際交流中使用它。爲了使我們的研究成果得到國際學術界的承認，我們不得不用英語撰寫我們的主要著述，或者將我們的重要觀點翻譯成英文，這大概令那些觀念保守、拒絕使用英語者大爲失望。他們通常會問這樣的問題：既然世界上使用漢語的人最多，爲什麼國際著名刊物都是英文刊物呢？❺爲什麼諾貝爾文學獎的評獎委員會委員們（除個別委員外）竟不能用原文閱讀中國文學作品呢？確實，中國幅員廣闊，人口位居世界第一，且以漢語爲母語的人數也位居世界第一。那麼有沒有可能現在就讓全世界的人統統用漢語來進行交流呢？這顯然在目前是不切實際和不可能的。不僅是因爲中國政府尚不能向所有有興趣選修漢語的各國學生提供資助，而且更爲重要的是，漢語是世界上最難掌握的語言之一，甚至在不少中國知識分子眼裡也是如此。此外，漢語的方塊字也無法與國際流行的語言系統或英特爾相兼容，因而在交流上還存在著很大的障礙。既然英語已經成了目前世界上使用人數最多（或作爲母語、或作爲一種官方交流語言、或作爲第一外語）的一種國際性語言，那我們爲什麼不能暫時地使用它來作爲交流呢？我們必須體認到，這是我們不得不做的一種選擇，不這樣的話，我們就將再度使自己孤立於國際社會和學術界。

因此可以理解，在我們的文學批評和文化研究領域內，學者們非常擔心中國文化和文學批評話語可能遭遇到的「殖民化」滲透。但他們的應對策略不應當是阻止人們學習英語，和用英語來進行國際學術交流，而應當反其道而行之。如果我們掌握了英語，儘管它不是我們的母語，我們仍然可以運用它在國際學術界發出我們的「聲音」，如果我們僅僅使用西方的語言來討論中國的問題，那又有何不妥呢？但反之，如果中國學者在國際學術界除了只能與一些外籍華人和少數能講漢語的漢學家進行交流外就再也發不出一點聲音了，那樣造成的損失在短期內將是無法彌補的。

現在值得慶幸的是，學習中文在中國國內和國外已變得越來越普及了。越來越多的外國人來到中國，不僅爲了和中國做生意而學習漢語，而且還爲了能更好地掌握中國文化和文學的精神實質。這一點完全可以從中文熱在全世界的興起見其端倪。我們可以從中得到什麼啓示呢？過去，當中國處於落後狀態時，這種現象顯然是不可能出現的。那些對與中國做生意頗有興趣的人員是學一些語言以便和中國的合作夥伴進行談判，而現在，由於西方文化已經發展到了盡頭，並暴露出一些無法解決的危機，因而一些西方有識之士認爲，只有從他種文化（例如中國文化）的視角來反觀自身才能有助於解脫自身的危機。因此，隨著中國的綜合國力的日益強大，隨著中國文化的精神實質愈益爲世人矚目，越來越多的西方青年來到中國並非只是爲了學習語言，而是希望能在掌握語言技能後繼續攻讀學士、碩士和博士學位。但是，在他們的初學階段，爲了使他們對中國文化和文學產生興趣，我們可以用英語爲他們做這方面的講座，當他們覺得用英語講授中國文化課程反而會失去一些東西時，他們就會更傾向於直接聽用漢語講授的課程。可以預見，隨著中國經濟的飛速發展，以及中國文化和文學的穩步發展，漢語將在未來的國際交流中顯得越來越重要，並且越來越普及。如果那樣一種情形得以實現的話，我們就只有在現在重視英語學習，因為利用英語我們可以普及中國文化和文學，而非使之「殖民化」。我們也許可以這樣說，我們現在努力多學英語是為了將來少講英語，而這一天的到來還有著漫長的路程等著我們去超越。

注釋

❶關於文化研究在中國的介紹和傳播，有兩件事在此值得一提的：一九九五年在大連舉行的「文化研究：中國與西方」國際研討會，以及其後在美國的權威刊物《新文學史》（*New Literary History*），第二十八卷第一期（一九九七）上推出的以「文化研究：中國與西方」爲題的專輯；其次就是由陶東風等主編的叢刊《文化研究》的出版。這兩個事件對推近文化研究在中國的興起和發展起了不可忽視的作用。

❷尤其令人感動的事，在洛桑，北京市市長劉淇的英文演講也爲北京市民學英語的熱情起了推波助瀾的作用。

❸在中國的高等院校，也像在世界各著名大學一樣，登上「科學論文索引」（SCI）的論文篇數已成爲高校排名的一個重要依據，這應該說是一個令人欣喜的現象。

❹雖然我和季羡林先生合作主編的「東學西漸」叢書已於一九九八年由河北人民出版社出版，並在國內學術界有著一定的影響，但在海外的影響卻僅限於漢學界，其原因就在於缺乏英語這一傳播媒介。

❺值得在此一提的是，由劉東主編的叢刊《中國學術》已由商務印書館出版，這對推進漢語作爲一門國際性的學術語言在全世界的普及將起重要作用。

14 全球化、文化研究與中西比較文學研究

比較文學作爲一門獨立的學科自誕生之日起，已經走過了一個多世紀的歷程。在這一百多年的風風雨雨裡，這門學科曾經經歷過多次嚴峻的挑戰，因而它時常使得從事這門學科教學和研究的人們對其存在方式和合法性發生懷疑。二十世紀後半葉以來，比較文學逐步進入東方和一些第三世界國家，並迅速地在那裡得到長足的發展。但與此同時，這門學科依然受到來自其它學科領域的挑戰，因而導致人們對全球化時代比較文學的未來前景感到憂心忡忡。確實，在我們這個領域內，已經有學者對比較文學所受到的挑戰作出了不同的反應。有些學者認爲，面對各種後現代理論以及近幾年來異軍突起的文化研究（Cultural Studies）的挑戰，比較文學的末日已經來臨；另一些長期從事比較文學和文學理論研究的學者則認爲，比較文學的範圍正在擴大，其疆界變得越來越模糊，它的作用和地位在某種程度上正在逐步被比較文化和文化研究所取代；還有一些人則認爲，由於比較文學的研究對象和範圍不甚確定，它的學科地位勢必被一般的文學研究所取代……如此等等。但筆者以爲，在當今這個全球化的時代，對比較文學形成最強有力的挑戰主要來自文化研究。❶由於筆者本人也和我的一些西方學術同行一樣，同時從事比較文學和文化研究，因而本文旨在從這兩門學科領域內各自不同的研究對象

和方法論之角度入手，著重考察二者之間的互補性和相通性，進而消解這二者之間實際上存在的二元對立關係。

文化研究將取代比較文學研究嗎？

全球化的進入中國已經爲事實所證明，它正在從經濟和金融界迅速擴展到文化界。毫無疑問，在當今這個全球化的時代，人文社會科學各學科領域都不同程度地受到經濟全球化的影響；毫不奇怪的是，傳統的經典文學研究也正在受到大眾文化甚至消費文化之崛起的挑戰，這就使得文學和文化市場變得日益萎縮起來。顯然，作爲一種目前在英語世界佔據主導地位的分支學科和跨學科學術話語，文化研究的研究特色是從理論闡釋和分析批判的視角來研究當代大眾文化及其產品——通俗文學。文化研究學者儘管有不少本來是從事文學研究的，但此時也大都力圖去發掘那些長期被壓抑的邊緣話語力量，因此他們很少關注精英文化及其產品文學。一方面，傳統意義的「文學」（literature）之概念正在毫無節制地擴大，以致於竟然把那些非精英的和非西方的文學作品也包括了進來，文學經典的合法地位正在受到挑戰；另一方面，作爲一門學科的文學研究其領域則不斷地在萎縮。就英語文學界而言，英國文學的偉大傳統由於英聯邦受後殖民地寫作的衝擊而日益變得「混雜」和不純。文學研究話語中充滿了從其它學科借來的各種文化概念和理論術語，文學理論再也不像過去那麼「純淨」了，它正在被更為包容的「批評理論」（critical theory）所取代；❷或者，正如部分學者所言的，乾脆就統稱「理論」。❸

實際上，關於文學的理論的未來前景及走向，西方學者早就在二十世紀下半葉就作出了預測，正如拉爾大・科恩十多年前所總結的，理論在當前以及新近顯示出的發展方向並不能按照傳統模式來把握和洞察，「有四種理論變革的形式可用來解釋理論的走向：⑴政治運動和文學理論的修正；⑵包容解構的實踐，從而擯棄解構的目的；⑶非文學學科的發展和文學理論本身的拓展；⑷尋求新的東西，重新界定舊的東西，從而使得理論書寫令人愉悅。」❹如果我們認為批評理論已經從本質上修正並擴展了文學理論的話，那麼，文化研究則肯定是把文學研究的領域縮小了。實際上，大多數文化研究者們所熱衷於探討的是除去經典文學現象以外的任何東西，如搖滾樂、髮型、同性戀、怪異等，即使他們偶爾也以文學現象作為研究對象，但只是將其當做可在一個廣闊的社會文化語境下進行分析的眾多研究材料之一種，其目的並不在於豐富文學理論自身的建設。因而毫不奇怪，一些基於傳統立場的比較文學學者便對當前這一學科所面臨的「危機」之境地憂心忡忡，他們甚至預言，鑑於文化研究領域的無限擴大，比較文學總有一天會消亡，或者乾脆被文化研究大潮所吞沒。身為一位中國學者，筆者十多年來一直以比較文學為自己的主要研究領域，但同時也積極地介入後現代和後殖民理論爭鳴及文學的文化研究與批評理論的探討，我對目前比較文學與文化研究的對峙深表理解，但筆者認為，這樣的一種人為對立是不會持久的，也許我們可以思考出一些可以應對的策略。

讓我們先來考察一下當今中國的文化和文學情勢，以便提出我們相應的對策。眾所周知，隨著經濟全球化的進入中國，文化全球化的趨勢也越來越明顯，大眾文化的崛起和傳播媒介的無所不及的滲透性均對嚴肅文學構成了嚴峻的挑戰，文學市場的日益萎縮，客觀上為大眾文化的普及提供了更為廣闊的空間。面對大眾文化的挑戰，一些嚴肅的學者，包括比較文學研究者，不得不把研究的觸角指向當代大眾文化，並從理論的視角對各種大眾文化和文化工業現象進行闡釋與分析。這就是所謂的文化研究。毫無疑問，大眾文化的崛起對經典文學及其研究形成了有力的挑戰，作為一門以已有定評的經典文學和世界文學為主要對象的比較文學，自然也不可能免除大眾文化以及對之的研究——文化研究——的衝擊。當然，這種衝擊主要來自西方的一些價值觀念和理論思潮，因而一些中國的比較文學學者竟然懷疑起中西比較文學的存在價值，他們擔心中西比較文學研究有可能使得中國文學更難以擺脫西方話語霸權的影響。為了對這些悲觀的觀點和無所不為的觀點予以回應，我首先要問答這個問題：難道文化研究一定要與比較文學形成一種對立關係嗎？如果答案並非否定的，那麼我們將採取何種對策？

首先，我們應對本文所討論的文化研究之準確概念有所把握。確實，應該承認，當今的文化研究越來越遠離經典文學及其偉大的傳統，它容納了：(1)以後殖民及流亡文學為對象的種族研究；(2)以女性的性別政治和怪異為對象的性別研究；(3)以對某一地區的歷史、政治、經濟及文化進行跨學科的綜合考察研究為主的區域研究；和(4)以當代大眾傳媒和網絡文化為對象的傳媒研究。但我們不容迴避，文化研究這一跨學科的方法始自英國的文學研究，或更爲確切地說，來自利維斯式的精英文化和文學研究，後來的文化研究正是走出了利維斯主義的狹隘精英意識後才有了長足發展的。不少文學研究者就對早期的文化研究作出過卓越的貢獻，他們自覺地擴大了日益變得狹窄的文學研究領域，把文學現象放在一個廣闊的跨東西方文化的大背景下來考察研究，他們的這種嘗試實際上並沒有損害傳統的比較文學研究，反而使日益陷入危機之境地的比較文學學科走出狹隘的領域，更加煥發了勃勃生機。

其次，我們必須明確，文化研究本身就是一門界定不完善的「亞學科」或超學科學術話語。從事文化研究可以有不同的方法和理論視角：(1)或從某個特定的理論視角出發來探討文化本身的問題；(2)或從文化和意識形態的視角來考察文學現象；(3)或從社會學和人類學的角度來分析一切文化現象；(4)或乾脆關注所有的大眾傳媒現象……等等。因而，文化研究賦予我們一種開放的、多元的視角，它應該對其它研究領域採取一種寬容而非排斥的態度。如果我們承認，早期的文化研究仍然給予文學研究，或在一個廣闊的跨文化語境下各種文學的比較給予相當的關注，那麼，當前在英語學術界佔據主導地位的文化研究，則完全被諸如種族、性別、大眾傳媒、大眾文化以及消費文化等非文學現象所主宰，它對文學研究實行的是擠壓和排斥的策略，並且本身越來越遠離文學研究。這是不少人認爲文化研究天然就與比較文學研究呈一種對立關係的原因所在。在北美學術界，就其學科建制而言，比較文學幾乎淪落到被文化研究吞沒的邊緣，因而可以理解，一些比較文學學者發出這樣的擔憂：在新的世紀，作爲一門學科的比較文學究竟有沒有存在的必要？如果答案是肯定的話，我們應採取何種對策？

筆者始終認爲，既然我們可以用不同的方法來從事文化研究。那麼，能夠縮小比較文學研究與文化研究之間的鴻溝的一個切實可行辦法就是把文學研究置於一個廣闊的文化研究語境之下，因爲就其本身來說，文學也是文化的一個部分，而且與文化和社會有著密不可分的關係。當今的文化研究學者所熱烈討論的理論課題實際上大都來自文學研究；同樣，許多在文化研究領域內頗具影響力的學者都曾經是英美文學或比較文學領域內的著名學者。因此，這兩種治學方法沒有必要彼此排斥或相互對立，溝通和對話是有可能實現的。在這方面，已故加拿大比較文學學者和文化批評家諾思洛普·弗萊的批評道路和治學方法實際上已爲我們樹立了一個榜樣。❺因此，他應當被認爲是一位卓越的文化批評家和文化研究的重要先驅者之一。同樣的例子也可在弗雷德里克·詹明信、愛德華·薩伊德和佳亞特里·史碧娃克的學術道路和著述中見出，他／她們不僅被公認爲具有卓越成就的比較文學學者，同時也對當代文化研究的勃興作出了非凡的貢獻。實際上，在當今這個全球化的語境下，人文社會科學的學科疆界已變得日益模糊起來，各種文化之間的相互滲透已成爲一個不可抗拒的潮流。我們幾乎難以斷定，詹明信究竟是一個比較文學學者還是一位文化研究大師，其原因恰在於他那具有跨學科意義的著述早已在不同學科領域內產生了深遠的影響。❻就筆者自己的治學道路而言，也可以用跨學科比較文學研究來加以概括，也就是說，筆者一方面從文化和理論的視角出發來研究文學現象，另一方面又透過參照文學文本來分析包括後殖民寫作、女性性別政治和大眾傳媒在內的諸多文化現象。結論便是：文化研究儘管目前聲勢浩大，但它是不可能取代比較文學研究的，它只能與後者形成共存與互補的關係，以便從新的理論視角和以新的方法論來改進並充實後者。

中西比較文學研究向何處去？

現在我們來看看我們所從事的中西比較文學研究領域的情況。毫無疑問，我們也不應當否認這樣一個事實，即長期以來，在比較文學學科內，歐洲中心主義以及後來的西方中心主義曾佔據主導地位，這種情形一直持續到東方文化和文學的價值得到西方比較文學學者的承認。所謂的「文化相對主義」最初是由歐洲人提出的，其目的在於標榜歐洲文化之於東方文化的優越性，後來由於美國在經濟上和政治上的日益強大，這種歐洲中心主義的模式才改頭換面成爲西方中心主義，但依然試圖主宰並重構東方文化。不少西方的有識之士，如斯賓格勒和薩伊德等，都在自己的著述中對這種「東方主義」的思維模式和意識形態予以了嚴厲的批判。比較文學學者自然也受到一定的影響。目前擔任國際比較文學協會名譽主席的荷蘭學者杜威・佛克馬也許是歐洲比較文學學者中最早對文化相對主義之內涵提出修正的，由於佛克馬本人在中國文化和文學領域內的深厚功底，他所參照的他種文化和文學自然是中國文化和文學，他試圖透過自己的修正，以達到使中國和西方的比較文學學者都認可文化相對主義的目的。正如他所正確指出的，「承認文化的相對性與認爲歐洲文明具有優越性的老的觀念相比，肯定是前進了一步。路斯・本尼迪克特強調『對文化相對性的認可本身就具有一定的價值』，諸如對他者的寬容，同樣也是有效的生活範型。」❼佛克馬在中國文化和文學方面的精深造詣、他對中國的多次訪問，以及在中國各主要大學發表的關於文學理論和中西比較文學方面的演講都證明了他對中國文化和文學的吸納、認可和讚賞態度，他和不少西方漢學家都有這樣的感覺，即中國文化和文學曾有過自己的輝煌歷史和遺產，但後來在很長一段時期被故意邊緣化了。到了二十世紀，國門的大開，中國文化和文學受到各種西方文化學術思潮的影響，這倒使我們很容易從接受與影響的角度來進行中西方文學的比較研究。在過去的幾十年裡，隨著東方文化和文學的崛起，文化相對主義的內涵也發生了本質性的變化。作為一種有著悠久歷史和輝煌傳統的文化，中國文化及其文學正伴隨著中國的改革開放而日益走向世界。❽中國的文學研究也引起了國際同行的矚目。所以，儘管中西比較文學現在仍處於困難的境地，但它必將有一個美好的前景。筆者以為，當前中西比較文學遇到的困難在於，仍有一些中國學者有意地把自己封閉起來，不敢或不願與國際學術同行進行對話和交流，或者更具體地說，甚至不願與西方漢學界的同行進行交流與對話。他們畫地為牢，把自己侷限於國別文學或民族文學研究的狹窄領地，自認為其研究成果是世界一流的。試問，這樣封閉做出來的學問未經比較和考察，也未得到國際同行按照一定的評估標準的認可，怎麼能斷然宣稱是具有創新性的呢？即使在國內同行中也許確實居領先地位，但這也絕不意味著在國際範圍內居領先地位，或許早在他們之前就已經有人做過這樣的研究了。這樣去從事比較文學研究如何才能取得眞正意義上的成就呢？當然，有時針對外來影響採取一種民族主義的立場也是可以理解的，但若是將這種文化上的民族主義推向不恰當的極致，就有可能重新在東西方文化之間造成對比。對此我們要有充分的認識。

長期以來，國內的中國文學研究者一直認爲，十九世紀以前的中國文學基本上是自滿自足、很少受到外來影響的，這當然是正確的，也許他們會由此而得出結論：沒有必要對中國傳統文學與西方文學作比較研究。我認爲，這樣的結論至少是武斷的，因爲他們忽視了比較文學的另一個方面，亦即以平行比較分析彼此間並無事實上影響的兩種文化傳統的文學在主題、人物形象、敘事風格以及審美特徵等方面的相通之處和差異的平行研究，以及文學與其它藝術門類、思想表現領域的平行關係。尤其是在當今這個全球化的時代，隨著經濟全球化所導致的文化上的趨同現象的出現，平行比較各民族文學之間的差異就更爲重要了，而且這樣做對於探索一種既可用於解釋西方文學現象同時也可經改造後用於解釋東方和其它地區的文學現象的共同詩學或闡釋理論。確實，有些西方批評理論，如現象學、闡釋學、接受美學、精神分析學、敘事學等，經過中國文學接受者的創造性轉化後恰到好處地運用於中國文學現象的分析研究，從而使傳統的中國文學研究注入了新鮮血液。❾然後，基於中國文化的立場，這些「變了形」但卻產生出新的意義的理論又可以不斷得到完善和成熟。應該說，這才是眞正意義上的中西比較文學對整個文學研究作出的貢獻。可惜在當今的中西比較文學研究領域，這樣的理論突破實在是鳳毛鱗角。

鴉片戰爭和二十世紀初的五四運動使得中國逐步打開大門向全世界開放，這時大量西方學術理論思潮和文化概念蜂擁進入中國，導致了中國文學寫作和理論批評話語的「被殖民」和西化。應該承認，這一時期的中國文學確實受到西方文化和文學的影響，因而有學者認爲有必要研究中國的翻譯文學，因爲翻譯文學對現當代中國文學的影響是巨大的，它已滲透到作家的創作意識和寫作話語中，而且它本身也自成一體，形成了現代中國文化景觀中的一個獨特的現象。但也有一些學者乾脆認爲，中國文學及其理論批評自一九一九年以來就失去了自己的話語和聲音，因而患了「失語症」。❿假如說這一觀點可以成立的話，那麼，爲什麼又要我們去從事中西比較文學研究呢？這些學者實際上忽視了另一個不爭的事實：文化的滲透和影響是相互的。在這段時期，中國文化和文學也對西方文化和文學產生了一定的影響，而且隨著時間的推移運動和中國的綜合國力的日益強大，將會有越來越多的西方人關注中國文化和文學。在當今世界的任何一個地方，我們都不難找到中國城或中國人聚居地或者中國餐館，在那裡，中國文化已經不知不覺地滲入到了人們的思維方式乃至日常生活中。由此看來，從事中西比較文學照樣可以從兩條路徑著手。

顯然，在當今這個全球化的語境之下，探討中國文化和文學在國外的傳播和接受已成爲一個新的研究課題，它對國內的比較文學和文化研究學者都有著極大的誘惑力。他們不厭其煩地收集資料，著書立說，試圖向國人介紹中國文化和文學在西方的傳播、教學和譯介研究之現狀。毫無疑問，他們的努力彌合了由來已久的「歐洲中心主義」以及其後的「西方中心主義」在國際比較文學和文化研究領域內造成的文化隔膜。我們完全可以這樣認爲，中國人對西方的知識大大勝過西方人對中國的了解，這在很大程度上是由東西方文化關係方面事實上存在的不平衡所造成的。正如季羨林先生在爲《東學西漸》叢書作的「序」中所正確指出的，「中國人不但能『拿來』，也能『送去』。在歷史上的『送去』可能是無意識的。但是，在今天的情況下，我們認爲，既然西方人不肯來拿，我們只好送去了。想要上網上線的話，我們可以說，這是我們的國際主義義務，我們必須認眞完成的。我們必須把中華民族文化中的精華部分送給世界各國人民，使全世界共此涼熱。」[11]也就是說，我們一方面要總結歷史上中西文化的偶然接觸和碰撞，以及由此而產生的互動和互相闡發的現象；另一方面，我們也應當有意識地、系統地向西方乃至全世界介紹國內學者在中國文化和文學研究方面所取得的優秀成果，以塡補中西方文化交流和中西比較文學研究方面存在的巨大鴻溝。

我們不可否認，在向世人傳播和介紹中國文化和文學方面，西方的漢學家也作出了卓越的貢獻。就西方的漢學研究之現狀而言，我們應該承認一個十分突出的事實，即在近幾年裡，已經有數百名華裔學者佔據了歐美主要高校的比較文學和東亞研究系的課堂，他們以其廣博的中國文化知識和多學科的深厚造詣，實際上在很大程度上已經改變了傳統的西方漢學的本質特徵，引進了一些新思想和新方法。確實，在國內某些思想保守的學者看來，大面積地譯介西學有可能使中國傳統文化「被殖民」，並導致中國的民族和文化身分喪失，但是面對西方漢學界出現的更新氣象，我們是否可以斷言，西方文化也被我們「殖民」了呢？這顯然是不可能的。任何人都不得不承認，在國際文化學術交流的過程中，任何文化若要對其它文化施加一定的影響，或要使自身革新，它就不得不失去一些東西，這樣才能找到與他種文化進行交流或對話，並對後者進行滲透乃至影響的切入點。也就是說，在向另一種文化族群的人們介紹自己文化時，我們應當找到一個能使那一族群的人接受我們文化的有效方式。毫無疑問，這一中介就是語言。既然英語已經被全世界公認為國際上使用最廣泛的一種語言，那麼，用西方的語言或者用批評理論話語來討論中國的問題就不應當被看作是文化上的「殖民化」，因為我們和不同國家的學者進行交流不可能使用不同的語言，所以我們不得不借助於英語這一世界性的語言來達到交流的目的。在筆者看來，對於漢學來說，與傳統的中國國學進行交流已成為不可抗拒的歷史趨勢，只有這樣，漢學才能取得更為重大的成就，並得到中國國內學者的認可。另一方面，專治傳統中國文化研究的中國學者也應該尊重漢學家們經過辛勤勞動而取得的研究成果，特別是他們那種不遺餘力到處搜集第一手資料和自覺地將新的理論和方法運用於研究的精神更是令國內學者所不及。雖然在吸收了西學之後，中國文化再也不那麼「純潔」了，但是要想使中國文化為世人所知進而達到「全球化」的境地，這種不純的現象實際上是一種「必要的喪失」。

隨著中國國際地位的日益提高，中國文化也越來越受到國際社會的矚目，這一點尤其體現在中國文化和文學的教學和研究在世界各國的飛速發展。我們可以從三個方面看到這樣的發展：首先，越來越多的中國現當代文學作品的被譯成各種文字在全世界廣為傳播，其中有些作品已進入大學文科教材或教學參考書；其次，西方的漢學家在譯介和傳播中國文化和文學方面也在發揮著不可替代的作用；再者，越來越多的西方學子不遠千萬里來到中國學習漢語和中國文化藝術。應該承認，這三種因素都是不可缺少的，缺少任何一種恐怕都難以推進中國文化和文學在西方乃至全世界的傳播。由此可見，對我們來說，中西比較文學研究確實是任重而道遠的。

中西比較文學的未來前景

現在讓我們關注一下我們的比較文學學科本身，以及面對全球化時代的文化研究之影響的中西比較文學研究的現狀和未來前景。儘管仍有一些學者對中西比較文學研究的未來前景持懷疑態度，但筆者始終認爲，近幾年來，隨著中國越來越積極地介入經濟全球化的進程，文化上的全球化趨勢也越來越引起文學研究者，尤其是中西比較文學研究者的關注。有相當一部分觀念保守的人文學者確實認爲，全球化只不過是把美國的價值觀念強加於東方和第三世界國家，以便使各民族的文化走向趨同成爲一個模式。在這些學者看來，爲了抵制西方的文化入侵和滲透，我們也應當抵制全球化時代產生於英語文學界的文化研究的侵入，否則中國文化將喪失自己的民族和文化身分。他們似乎忘記了這一事實：如前所說，文化上的滲透歷來就是互相的，它往往有著雙向的發展軌跡，因此不存在所謂單向的影響和被動的接受影響。一種文化在接受他種文化影響的時候，往往從主體接受的角度對後者進行選擇和改造，因而最後出現的只是第三者：兩種文化相互碰撞和交融產生的一個變體。探討這種變體的產生及其在中外文化交流中的意義自然也是中西比較文學研究者的一個重要課題。

當前我們正處於一個政治、經濟、社會和文化的全面轉型時期，筆者權且稱之爲「全球化」時代，在這一時代，我們人文知識分子和文化批評者都感受到一種壓力和挑戰，儘管這一時期的無序狀態曾一度使我們感到困惑。但目前，一個令人鼓舞的現象就是中國文化已開始日益受到國際文化學術界的重視；與此同時，我們的人文知識分子和作家藝術家卻又領略到了全球化時代嚴酷的市場經濟法則的「威懾」。面對跨國資本的新殖民主義滲透和文化全球化的進程，我們專事中西比較文學和文學理論批評的學者似乎無法正視這樣一種兩難：既然一切批評的理論話語都來自西方，我們在這一「被殖民的」的文學理論批評領域裡還能有何建樹？中西比較文學究竟有無前途？我們如何才能克服中國文學批評的「失語」現象並建立自己的批評話語？對此筆者認為，在促使中國文學批評走向世界的過程中，我們別無選擇，只能暫時借用西方的話語與之對話，並不時地向西方學者介紹和宣傳中國文化和文學的輝煌遺產，使之在與我們的對話中受到潛移默化的影響和啓迪，這樣我們的目的才能達到。

⓬

在全球化的時代從事中西比較文學，我們必須清醒地認識到，所謂全球化實際上有兩個邏輯起點：在經濟上，西方的影響不可避免地滲透到中國社會，但在文化上，我們的傳統文化機制仍很強大，如果我們借用「全球化」這一策略來大力弘揚中國文化和美學精神，那麼，我們的中西比較文學研究就不可能只是被動地接受西方的影響，而是積極地介入國際性的理論爭鳴，以便發出中國的聲音。從最近比較文學界出現的中心東移的趨勢就不難看出這一徵兆——文學理論的未來：中國與世界國際研討會在中國的舉行，以及國際文學理論學會在中國的成立，國際比較文學協會第十六屆年會在南非的舉行，和第十七屆年會將於二〇〇三年在中國香港的舉行，以及日本學者川本皓嗣的當選爲國際比協主席……等等，這一切都說明了，越來越多的西方學者已開始認識到包括中國文化和文學在內的東方文化及其文學價值。由此可見，在全球化的時代，中西比較文學並沒有萎縮，而是有了更爲廣闊的空間，它要擔負起的歷史重任是任何一個時代都無法承擔的。對此筆者始終抱持著樂觀的信念。

註釋

❶關於這二者之間現存的對立狀態和可能的溝通與對話，參閱我在第十六屆國際比較文學大會（比勒陀利亞，二〇〇〇年八月）圓桌會議上的發言：〈比較文學與文化研究：對立還是對話？〉（Comparative Literature Versus Cultural Studies?）全文將連同另一些發言者的論文一併發表在美國《比較文學研究》（*Comparative Literature Studies*）上。

❷參閱希利斯・米勒在文學理論的未來：中國與世界國際研討會（北京，二〇〇〇年七月）上的主題發言，〈文學研究將在大學的全球化和新的電信主宰下存活嗎？〉（Will Literary Study Survive the Globalization of the University and the New Regime of Telecommunications?）

❸參閱喬納森・卡勒，《論解構：結構主義之後的理論與批評》（*On Deconstrucition: Theory and Criticism after Structuralism*），紐約伊薩卡：康乃爾大學出版社，一九八二年版，第8頁。

❹參閱拉爾夫・科恩主編，《文學理論的未來》（*The Future of Literary Theory*），「導論」，第7、8頁，倫敦和紐約：路特利支出版社，一九八九年版。

❺參見拙作〈諾思洛普・弗萊與文化研究〉（Northrop Frye and Cultural Studies），載京・奧格拉迪和王寧編《弗萊研究的新方向》（*New Directions of Northrop Frye Studies*），上海：上海外語教育出版社，二

〇〇一年版。

❻儘管詹明信的公開職務是杜克大學文學系主任，法文和比較文學教授，但他的著述主要論述的卻是批評理論，甚至涉及建築、電影藝術和大眾文化。他的這種治學方法實際上樹立了彌合比較文學與文化研究之差異的典範。

❼杜威・佛克馬，《總體文學和比較文學諸論題》（*Issues in General and Comparative Literature*），加爾各答，一九八七年版，第1頁。

❽關於中國文化和文學在西方的傳播和評介，參閱季羨林和王寧主編的《東學西漸》叢書，河北人民出版社，一九九九年版，這套叢書共有七種。

❾參閱陳厚誠和王寧主編，《西方當代文學批評在中國》，天津：百花文藝出版社，二〇〇〇年版。

❿持這一觀點者以曹順慶爲代表，參閱他的論文，〈二十一世紀中國文化發展戰略與重建中國文論話語〉，載《東方叢刊》，一九九五年第三期，第213～227頁。

⓫參見季羨林爲《東學西漸》叢書撰寫的「序」，第2頁。河北人民出版社，一九九九年版。

⓬實際上，正如佛克馬所眞誠地指出的，二〇〇〇年七月在北京舉行的文學理論的未來：中國與世界國際研討會，不僅使中國和西方的學者有機會進行接觸和對話，同時也使彼此排斥的一些歐美學者有幸走到一起進行交流和對話。